国家社科基金重大项目"汉语方言学大型辞书编纂的理论研究与数字化建设"（批准号：13&ZD135）阶段性成果之一

汉语方言辞书编纂的理论与实践

HANYU FANGYAN CISHU BIANZUAN DE
LILUN YU SHIJIAN

詹伯慧　肖自辉 ◎ 编

暨南大学出版社
JINAN UNIVERSITY PRESS

中国·广州

图书在版编目（CIP）数据

汉语方言辞书编纂的理论与实践/詹伯慧，肖自辉编．—广州：暨南大学出版社，2016.6

ISBN 978 – 7 – 5668 – 1757 – 0

Ⅰ.①汉…　Ⅱ.①詹…②肖…　Ⅲ.①汉语方言—词典编纂法　Ⅳ.①H17

中国版本图书馆 CIP 数据核字（2016）第 038336 号

汉语方言辞书编纂的理论与实践

HANYU FANGYAN CISHU BIANZUAN DE LILUN YU SHIJIAN

编　者：詹伯慧　肖自辉

出 版 人：徐义雄
策划编辑：李　战
责任编辑：梁嘉韵
责任校对：周海燕
责任印制：汤慧君　周一丹

出版发行：暨南大学出版社（510630）
电　　话：总编室（8620）85221601
　　　　　营销部（8620）85225284　85228291　85228292（邮购）
传　　真：（8620）85221583（办公室）　　85223774（营销部）
网　　址：http://www.jnupress.com　http://press.jnu.edu.cn
排　　版：广州市天河星辰文化发展部照排中心
印　　刷：佛山市浩文彩色印刷有限公司
开　　本：787mm×1092mm　1/16
印　　张：9.875
字　　数：234 千
版　　次：2016 年 6 月第 1 版
印　　次：2016 年 6 月第 1 次
定　　价：29.80 元

前　言

从 2014 年开始，我们就紧锣密鼓地开展《现代汉语方言学大词典》的编纂工作。数以百计的编纂人员和出版编辑人员意气风发，下定决心一定要齐心协力在短短几年内编出一套史无前例的 400 多万字的《现代汉语方言学大词典》（2 卷本）来。我们大都缺乏编纂这类百科性大型辞书的经验，要保证这一艰巨任务的顺利完成，唯一的办法就是认真学习，边学边干，取长补短，领会前人已有的经验心得，并结合我们的实践，摸索前进。一年多来，我们一直采取不辞劳苦、多方求教、经常交流、及时总结的办法来避免差错、减少纰漏。这多少有"摸着石头过河"的味道。现在编辑出版的这本论文选集，就是结合我们工作实际选录的一些与编纂方言辞书有关的论文的结集。这些论文大部分是已经发表过的行家们的经验之谈，也有部分文章是我们自己在这一重大项目开展后，在工作实践中的心得体会。这样的论文集对于汉语方言词典的编纂工作，无疑有一定的参考价值。现在出版的这一本算是开了一个头，接下来随着工作的开展，我们还将考虑继续编辑刊印一些与《现代汉语方言学大词典》有关的专著或文集，就将其作为实施国家社科基金重大项目"汉语方言学大型辞书编纂的理论研究与数字化建设"（批准号：13&ZD135）的"副产品"吧！

詹伯慧

2015 年 12 月

目　录

方言词典说略

李 荣

　　汉语方言的调查研究工作近年来略有进展。在这个背景下，我们计划编一部以实地调查为主的、综合的汉语方言词典。这个计划分两步走。第一步是调查四十处方言，编四十册分地方言词典。第二步是在四十册分地方言词典的基础上，补充一些其他方言资料，编一部综合的汉语方言词典。工作在1991年上马，到1992年秋季，有三四册分地方言词典的稿子送到印刷厂排版印刷。这里提出若干意见，请读者指教，求同行批评，供同事讨论。

　　本文分两部分，共九节。第一部分讨论三个题目：一、发音合作人，二、调查方法，三、相同的字各地用法的异同。第二部分分六节讨论分地方言词典，四、分地方言词典的引论，以下五节讨论分地方言词典的内容：五、出条，六、注音，七、释义，八、举例，九、用字。

一、发音合作人

　　方言词典以方言调查为本。调查首先要物色发音合作人。发音合作人尽可能选择老年、中年，也不排斥青年。根据方言调查确定音系，参考发音合作人可以补充词语。年长者本地话纯熟稳固，年轻者易受外地话影响。前者往往保持当地的本色，后者时常露出演变的倾向。在口音分老派新派的地方，老派的音类区别大都比新派细。这也是发音合作人选择老派的理由之一。以苏州与长沙为例，两处的老派都分尖团，新派都不分尖团。当然具体的分法两处并不完全一致。以下举例，例字上面分别注明古声母"精清心"与"见溪晓"。

	精	见	清	溪	心	晓
苏州	浆 tsiã—	薑 tɕiã	枪 tsʰiã—	腔 tɕʰiã	箱 siã—	香 ɕiã
	尖 tsiɪ—	肩 tɕiɪ	千 tsʰiɪ—	牵 tɕʰiɪ	先 siɪ—	轩 ɕiɪ
长沙	浆 tsian—	薑 tɕian	枪 tsʰian—	腔 tɕʰian	箱 sian—	香 ɕian
	尖 tsiẽ—	肩 tɕiẽ	千 tsʰiẽ—	牵 tɕʰiẽ	先 siẽ—	轩 ɕiẽ

　　苏州与长沙两处老派都分尖团音，古"精清心"三母的字在今细音前读ts、tsʰ、s，跟古"见溪晓"三母的字读tɕ、tɕʰ、ɕ不同。以上例字记的是老派的音。新派古

"精清心"三母在今细音前也读 tɕ、tɕʰ、ɕ，跟古"见溪晓"三母字相同。以上两处各六组例字，前字都读如后字就成了新派的音。（古全浊声母"从邪"与"群匣"也有分不分的问题，这里就不细说了）

就尖团音而论，从老派的音可以推出新派的音，从新派的音不能推出老派的音。根据老派记音，只要交代一句，"老派〔ts tsʰ s〕拼细音新派读〔tɕ tɕʰ ɕ〕"，就得到新派的音。要是根据新派记音，就要列举全部〔tɕ tɕʰ ɕ〕三母的字，逐一说明是〔tɕ tɕʰ ɕ〕组声母还是〔ts tsʰ s〕组声母，才能得出老派的音。

二、调查方法

调查方言要反映事实，但反映事实并不容易。这个牵涉到调查人的能力、调查人的经验以及调查人对所调查方言熟悉的程度。能力可以逐步增长，经验可以日积月累，随着调查时间的推移，熟悉的程度也可以提高。"不识庐山真面目，只缘身在此山中。"即使是调查母语，调查人习焉不察之处，也还是需要发音合作人提醒。何况限于行业与经历，每个人对母语的认识，总不是完完全全的。凡此种种，都性急不得。不过有一味药，可以提高工作效率。

调查方言，一开头总是用印象记音法，听见什么记什么。单字—词语—短句—对话—故事，语料逐步加长，随时用后来所得语料印证、修改，并且补充以前所得的语料。在这过程中，得出音系、变调规律等。印象记音法就逐渐演变为系统记音法。那味是什么药呢？就是系统记音法开始之后，不要把系统看死了，而是要用新语料印证、修改，并且补充那个系统。黄雪贞调查客家话略有经验，她调查梅县话变调的事可供参考。

梅县客家话平声入声都分阴阳，上声去声都不分阴阳，有六个单字调，轻声在外，调类和调值分别为：

阴平 44、阳平 11、上声 31、去声 53、阴入 1、阳入 5。

梅县话两字组里，阴平与去声作为前字，在阴平与阳入前不变调，在阴平、上声、去声、阴入前变调，阴平变 35，去声变 55。举例如下。轻声举〔·e〕为例。

阴平 44 + 阴平 44	山沟 san keu	春耕 tsʰun kaŋ	秋收 tsʰiu su	上工 soŋ kuŋ
阴平 44 – 35 + 阳平 11	斋嬷 tsai ma	番薯 fan su	猪栏 tsu lan	耕田 kaŋ tʰien
阴平 44 – 35 + 上声 31	山水 san sui	天井 tʰien tsieŋ	双抢 suŋ tsʰioŋ	相打 sioŋ ta
阴平 44 – 35 + 去声 53	灯罩 ten tsau	山货 san fo	针线 tsəm sien	冬种 tuŋ tsuŋ
阴平 44 – 35 + 阴入 1	瓜葛 kua kot	山脚 san kiok	被角 pʰi kok	煲粥 po tsuk
阴平 44 + 阳入 55	正月 tsaŋ ŋiat	三十 sam səp	私塾 sɿ suk	煨熟 voi suk
阴平 44 – 35 + 轻声 0	车儿 tsʰa ve	靴儿 hio e	乡儿 hioŋ ŋe	蜂儿 fuŋ ŋe
去声 53 + 阴平 44	外甥 ŋoi sen	夏收 ha su	赴车 fu tsʰa	负心 fu sim
去声 53 – 55 + 阳平 11	芋头 vu tʰeu	戏棚 hi pʰaŋ	莳田 sɿtʰien	来 kuo loi
去声 53 – 55 + 上声 31	露水 lu sui	大雨 tʰai i	树梗 su kuaŋ	放假 pioŋ ka
去声 53 – 55 + 去声 53	半夜 pan ia	味道 mi tʰau	种树 tsuŋ su	看戏 kʰon hi

去声 53－55＋阴入 11	顾客 ku hak	豆角 tʰeu kok	认得 ŋin tek	睡目 soi muk
去声 53＋阳入 5	算术 son sut	树叶 su iap	好食 hau sət	放学 foŋ hok
去声 53－55＋轻声 0	藠儿 kiau ve	罐儿 kuon ne	病儿 pʰiaŋ ŋe	瓮儿 vuŋ ŋe

注：斋嫲，带发修行的女子，照字面是吃斋女。番薯，白薯。薯字广韵作藷，平声鱼韵署鱼切，梅县读阳平与古音及多数方言符合。双抢，抢收早稻与抢种晚稻的合称。相打，打架。赶车，赶车。戏棚，戏台。莳田，插秧。放假的"假"与真假的"假"梅县都读上声。味道，滋味。睡目，睡觉。好食，贪吃。放假的"放"与放学的"放"梅县声母不同，双唇音属于较早的层次，齿唇音属于较晚的层次。藠儿，藠头。罐儿，罐子。病儿，病了。瓮儿，瓮。

35 调与 55 调都是单字调之外的新调值，前者都从阴平 44 调变来，后者都从去声 53 调变来。35 调容易听辨。44 调与 55 调近似，加上这两个调不在相同的语音环境里出现，难以对比：

阴平＋阳平	教佢 kau$^{44-35}$ ki^{11}	阴平＋上声	家史 ka$^{44-53}$ sŋ^{31}
去声＋阳平	告佢 kau$^{53-55}$ ki^{11}	去声＋上声	驾驶 ka$^{53-55}$ sŋ^{31}

豆酱的"豆"只能跟单说的"偷"比 55 调与 44 调的高低，不能跟教佢的"教"比；驾驶的"驾"只能跟单说的"家"比，不能跟家史的"家"比。（客家语料由黄雪贞提供）

黄雪贞说："我的 1988《客家方言声调的特点》（《方言》241～246）与 1989《客家方言声调的特点续论》（《方言》121～124）以为梅县话两字组去声在阳平、上声、去声、阴入的前头变得跟阴平单字调相同。我 1991 年再到梅县调查，反复听辨，去声的变调比阴平单字调高。这种区别在本地人的口里是稳定的。现在我把阴平单字调记作 44 调，去声的变调记作 55 调。即使这两种调值不在相同的语音环境里出现。"

三、相同的字各地用法的异同

同一个字（语素）在一个方言内部，尤其是在若干方言之间，有不同的用法。这还没有受到充分的注意。举以下例子来说：

广韵屋韵丁木切："豚，尾下窍也。屁，俗。"集韵都木切："豚，博雅'臀也'，或作尿，俗作屁。"拙作《论"入"字的音》（1982《方言》241～244、1985《语文论衡》107～111）云：

在现代方言里，"豚"有"尾部，臀部，私处浙江东阳、缙云谓男性者，上海远郊松江、奉贤谓女性者，器物底部，末了"等意思。

以下引用一些语料，说明各地"屁"字的用法。本文行文用屁字，引文用原文。

山东昌县：【屁儿】蜂蝎刺人的器官：蝎子～（石明远告知）。

江苏徐州：李申 1985《徐州方言志》146【尿】尾：听不出头～来 | 158【头尿儿】头绪，原委：半天问不出个～ | 147【尿子】昆虫的尾部：蜻蜓～断了 | 107【对尿子】＝【接

尾巴】蚕蛾交配 | 226【胡头倒屎儿】颠三倒四，稀里糊涂。

武汉：朱建颂 1980《武汉方言单音词汇释》（《方言》）78【屎】底：碗里还剩下一～底上的‖朱建颂 1984《武汉方言简志（油印本）》12【屎脏】肛道：掉～，脱肛 |【屎子】①容器底部或其残留物；②跟儿：高～鞋。

四川：王文虎等 1986《四川方言词典》90【屄屄】（器物）底部：这个坛子～烂了，漏水了‖元书屄作同音字独字，注音据附录一成都音改记音标，古入声今读阳平，屄独同音。重叠时后字读 55 调，调值与阴平相同。

山西平遥：【屄子】屁股 |【烟屄子】烟屁股 |【屄蛋子】屁股蛋儿 |【锅屄底】锅底 |【屄血】非正常月经出血 |【跌屄】脱肛（侯精一告知）。

长治：侯精一 1985《长治方言志》85【屄子】屁股。

江苏海门四甲坝（旧属南通）：【屄底】①底下：东西放来放在～；②尽头：王家走～就是咯（许宝华告知）。

安徽歙县：【太阳屄下】太阳地里 |【月亮屄下】月亮地里（程朝晖告知）。

南昌：熊正辉 1983《南昌方言词汇》（《方言》）63【屎】器物的底：碗～ | 桶～ | 76【屎上】（碗、桶等的）底儿上：衣裳搁得箱子～箱底 |【屎下声】下面一层：面上是夏天穿个的衣裳，冬天穿个衣裳都在～ |【末底韵屎】末了 |【太阳屎下】太阳地里（据熊正辉补充改正）。

长沙：鲍厚星等 1984《长沙方言词典稿（油印本）二》94【碗屎子】=【碗蒂子】碗的底部。

广州：【屎】①底部，底：碗～ | 盆～ | 沙煲～ | 米缸～ | 桶～ | ～底 | 打烂沙盆璺（问）到～成语 | 沙梨～猪臀部的肉 | 枱～桌子下边儿；②尽头：巷～ | 屈说文无尾也，广韵衢物切～巷死胡同 | 屋～房子的最里边 | 村～ | 行到～走到头儿（白宛如告知）。

梅县：【屎】①底部：瓮儿～ | 镬～ | 碗～ | 碗～上碗内底部；②顶部：帽～ | 尖～笠嫲尖顶笠 | 平～笠嫲。

江苏海门四甲坝（旧属南通）：【屄底】①底下：东西放来放在～；②尽头：王家走～就是咯（许宝华告知）。

"屄"字分布地区广阔，如上述用例所示，见于官话、晋语、吴语、徽语、赣语、湘语、客家话、粤语等。本文作者未见闽语用例。方言里"屄"字的"臀、尾、阴部、底部、末了、尽头"等意思，可以说都是从《广雅》"臀也"演变而来的。由此出发，包含"屄"字的词语全部可以得到适当的解释。吸烟时剩下的部分上海叫"香烟屁股"，平遥叫"烟屄子"，厦门叫"熏头"，温岭叫"香烟蒂头"，平常说话写标语就说"烟头"，头尾措辞有别，但所指相同。至于梅县童谣指僧头为屎，则谑而虐矣。帽子翻过来，帽顶就成了帽底。无怪梅县管帽顶叫"帽屎"。"屄"字在各地方言里用法的异同比较，对研究语言史、考本字、编字典都有帮助。

以上三节，第一节讨论怎样物色发音合作人；第二节是调查方法，其实说的是调查态度；第三节举例说明，调查方言时相同的字各地用法的异同值得注意。这些都是研究方言，包括编写方言词典的一般问题。以下六节中，第四节是词典引论的内容，凡是该在词典里说而又不便在词典正文里说的事都在引论里交代；第五节至第九节说明词典正文的五个方面，即出条、注音、释义、举例、用字。

四、分地方言词典的引论

分地方言词典规模初定，有三四册的稿子已经发排。综合方言词典以后再说。

分地方言词典的要求有两项：一是为编纂综合方言词典提供条件；二是反映本地方言的特色。为了做到这两项，我们制定统一的调查表与编写体例。凡是调查表中总的单字与词语，只要本地方言能说的，都要调查，这样各地的语料才能对比，才能编写综合词典。

每一册分地方言词典都分三方面：首先是引论，其次是词典正文，最后是义类索引。

引论分七部分，以苏州方言词典为例示：第一部分苏州。第二部分苏州方言的内部差别。第三部分苏州方言的声韵调。第四部分苏州方言单字音表。第五部分苏州方言的特点。第六部分苏州方言词典凡例。第七部分词典中例句常用字注释。其他方言词典只要把地名改了就行了，比如将"苏州"改成"长沙"。第一部分说明当地的沿革、地理与人口。第二部分说明当地方言内部的地理差别与年龄差别，交代本词典的发音合作人的方音派别。第三部分说明声韵调与连读变化。第四部分单字音表，就是反映字音构造的声韵调拼合表。初稿出来之后要认真询问核对，把放错位置的字改了，把有音义无通行形体的字（简称"有音无字"）统统记下来。［m　n　ŋ］是否自成音节，有没有什么音在表里不好安排。这是发掘方言事实的一种有效方法。不会写光会说的字往往是口语常用的，可以补充用字表调查之不足。老读轻声的字可以在表前交代，不列入表内。第五部分说明本方言在语音、语汇、语法各方面的特点。特点指本方言区别于其他方言，尤其是区别于附近方言之处；以及本地人在外地人面前希望避免，有时又受到外地人非议之处。从语言学的观点看，这种非议往往是没有道理的，调查研究无须避免。一般来说，代词、指示词、方位词、数量词（如"一个"至"十个"的合音）、语助词、口头禅、招呼、应对吵架的话，这些往往能显出方言的特色。第六部分交代出条、注音、释义的方式，大小字区别，各种符号的用法，等等。第七部分把例句中常用的需要说明的字眼先提出来注释，对编者读者而言都很方便。引论上文已经提过的方言字眼，当然不必重复。（至于词典正文，当然要包括引论里说过的所有条目）

有人说，凡例应当放在引论后。一则常用字注释要用到凡例。二则常用字就是从正文中选出来的，还是紧接着正文为妥。

引论分成七部分是依内容分的，每节长短不拘，有话即长，无话即短。假如某地方言有些事实需要在引论里叙述，现成的框框装不进去，或者装进去不合适，那就可以另立一部分。比方某些方言的训读字与变音。

为了使面目清楚，引论的层次最多为二层，每层最多分为九项。第一层以"壹贰叁肆"等大写数字为序，第二层以"圆圈数字㊀㊁㊂㊃"等为序，第三层以"圆圈码①②③④"等为序。当然也可以少分层次或者不分层次，少分项或不分项。

词典正文按字音排列，以韵母、声母、声调为序。为了查阅方便，正文之后要有义类索引。要不要编别的索引，由分地方言词典的编者考虑决定。

词典正文用条目释例的方式，分"出条、注音、释义、举例、用字"五节讨论。现在从苏州、温岭、梅县、广州、南昌五处方言选取一百一十四条，分成五组，分别作为刚才说的五节的例子。为称说方便，条目编号用三位数，百位数表示第几部，以下两位数表示第几条。如下表。

	伍　出条	陆　注音	柒　释义	捌　举例	玖　用字	小计
苏州	501～517	625～629	701～716	801～808	901～908	53
温岭	518～525	601～623		809～813	909～918	46
梅县	526～533					8
广州					919～923	5
南昌		624～625				2
小计	501～533	601～629	701～716	801～813	901～923	

关于条目选样，还有几点要说明一下。

（1）苏州、梅县、广州、南昌四地条目分别由叶祥苓、黄雪贞、白宛如、熊正辉起草，本文作者略加润色。温岭是作者本人的方言。

（2）条目进入词典，当然都按音排列，以各方言的韵母、声母、声调为序。这里连着的相关条目，如［504～506］三条，到词典里就分开了。本文把条目分为五组，以及每组的先后，都以行文方便为序。也有少数这一节参看那一节条目之处。

（3）以下每节都先说明后举条目。条目是主体，说明是冲着条目说的，当然不必条条都说。

五、出条

"出条"是说词典里立个条目，注音释义。什么语言成分可以出条？不拘一格，什么语言成分都可以出条。单字条目、多字条目都行。语素可以出条，词可以出条，词组可以出条，不连续的语言成分也可以出条。苏州501"止"字出条，以"止血｜止泻｜止咳｜止痛｜止痒"为例，比出"止血"等五条合适，注释也比出五条方便。

苏州［504～506］条"有喜（哉）｜拖身子｜大肚皮"出三条，在一处合注，梅县［526～528］与［530～531］出五条，在【冷水】条合注，相关条目的意思因对比而明显。

调查时，"猪肝｜猪舌头｜猪耳朵｜猪尾巴"等都要调查，各地可能有不同的名称。苏州"猪舌头"叫"门枪"，511以后者出条，前者作注。苏州507"猪"字条以"猪肝"为例，表示"猪肝"没有特别的名称。

苏州［517］动词用于"旽……处"之间，温岭［518］动词用于"旽处"之后，因此两地出条方式不同。温岭接着出［519］"旽处寻"与［520］"旽处去"，这两条说明本义与引申义的差别。苏州"歇……处"与温岭"无处……"是活的格式，列举不尽，非出条又适当举例不可。

梅县〔530〕"滚水"与〔531〕"沸水"同义而出两条，因为起头的字不同。〔532～533〕"逆风｜拦面风｜拦头风"三项同义，也只出两条，因为其中有两条都拿"拦"字起头。

具体如下：

苏州话：

501【止】停止或缓解某种症状：～血｜～泻｜～咳｜～痛｜～痒。

502【惹】排泄大小便：～恶拉屎｜～尿撒尿｜～屁放屁。

503【啥】什么：～人什么人，谁｜～物事什么东西｜～辰光什么时候｜～场化什么地方｜今朝买～小菜。

504【有喜（哉）】怀孕的文雅的说法，一般说法是【拖身体】，通俗说法是【大肚皮】。

505【拖身体】见【有喜（哉）】。

506【大肚皮】见【有喜（哉）】。

507【猪】一种常见的家畜：～头｜～脑子｜～血｜～心｜～肝｜～脚爪‖俗称猪猡猡。猡是俗字，两个音，这里音与罗〔ləu〕不同。

508【猪猡】骂人愚蠢得像猪一样。猡字两个音，参看【猪】。

509【猪油】有板油与网油之分，熬成后也叫荤油。

510【猪窠灰】一种农家肥，垫猪圈的稻草与泥土。在农谚中简称猪灰。种田三个宝：猪灰、河泥、红花草紫云英。

511【门枪】作为食品的猪舌头，北京叫口条。

512【顺风】作为食品的猪耳朵。

513【摇掮】作为食品的猪尾巴‖参看【掮】。

514【掮】摇动：～子鱼产卵｜～马桶洗刷马桶｜摇掮猪尾巴‖广韵宵韵相邀切："掮，摇掮，动也。""掮"本地常写作"消"。

515【头势】后缀，用在形容词及少数动词之后构成抽象名词，表示性质的程度或行为的状况，前面常有领属或指示定语：长～｜矮～｜细～｜亮～｜聪明～｜喫～｜怕～｜俚葛矮～实头少见他的矮实在少见｜㑚种齷齪～吓煞人｜勿曾见歇㑚种笨～没见过这种笨样子。

516【一……头】用在单音动词前后，表示动作一下子就完成：俚听仔一走头他听了一下子就走开了｜㑚点酒吾一呷头这点酒我一口就喝完了｜㑚把锁小张开勿开，小李走过来一开头一下就打开了。

517【歇……处】相当于"歇处……"。例如"歇请处"是"没有地方请"，其他可以类推：半夜巴生病是郎中匣歇请处葛｜房间忒小，物事匣歇摆处｜茶馆才关门，茶匣歇喫处。

7

温岭话：

518【呒处】不单用，用于动词前。①没有地方……（本义）：～寻；②不可，不能，不许（引申义）：～说无法辩解｜～讲不能说｜～乱讲｜～笑｜～搅顽儿｜～移过屋不宜搬家｜～望不许看；太难看；质量次｜～听不堪入耳。本条"处"字有 $[tɕ^hy]$ $[çy]$ 两音。

519【呒处寻】没有地方找，找不到：园集韵口浪切，藏也爻了～｜出考去爻的合音～。

520【呒处去】①没有地方去，无聊：坐屋里家里～；②不能走：老九～。义项①用"呒处"的本义，②用"呒处"的引申义。

521【泥水（匠）】瓦匠：渠咋嗯人他做什么的｜一渠泥水匠泥水木匠，前穿后亮瓦匠、木匠来不及修理自己的房子。参看【做泥水个】。

522【做泥水个】泥水匠，就是瓦匠。

523【谐嗯皆音】=【解嗯皆音】什么。

524【解嗯皆音】=【谐嗯皆音】什么。

525【咋嗯皆音】做什么？。"做 $[tsu]$"与"谐嗯什么 $[ɦia·m]$"或"解嗯什么 $[ka·m]$"的合音。

梅县客家话：

526【冷水】没煮的水（北京叫凉水）。略加热的叫做温吞水（北京叫兀突水），再加热的叫做烧水（北京叫热水），煮开了的叫做滚水或沸水（北京叫开水）。说滚水的多；说沸水的少，往往是年纪较大的。

527【温吞水】没有煮开的不冷不热的水。参看【冷水】。

528【烧水】偏正式，不是动宾式，热的水。参看【冷水】与【暖水】。

529【暖水】动宾式，不是偏正式，煮水。参看【烧水】。

530【滚水】=【沸水】开水。参看【冷水】。

531【沸水】=【滚水】开水。参看【冷水】。

532【逆风】=【拦面风】=【拦头风】迎面吹来的风。

533【拦面风】=【拦头风】=【逆风】迎面吹来的风。

六、注音

注音一律用音标，这里交代一些特殊问题。温岭［601～623］都是说有的字有宽用、窄用两音，如"早"字一般读阴上，就是说宽用音是阴上；但是"早界"的"早"读阴平，是窄用音，也就是专用音。至于"早年"的"早"读55调，那是有规律的连读变调。

温岭［612］"天亮［l-］"与［613］"天亮［ŋ-］"，两条"亮"字的声母不同且意思有别，调查时应特别留心。

温岭［604～605、607～608、614、616～623］等条都说到变音。温岭平声用升变音，仄声用降变音，作用大致相当于北京的儿化。变音是语汇现象，必须逐条记录。

"早酰｜早时｜今日｜晚头"后字必须变音。"天亮晚头"的"头"字变音不变音意思差不多。"娘舅｜娘妗｜舅公"后字必须变音。"妗婆"的"婆"字变音与否口气不同，都可以用作称呼。"先生"的"生"字用本音（不变音）含敬意，"先生"的"生"字用变音不含敬意。方言里如有这类现象，必须仔细记录分析。

南昌〔624〕说明"春"字书容切，南昌读〔tsuŋ³¹〕，北京读〔tʂʰuŋ⁵⁵〕，温岭读〔ɕyuŋ³³〕，三地声母发音方法不同，这是方言词典的本分。

苏州〔626〕"十"字声母因用处不同而有清浊之别。长江与钱塘江之间的吴语可能有同类现象。

苏州〔627〕【荔枝】与〔628〕【戒指】后字受"子尾"感染改字音，这可以说是"子尾"的扩充，由此可见"子尾"的来历也不单纯，像北京的"儿尾"似的。

苏州〔629〕"外甥"有"姊妹之子"与"女之子"两个意思。其他方言如何北昌黎也是如此（见《昌黎方言志》246）。可是书面上"外甥"与"外孙"总有分别。温岭"外甥"叫〔ŋa¹³ s a³³ ↗〕，"外孙"叫"囡儿孙"〔ʔnɛ⁵¹ n 31 - 13 søn ↗〕。"外孙"也叫"外甥"是后者用法的补充，有的方言"孙"与"甥"字同音是巧合。

温岭话：

601【蜈音蒙蚣】muŋ³¹⁻³⁵ kuŋ³³

602【杨声，限于杨柳柳】liã³¹⁻¹³ ʔliu³¹ ‖ 杨字广用音 fiiã，这里受后字影响改声母。

603【绿客韵，限于绿客】loʔ¹ khoʔ⁵ 土匪：～婆｜～胚 ‖ 客字宽用音 kʰaʔ˥，这里受前字影响改韵母。

604【早酰】tsɔ³¹ vɛ ↓〔< vəʔ〕从前有一回。

605【早年】tsɔ³¹⁻⁵⁵ ɳie³¹⁻⁵¹ = 【早时】tsɔ³¹ zɿ³¹ 从前。

606【早调，限于早界界】tsɔ³³ ka⁵⁵ 上午 ‖ 早字广用音 tsɔ³¹（上声）。

607【晚头】ʔmɛ³¹ dɣ³¹ 今天晚上。

608【天亮晚头】tʰie³³ ɳiã¹³ ʔmɛ³¹⁻⁵⁵ · dɣ 明天晚上 ‖ "晚头"不用来说过去。

609【晏】ɛ⁵⁵ 晚：～爻晚了，快眼快点儿煮饭一还赠本地字，"勿曾"的合音晏，等记凑还不晚，再等一下。

610【晚调，限于晚界界】ʔmɛ³³ ka⁵⁵ = 【晏界】ɛ⁵⁵⁻³³ ka⁵⁵ 下午 ‖ 晚字宽用音 ʔmɛ，读书音 vɛ。

611【晏界】ɛ⁵⁵⁻³³ ka⁵⁵ = 【晚界】ʔmɛ³³ ka⁵⁵ 下午。

612【天亮】tʰie³³ liã¹³ 天明 ‖ 亮字广用音 liã¹³。

613【天亮】tʰie³³ ɳiã¹³ 明天 ‖ 当明天讲亮字 ɳ 声母，大概受"天"字早期收鼻音尾的影响。

614【今韵，限于今日与今年日】tɕi³³ ɳin ↓〔< ɳiʔ¹〕。

615【今韵，限于今年与今日年】tɕi³³ ɳie³¹⁻⁵¹ ‖ 今字广用音 tɕin³³，在"今年"与"今日"里，-n 韵尾并入后字声母。

616【下年】ʔo⁵³⁻⁵⁵ ɳie³¹⁻⁵¹ = 【下来韵年】ʔo · lø ɳie = 【转来年】tɕyø · lø ɳie 明年 ‖ 来字宽用音 le，元音受前字影响变圆唇。"来年"只用于文言。

617【转来韵年】tɕyø⁵³ · lø ɳie³¹ 明年 ‖ 参看【下年】。

618 【娘舅】n̠ia³¹⁻¹³ dʑiu³¹ ↓母亲的弟兄，舅父‖温岭仄声的降变音读51调。

619 【娘妗】n̠ia³¹⁻¹³ dʑin³¹ ↓舅父的妻，舅母。

620 【舅公】dʑiu³¹ kuŋ³³ ↑父亲的舅父‖温岭平声的升变音读15调。

621 【妗婆】dʑin³¹⁻³⁵ bu³¹⁻⁵¹父亲的舅母‖"娘舅，娘妗，舅公"三条后字必须变音，否则别人听不懂。只有读书才用本音。【妗婆】条"婆"字读本音表示尊敬，读变音表示亲热，因此本音变音两可。温岭的变音大致相当于北京的儿化。

622 【先生】ɕie³³⁻⁵⁵ sã³³老师；医生；对人的尊称，面称背称都可以用。

623 【先生】像"先生"其实不是"先生"，不含敬意，限于背称，不用于面称：着遣起来的合音 ~ 样个穿起来像先生似的 tɕiə?⁵·tɕʻie³ ↑ ɦiã¹³·gə。

南昌话：

624 【舂碓】tsuŋ⁵³ tui³⁵用碓来舂米的动作：你会 ~ 啵？‖舂，广韵钏韵书容切。南昌读如章母；北京读如昌母 tṣʻuŋ⁵⁵；浙江温岭"舂米"ɕyuŋ ?mi，与钟韵书母合。

625 【舂瞌睏】tsuŋ⁵³ kʻot⁵⁵·kun打瞌睡：用心听，不要 ~！‖"睏"是从"困"分化出来的专用字，本读送气声母，此处由于轻声，变成不送气。

苏州话：

626 【十】zə?³ ‖ "二十"至"九十"的"十"读 sə?⁵。"十"字后如有个位数，如"二十一，二十二"至"九十九"，"十"字仍读 zə?³。

627 【荔枝】li³¹⁻¹³·tsɿ。荔枝后字受子尾感染，读为子尾，本地有人写作荔子。"枝"老派读 tsʐ，新派读 tsɿ；"指"老派读 tsʐ，新派读 tsɿ。

628 【戒指】ka⁵¹³⁻⁵⁵·tsɿ。戒指后字受子尾感染，读为子尾，本地有人写作戒子。"指"老派读 tsʐ，新派读 tsɿ；"枝"老派读 tsʐ，新派读 tsɿ。

629 【外甥】ŋa³1⁻13 sã⁵⁵⁻²¹①姊妹之子；②女之子。女之子（外孙）苏州口语也说外甥，书面上"外孙"与"外甥"有分别。

七、释义

我们编写方言词典，经常参考《现代汉语词典》。《现代汉语词典》用白话解释白话，突破前人用文言解释白话的框框，意义分析周到妥帖，虚字用法提要钩玄，是专业人员多年坐冷板凳的成果。我们建议方言词典编写人员，正确理解并且适当引用《现代汉语词典》，不必注明出处。引用其他书刊，原则上都要注明出处。

苏州701【连衫裙】就是用《现代汉语词典》的注，加上"北京叫连衣裙"。714【连枷】用的是《现代汉语词典》注释的第一句。因为方言词典与通语词典体制不同，这类条目的注释不必很详细。707【莲蓬子】注"新鲜的莲子"，708【莲心】注"干的莲子"，注释与《现代汉语词典》"莲蓬子儿｜莲子"的注释略有差别，这是因为这些字眼方言的用法与通语不同。

苏州701~703注释还交代北京的说法。704【豆腐花】干脆就用"北京、南京都叫豆腐脑儿"作注。

注释最怕引人误会，所以苏州705【蛤蟆】注"蝌蚪"之后，加上"长大了叫田鸡"。

713～716 注里有苏州本地风光。

意思因对比而明显，梅县 528【烧水】注"偏正式，不是动宾式，热的水"；[529]"暖水"条注"动宾式，不是偏正式，煮水"。注里点出语法构造不同，意思也不同。

苏州话：

701【连衫裙】上衣和裙子连在一起的女装，北京叫连衣裙。

702【节掐】指甲（北京话 tʂʅ·tɕia）：剪～｜修～。

703【洒点子（哉）】落下稀疏的雨点‖北京说"掉点儿了"。

704【豆腐花】北京、南京都叫豆腐脑儿。

705【蛤蟆】蝌蚪，长大了叫田鸡。

706【蚜虫】一种农业害虫。

707【莲蓬子】新鲜的莲子。

708【莲心】干的莲子。

709【面架子】【面盘子】脸蛋儿。

710【寿材】【寿器】生前预制的棺木。

711【下半夜】＝【后半夜】。

712【后半夜】＝【下半夜】。

713【蒔】苏州一带的插秧时节。夏至当天起～，分头～，二～，三～，每～五天，共半个月。梅里西风～里雨，～里西风当天雨。梅指梅子黄的时节，春夏之交；这时节下的雨叫梅雨。

714【连枷】脱粒用的农具。苏州现今不用～。宋代苏州的诗人范成大诗云："笑歌声里春雷动，一夜～响到明。"可见当时苏州也用连枷脱粒。

715【纸头店】纸店，苏州纸店以观玄妙观前街东来仪为最有名。

716【丝线店】苏州～。过去集中在东西中市一带。阊门内大街为中市街，皋桥以东叫东中市，以西叫西中市。

八、举例

释义给读者轮廓，举例给读者全貌。再配上合适的例子，整个注释就活了。一般名词的注，没有例句烘托也明白，加上例句就更显豁了。

苏州等地"多"注"多少的多"，"浅"注"深浅的浅"，传达的信息不多，就要依靠例句。"多"作定语读 ta，作谓语读 təu，功用不同，一定得用例句说明。

通语词典的"选种"包括动植物，苏州用法一般限于植物，注"选择良种"例句"三年勿～，粳稻糯稻一笼统"，就点出植物来了。

为求语义明确，必要时可说明语法构造。苏州【住家】注云"动宾式，作为家庭住所"；加上例句"租仔一楼一底葛房子，楼下开店，楼上～"，就好比画龙点睛。

温岭"转"字条主要收不见于《现代汉语词典》的用法，所以非得有例句。

苏州话：

801【子】①地支之一；②植物的~：黄瓜要落市哉，~多得来。

802【主张】主见。塌鼻梁，呒~。

803【师姑】【师太】尼姑。坐得正，立得正，哪怕和尚~佮板凳合坐一条凳子‖说文八上人部：佮，合也。广韵合韵古沓切，折合成北京音当为 kɤ。

804【多】多少的多：~日｜~年勿见，俫一点匣勿老｜哀点物事要~钿得来？"多"读 ta 只能作定语，不能作谓语，作谓语读 təu。

805【浅】深浅的浅：饭盛得忒满，吃勿落，要~点｜热天着葛衣裳颜色要~点。

806【选种】选择良种：三年勿~，粳稻糯稻一笼统。

807【住家】动宾式，作为家庭住所：租仔一楼一底葛房子，楼下开店，楼上~。

808【吱吱叫】形容出声。若要俏，冻得~‖爱漂亮，穿得太单薄。

809【转】①回：~来｜~去；②作趋向补语：反·~东西翻过来｜踩·转滚过来，多说人｜旋·~转身｜仰·~向仰着的方向转｜仆·~｜侧~侧转翻，北京说侧歪着睡；③转来与转去作复合的趋向补语：驮拿转·来｜送转·去；④重新：头一酏嬝考牢头一次没考取，第二酏~考第二次再考。

温岭话：

810【转日】过几天；以后：~搭尔讲跟你说。

811【转角】街巷等拐弯的地方，相当于北京的转角儿。

812【酏米】打米一锅。买鲜鱼，多~菜好饭吃得多。

813【谷种】稻的种子。~落缸，百廿日进仓‖从泡种到进仓，生产周期一百二十天。

九、用字

条目一般用通行的文字，各地俗字随条说明，有的条目写的是同音字，如苏州"惹"，温岭"谐嗨｜解嗨｜咋某｜咋嗨"，都用小字"皆音"。

关于本字与语源要交代几句，"本字"与"语源"仔细说来略有分别，这里姑且都用"本字"。苏州"外路人"条"路"字的用法起源于宋代一级行政区划的名称。温岭"石榴"叫"金樱"是避吴越王钱镠讳。吴语地区"钱"又音"田"，因而"钱"又有"钿"的写法，"钱粮"又说"田粮"。温岭说"钱"字有两个音、三种写法。广州"茶盅 = 焗盅"，"盅"本作"锺"，"焗"为俗字，人尽皆知。

方言调查以记录事实为主。考本字也重要，但到底不是主要的。考对了是理应如此，考本字考错了是画蛇添足，没有把握的本字要少说。没有把握的时候最好用同音字来代替。《四川方言词典》"㞘㞘"一条，说明元书写作同音字"'独''独'"。该条注音、释义、举例，皆上乘之作。编者收录本条，足见采集语料之周到。写同音字足以反映方言事实，并非白璧之瑕。知之为知之，不知为不知，是知也。

词典讨论本字，措辞宜有分寸。苏州方位后缀"浪"［·lᴀ］，由"上"［zᴀ］字变来，今从众写作"浪"。"牙垠"一条说"今姑且写作'垠'"。那是因为"垠"字古今音变符合现在说法，字义虽然有点牵连，并无书证。广州"冧"字在《广韵》与《集韵》里是多音字。我们说"今广州读如去声来母"，点出古今音关系。"麻经"的"经〔kaŋ〕是白读，梗摄四等读如二等"。话不能说太满，满了就过火了。

苏州话：

901【外路人】＝【客边人】外地人‖路是宋代行政区，大致相当于现在的省，现在很多吴语方言都有"外路人"的说法。

902【私囝五】私生子‖五的本字为"儿"，"儿"轻声本地俗写作五。

903【解】①将系好的东西松开：～钮子，～鞋带，～开裤子带。摇仔三日三夜船，缆绳匣䌸～。②稠的东西变稀：白米粥隔仔夜～脱哉。③对某件事不感兴趣：该种事体吾是看得蛮一葛‖解另见 tçia，tçia，ka‖解广韵胡买切，集韵注散也。全浊上声今读阳去，匣母今读如群母。义项②北京说"解了"。

904【老孵鸡】多年的母鸡。

905【黄孵鸭】母鸭‖"孵"读 bu 是训读，本字当作伏。广韵宥韵扶富切："伏，鸟菢子。"苏州音 bu，广韵虞韵芳无切："孵，卵化。"苏州音 fu。平常认为孵 fu 是文读，孵 bu 是白读，这是把本音认为文读，训读认为白读。

906【浪】方位后缀，由"上"〔zã〕字变来，今从众写作"浪"：天～｜地～｜头～｜抬～桌子上｜街～。

907【矮篱】比门框矮两三尺的门，关上后上边仍可通风透光，～的后面还有一扇可以完全关闭的门‖广韵盍韵徒盍切："篱，窗扇。"集韵注"客扉谓之篱"。苏州的"矮篱"温岭叫"半腰门"。

908【牙垠】＝【牙黄】牙垢‖集韵恨韵苦恨切："垠，土有起迹曰垠。"今姑且写作"垠"。

909【金樱】石榴‖宋吴处厚《青箱杂记》卷二："钱武肃王讳镠，至今吴越间谓石榴为金樱。"（商务印书馆，1992）。樱另见 ʔin。

温岭话：

910【樱桃】樱另见金樱‖樱两音与鹦两音平行。

911【鹦鹉】＝【鹦哥】红嘴绿鹦哥，金镶白玉璧‖这是小菠菜连根根色红而味略甜煮豆腐的别名，豆腐蘸酱是金镶白玉璧。

912【钱】姓。另见 die，但读书音一律是 dzie。

913【钱庄】dzie tsõ。

914【钱】十分之一两。鲫鱼头抵得三～参。另见 dzie。

915【洋钱】银圆。也作洋钿，钿是吴语地区的俗字。

916【铜钱】铜圆；财产。有～，开当店；无～，挂花会‖这两行准赚不赔。也作铜钿，钿是吴语地区的俗字。

917【钱粮】田赋。也作田粮。

918【完粮】＝【完钱粮】。

919【茶盅】＝【焗盅】有盖的茶碗，底下有茶碟托着。北方叫"盖碗儿‖盅本作钟，焗俗字。

广州话：

920【焗盅】＝【茶盅】盅本作锺，焗俗字

921【椗】瓜果的蒂：苹果～｜瓜～‖俗字，见黄锡凌《粤音韵汇》。

922【罧】①摞（起来）。多用于大件的笨重的东西：将几只箱～起｜～高佢｜～人山叠罗汉。②堆，丛：工夫～成堆的工作｜罧～比喻难办的事，棘手的事。③量词，相当于"堆，垛，片大面积"等：一～柴（屋，禾草，砖，米包，箱，木材，石头）‖集韵侵韵梨针切："罧，积柴水中聚鱼也"；平声来母。又沁韵所禁切，注同；去声生母。今广州读如去声来母。

923【麻经】加工较粗的，多是松松地拧起来的双股麻绳‖也叫"粗麻绳"，"经"是白读，梗摄四等读如二等。

（本文原载于《方言》1992 年第 4 期）

汉语方言学大词典与汉语方言学科建设

詹伯慧

一

我国汉语方言众多，方言现象复杂，如何组织队伍、大力开展各地汉语方言的调查研究，发掘和运用丰富多彩的汉语方言资源，是当今中国语言研究中的重要环节，也是汉语方言学科的重大课题。众所周知，30多年来，随着我国学术事业的振兴，汉语方言调查工作出现了史无前例的蓬勃发展，汉语方言学已从以往的冷门学科发展为中国语言学中举足轻重的热门学科，成为名副其实的"显学"。改革开放以来，汉语方言调查研究的成果不断出现，特别是20世纪90年代以来几项汉语方言研究的重大工程陆续完成，如中国社会科学院语言研究所李荣教授等主编的41卷《现代汉语方言大词典》和《中国语言地图集》，复旦大学许宝华教授和日本宫田一郎主编的5卷本《汉语方言大词典》，陈章太、李行健主编的《普通话基础方言基本词汇集》，以及进入21世纪以后由北京语言大学曹志耘主编的《汉语方言地图集》等一一问世，深受中国语言学界乃至整个社会科学界的瞩目，反映出汉语方言学科巨大的学术潜力，在社会科学中的地位日渐显著。

大型辞书的出版在增强学术活力，完善学科建设，促进学术振兴和推动文化发展中的作用十分明显，不能等闲视之。长期以来，人们总是把大型辞书的编纂出版，尤其是能够集中体现各个学科学术成果的大百科全书的编撰，看作反映一个国家学术事业蓬勃发展、文化科学水平提升的重要标志。20世纪70年代，我国趁着学术振兴的大好形势，着手组织起强大的学术队伍，启动一项编纂130多种辞书的文化建设工程。其中最引人注目的就是编纂几部（套）规模宏大的大型辞书，包括《汉语大字典》《汉语大词典》和《中国大百科全书》等的编纂工作陆续上马，一举脱掉了解放后一直被讥为"国家大，字典小"的帽子。在这一千军万马齐编辞书的高潮中，笔者有幸参与编纂历史上收字最多、音注最细、释义最全的《汉语大字典》，其后又有机会参与70多卷本《中国大百科全书·语言文字卷》的编纂，在历时逾十载编纂这两部大型辞书的实践过程中，对大型辞书编纂的艰辛和大功告成后的喜悦感受良多。联系到自己长期以来所从事的汉语方言专业工作，深感一部能够涵盖汉语方言学方方面面、名副其实的汉语方言学大型辞书，对于充分发掘和运用汉语方言的丰富资源、推动汉语方言学科的发展是多么重要。基于这一想法，多年来我一直在思考着：什么时候能够组织起一支强有力的方言专业队伍，有计划、有组织地来编写一部大型的汉语方言学大词典，这部大词典应该不同于已经出版的数以百计的各种方言词典，包括前述由李荣教授等主编的 41 卷本《现代汉语方言大词典》。设想中的《现代汉语方言学大词典》，重点落在"方言学"上，我们要编的是方言学大词典而不是方言大词典，方言大词典是记录、描写、分析、反映方言事实的大词典，例如李荣教授等主编的 41 部方言词典，每一部反映一个地点方言的词汇面貌，41 部合起来是一套大型的、涵盖 41 个方言点词汇情况的方言大词典，性质跟方言学词典是不一样的。方言学是一门以方言为对象，涉及方言方方面面的学问，编撰名为方言学的辞书，除了要反映方言本体的情况，例如它的语音词汇语法的特征以外，还得把方言的研究情况，有哪些代表性的人物和著作，有哪些学术机构和哪些重大的学术活动，以及有哪些学术刊物、哪些网站等，都一一反映出来。这样一部涉及方言方方面面情况的辞书，是属于百科性的辞书，跟已刊的《中国大百科全书》是同样性质的。已刊的 70 多卷《中国大百科全书》中，也有一卷叫"语言文字卷"，里面拥有语言文字方面的各种条目，凡属语言文字范畴的，都会列出条目加以编写，方言方面的条目自然也有一些。但因为方言只是"语言文字卷"中的一个部分，汉语方言学的条目在整部《中国大百科全书·语言文字卷》中的分量很少，无法全面地反映具有悠久历史和丰富内涵的汉语方言学的实际发展情况。因此，编纂一部大型的、百科性质的《现代汉语方言学大词典》，就显得非常有必要了。编撰这部方言学大词典的现实意义首先就在于它可以弥补《中国大百科全书·语言文字卷》中方言条目过于单薄的不足，大大扩充汉语方言学条目的范围，让与汉语方言学相关的内容都能在这部大词典中有所反映，这无疑将大大促进作为中国语言学中强项学科的汉语方言学的进一步持续发展，使之不断登上新的台阶。另外，语言的研究总是要为语言的应用服务的，这本是天经地义的事。当今人们对方言作为我国重要语言资源的认识日渐增强，大家都意识到必须在进行汉语规范化、推行全民通用普通话的同时，大力发挥汉语方言的作用。基于这一理念，汉语方言的社会应用，汉语方言知识的社会普及，自然也都成为当务之急。毋庸置疑，一部大型的汉语方言学大词典，对汉语方言资源的充分利用和汉语方言学知识的广泛普及，自然也都能够发挥积极的作用。

二

众所周知，《现代汉语方言学大词典》的编纂有着十分重要的现实意义。在以往几十年汉语方言工作的突飞猛进中，大大小小的方言词典层出不穷，可迄今尚未出现过能涵盖汉语方言和方言学的方方面面，容纳大量汉语方言知识，被冠以"方言学"而不是冠以"方言"的大型辞书。基于现实的需要，近期我们把编纂大型汉语方言学词典一事提上日程，立即得到各方面的大力支持，在 2013 年底，这一构想被列为国家社科基金的重大项目，该词典被列为国家重点出版图书。国家的重视使我们深受鼓舞，我们随即组建起一支包括全国各地许多汉语方言专家在内的专业队伍，立即制订规划，开展工作，计划以只争朝夕的精神，在三五年内实现我们的目标：编出一部百科性的汉语方言学大词典来。

编纂这部《现代汉语方言学大词典》，我们要力求达到以下四性：

（1）权威性。这部大词典由一批熟悉汉语方言、有较高方言学业务水平的专业人士参与编纂，学术质量有一定保证。读者通过这部大词典，一方面可以掌握汉语方言学的基本理论、基本方法和基本知识，另一方面也能对有代表性的汉语方言面貌和汉语方言特点有一个概括性的了解。

（2）百科性。这部大词典是既讲汉语方言，也讲汉语方言学的百科性大词典，要尽可能涵盖汉语方言的种种情况，内容突出现实特色，力求信息全面、完整，条目设置得体，叙述客观、公允。

（3）普及性。这部大词典要认真贯彻学术性与实用性兼顾的原则，既要反映汉语方言研究成果，体现学术水平；又要做到通俗易懂，达到普及方言学基础知识的目的。

（4）时代性。这部大词典是21世纪的产物，编纂过程中一定要在传承辞书编纂传统的基础上，搭建起方言辞书的信息平台，探讨方言词典编纂的理论问题，并应用当代先进的科学技术，辅助建立现代化的方言学辞书体系。

三

《现代汉语方言学大词典》要体现上述"四性"，必须对词典的内容、框架、体例等都作细致的考量，拟出一个完整的设计方案来，再由编纂人员和出版人员通力协作来一一加以落实。参照已刊的《中国大百科全书·语言文字卷》以及一些单科百科全书的做法，结合汉语方言学科的具体情况，经过一番酝酿，我们形成了以下的思路：

1. 整体内容与框架

本词典总字数超过400万字，分两卷刊行。一卷为汉语方言学的方方面面，一卷为汉语方言代表点的简要概述及语音词汇对比。整体内容框架包括三大部分：

（1）汉语方言学部分。涵盖汉语方言学的各个方面，为读者提供汉语方言学的基本知识及基本理论；汉语方言调查研究的基本方法与专业技能；阐述汉语方言的历史发展与现状；论述汉语方言学与相关学科的关系和互动；汉语方言代表著作；汉语方言学者；汉语方言学术机构；汉语方言学术活动；汉语方言专业刊物；汉语方言学人才培养等方面。

（2）汉语方言部分。涵盖全国各地主要方言。除各方言按不同层次列条编写外，参照李荣教授等主编的《现代汉语方言大词典》41卷分地版，选取具有代表性的52个方言点，逐一进行简要概述，并将各点之间的语音异同及词汇异同用对照列表方式列出，以达到大致反映汉语方言语言面貌的目的。

（3）索引及附录部分。

索引包括本词典分类条目索引、人名索引、著作索引等，附录设置汉语方言研究文献选目，本词典使用标音方式及几种常见标音方案的对照等。

2. 百科条目设置

《现代汉语方言学大词典》属于百科性质辞书。内容参照百科全书体例设置条目，将汉语方言学及汉语方言的众多内容按照特大条、大条、中条和小条四类不同规格分别列目撰写，成稿后集中全部条目，再按音序加以排列，作为大词典的正文。为方便读者查阅，正文前除附有四类条目的总目录外，还考虑附上内容分类的目录。

这本大型方言词典的特大条、大条、中条和小条的设计大致如下：

（1）特大条：内容主要为涉及汉语方言学及汉语方言重大课题的总体性论述。条目数量控制在 10 条左右，每条都在 1.5 万字以上。初步考虑以下条目宜设为特大条条目：

方言与方言学、汉语方言的调查研究、汉语方言史和研究史、改革开放以来的汉语方言研究、汉语方言与中国文化、汉语方言与少数民族语言、汉语方言与汉民族共同语、方言地理学。

（2）大条：内容包括汉语方言及方言学重大问题的阐述，汉语各大方言的概括性论述，汉语方言本体研究的综述，汉语方言重要历史文献、重要研究成果的论述，汉语方言学顶级学者的传略，等等。条目数量控制在 40 条左右，每条都在 1 万字左右。初步考虑以下条目宜设为大条条目：

官话方言概说、晋语概说、吴语概说、湘语概说、赣语概说、客家话概说、粤语概说、闽语概说、徽语概说、濒危方言概说、方言岛概说、平话及土话概说、方言学与音韵学、汉语方言的信息处理、汉语方言的分区、汉语方言语音研究、汉语方言词汇研究、汉语方言语法研究、扬雄《方言》及其研究，以及《现代汉语方言大词典》《汉语方言大词典》《中国语言地图集》《汉语方言地图集》和现代汉语方言学的顶级学者：赵元任、罗常培、丁声树、袁家骅、李荣、董同龢等。

（3）中条：内容包括一些重要的方言学著作（如成片方言的专著、大型的方言丛书、大型的方言志等），著名的方言学者，方言多样化的省（区）的全省（区）汉语方言述略，重要的汉语方言学术机构、重要的学术会议、学术活动、学术刊物等，条目数量控制在三四百条，每条字数在一两千字至四五千字。

（4）小条：包括一般汉语方言学的专业名词术语，汉语方言及方言学著作，汉语方言学学者，汉语方言研究机构，汉语方言学术会议、学术活动等，设条数目不加限制，尽量求全。每条字数一般在三五百字间。

四

如上所述，一部经过精密设计、建立在大量方言语料积累和众多方言研究成果基础上的《现代汉语方言学大词典》，由于它揭示出无比丰富的汉语方言资源，勾勒出汉语方言学的大致面貌，也记载着多姿多彩的各种地域文化，除了在推动汉语方言学科建设中发挥明显的作用外，还表现为多方面的学术价值与应用价值：

1. 学术价值

（1）汉语方言是古代汉语历史发展的产物。本词典中呈现的许多汉语方言现象，正是古代汉语的"活化石"，为揭示汉语历史发展轨迹提供科学的印证。在汉语史的研究中无疑会发挥重要的作用。

（2）汉语方言的各种特征在本词典中有充分的表现，这就为结合本土语言实际，构建符合国情的语言科学理论体系，建设具有中国特色的普通语言学提供重要的科学依据。

（3）历史悠久的中华优秀文化包含着各种精彩的地域文化，这些地域文化通过各地方言记载下来，代代相传。《现代汉语方言学大词典》集精彩地域文化之大成，在承传和弘扬地域文化中，理所当然地会发挥应有的作用。

（4）通过本词典中显示的大量方言事实，可为与方言学密切相关的社会学、文化学、民俗学、人类学、民族学、历史学、方志学、移民学等众多学科提供生动的案例和相关的数据。

2. 应用价值

（1）方言是宝贵的社会资源。一部集汉语方言和方言学大全的大词典，能让社会上各行各业的人都认识方言，共享方言资源，使方言在社会应用中充分发挥作用。

（2）方言是民族共同语的基础。汉民族共同语是在我国使用范围最广的北方方言的基础上发展起来的。国家在制定语言政策，实行汉语规范化与推行民族共同语的过程中，必须充分了解方言，掌握方言。方言调查研究的工作必不可少。《现代汉语方言学大词典》能够提供较为详尽的方言依据，在语言政策的制定和推行中发挥重要的作用。

（3）在方言文献、地方文学的解释、研究过程中，方言学大词典也能发挥桥梁和应用工具的作用。从而为保护和弘扬优秀的地域文化贡献绵薄之力。

（4）《现代汉语方言学大词典》能为汉语方言的教学和教材的编写提供丰富的学术信息和翔实的方言语料，为提高汉语方言学的教学质量提供服务。

值得注意的是，《现代汉语方言学大词典》在具有多方面学术价值与应用价值的同时，还有一些理念上的创新。首先是在学科理念上的创新：以往方言学科常被当作其他学科的附庸，学界不大重视方言学科自身理论与方法体系的建设，百科性《现代汉语方言学大词典》的编纂立足于方言学是语言学学科中重要的独立学科的理念，梳理前人在汉语方言及方言学的研究中取得的成果，总结其成绩与不足，建立起一套崭新的、完善的汉语方言学学科体系，这在学科建设上，堪称创新之举。其次是方言辞书编纂理念上的创新：前人编纂方言词典，多着力于描述、比较方言的本体，已刊多卷本巨著《汉语大词典》和《汉语方言大词典》也是反映汉语方言本体（词汇）的方言词典，针对汉语方言学这一特殊学科，以反映方言和方言学方方面面的研究成果，全面提供汉语方言及方言学百科知识为主旨来编纂方言学词典，前人似乎很少提及，就这一点来说，方言学大词典的编纂，也可算是方言辞书编纂理念上的一点创新。最后，《现代汉语方言学大词典》在数字化建设上也有一些创新性的考虑：在编纂《现代汉语方言学大词典》纸质大词典的同时，一方面，建设数字化辞书编纂平台，建立规范的现代方言及方言学辞书的技术标准与方法模式，形成统一的方言辞书编审规范和录入标准；另一方面，着力建设面向公众开放的、可适时更新的网络辞书平台，并计划在此基础上，进一步研制能发声的方言电子词典，为方言教学和方言文化等领域提供服务。

［本文原载于《暨南学报》（哲学社会科学版）2015 年第 9 期］

汉语方言辞书编纂的历史与现状

肖自辉

自扬雄开汉语方言辞书编纂的先河以来，中国汉语方言辞书编纂经历了几千年的漫长岁月。根据历史上汉语方言辞书编纂的不同特点，基本上可以分为三大历史时期：古代（明清及以前）、近代、现代。

一、古代汉语方言辞书的编纂

汉语方言辞书编纂历史悠久，西汉扬雄的《輶轩使者绝代语释别国方言》（以下简称《方言》），是最早的一部方言辞书。该书今存 13 卷，共收 669 条词、11 900 多个汉字，其中一部分为汉、魏学者所增。记载的方言词语涉及汉代东起东齐海岱，西至秦陇凉州，北起燕赵，南至沅湘九嶷、桂林，东北至北燕朝鲜，西北至秦晋北鄙，东南至吴越东瓯，西南至梁益蜀汉的广阔地域范围。记录的词汇按照分布范围可分四类：一是通语，凡通语，凡语，通名；二是某地某地之间语，四方之通语，四方异语而通者；三是某地语，某地某地之间语；四是古今语，古雅之别语。该书被誉为"悬诸日月而不刊"的经典之作。

东汉服虔《通俗文》是第一部记录并诠释俗语的著作，但由于此书除了有相对雅言通语的方言词，也有相对文学语言的俗语词，因此并不是一本纯粹的方言辞书。宋代已亡佚。清代以来的学者从各种古籍中辑录此书的佚文，目前可见 8 种辑本。从辑本来看，《通俗文》体例以义类排，再释义。如"含吸曰噉也"。后世编撰有关俗语词的辞典都在借鉴《通俗文》的编撰体例，不管是在编排还是释义等方面，足见《通俗文》在辞书学史中的地位。

由于传统对方言的歧见，方言辞书难登大雅之堂，古代方言辞书的编纂和研究受到很大的制约。但通语辞书里很多都收录方言词汇，如先秦两汉时期许慎的《说文解字》引证了方言俗语 174 条，指明通行范围、内部层次及实际音、义；我国第一部词典《尔雅》"此所以释古今之异言，通方俗之殊语"，也是汇集先秦不同时期和地域的词语的辞书。

秦汉以后尽管专门的方言辞书不多，但还是有记录、训释方言俗语的带辞书性质的专著问世，如梁代的《释俗语》，唐代的《匡谬正俗》《杂纂》，宋代的《释常谈》《古今谚》等。

明清时期是传统方言学的鼎盛时期，在方言辞书的编纂上也取得一定成就。譬如，明李实《蜀语》是继扬雄《方言》之后，我国现存第一部以地域方言为主题的方言词典。共收方言词语 539 条，以单音节词为主，不分类。以同音字注音，每条详加注释。该书几乎对每一条目都注音，是方言学史上的一大进步。总的来说，此期的方言辞书大致有以下几类：

（1）沿袭《方言》体例的方言辞书。其中清章炳麟的《新方言》是以扬雄《方言》为榜样而作的，是以收集近代方言词语为目的，并探求其本字和语源的最重要的辞书之一。该书收录方言词语 800 多条，分为释词、释言、释亲属、释形体、释宫、释器、释天、释地、释植物、释动物、音表 11 卷。前 10 卷收录方言词语，按照意义分类；最后 1 卷音表，包括古音 23 部表和古音声母 21 纽表。卷末还附有岭外三州语，记录广东惠州、嘉应州、潮州三地方言词语 60 多条。黄侃评论说："已陈之语，绝而复苏，难喻之词，视而可识。"此外，该类辞书还有杭世骏《续方言》、程际盛《续方言补》、程甲先《广续方言》、张慎仪《续方言新校补》等。

（2）主要以考溯方言词语和方言本字为目的的辞书。如翟灏《通俗篇》、钱大昕《恒言录》、范寅《越谚》、胡文英《吴下方言考》、杨恭恒《客家本字》等。有的辞书是以一般性的方言俗语作为调查、辑录和考证对象的，多以常见口语词语求证文献用法为主，如钱大昕的《恒言录》、孙锦标的《通俗常言疏证》、翟灏的《通俗编》、梁同书的《直语补正》、张慎仪的《方言别录》、钱大昭的《迩言》、梁章矩的《称谓录》、罗振玉的《俗说》等。更重要的是有一批辞书，是以具体的地点方言或区域方言俗语作为考证研究对象的，对后来的方言调查研究有一定的影响，如孙锦标的《南通方言疏证》、张慎仪的《蜀方言》、胡韫玉的《泾县方言》、胡文英的《吴下方言考》、范寅的《越谚》、毛奇龄的《越语肯綮录》、詹宪慈的《广州语本字》，杨恭恒的《客话本字》等。

二、近代汉语方言辞书的编纂

鸦片战争之后，中国沦为殖民地半殖民地社会，这时期成为汉语方言辞书编纂历史上一个特殊阶段。大批传教士、外交家及一些海关人员进入中国各地，为了传教和政治、通商的需要，他们学习当地方言，并编写出版大量记录汉语方言的辞书，成为汉语方言辞书史研究不可缺少的一环。这些辞书中有同时涉及多种方言的综合性辞书，最著名的是马礼逊的《华音字典》①，每个汉字都标注出了 12 种读音：包括宁波、广东、客家、福州、温州、北京、华中、扬州、四川 9 地方言读音，以及高丽（朝鲜）、日本、安南（越南）三国的读音，并分别用威妥玛—翟理斯拼音进行了标注。其他辞书多为吴、闽、粤、客、官话等方言的专题辞书，尤其以闽、粤语最多。

---

① 1815 年出版了该书的第一卷，书名为"字典"。这卷是马礼逊按照嘉庆十二年刊刻的《艺文备览》英译的，汉、英对照，按汉字笔画分成 214 个字根排列，书后还附有字母索引。第二卷的第一部分在 1819 年出版，书名为"五车韵府"，根据音标按英文字母编排。1820 年续出第二卷的第二部分。第三卷于 1822 年出版，书名为"英汉字典"，内容包括单字、词汇、成语和句型的英、汉对照，解释详尽，例句都有汉译。整部字典在 1823 年出齐，共有 6 大本，合计 4 595 页，全部由马礼逊独自编纂，前后历时 15 年。

粤方言辞书的编纂工作最早开展，如罗伯特、马礼逊 1828 年编纂的《广东省土话字汇》（澳门出版）就是西方传教士编撰的第一部汉语方言词典，也是我国第一部粤方言词典。这是因为鸦片战争以前，政府只开放广州一地作为通商口岸，来华新教传教士只能在南洋一带及澳门、广州活动，粤方言区成为中国最早接受西方基督教文化的地区。此后，又有不少粤语辞书出版，如美国传教士裨治文《广州土话注音》①（新加坡印刷所，1841）、美国卫三畏的《英华分韵撮要》②（1856）、英国湛约翰的《英粤字典》（伦敦会香港分会，1859、1862、1870、1878、1891、1907）和《广州方言袖珍词典》（1872）、罗存德的《汉英字典》③（香港出版，1871）、E. J. 艾特尔的《广东方言词典》（香港出版，1877）和《简明康熙字典》（1882）、广西梧州天主教会编纂的《学生粤英词典》（香港圣类斯工业学校印行，1934）、香港伦敦宣道会出版社出版的《英粤袖珍辞典》（1870）、何类思《粤法字典》（香港外文传教会印务局，1902）等。这些字典中又以《英粤字典》流传最广，初时为袖珍词典，后经多次补充修订，收词量不断扩大，其中 1907 年版共 822 页，收录了词语、俗语和例句共 4 万余条。

外国传教士也很重视闽语词典的编纂。英国传教士麦都思编纂的《汉语福建方言字典》（英国东印度公司印刷，1837）是近代西方人的第一部闽南语方言字典，共收 12 000 个汉字，860 页，用白话罗马字注音。全书分为七个部分，分别是致读者、前言、福建简史与统计资料、福建方言正字法、正文、笔画索引和汉字索引。此后，闽语辞书层出不穷，最多的是厦门方言、福州方言辞书、潮州方言辞书和汕头方言辞书：

（1）厦门方言辞书。如 1873 年英国长老会传教士杜嘉德编纂的《厦英大辞典》（伦敦杜鲁伯公司出版），是第一部大型厦门腔白话汉英词典，也是汉英厦门方言词典中最重要和最常用的一部，收词丰富，没有汉字，厦门话发音用罗马字拼音，用英语解释字词发音、意义用法。此外，美国归正教会传教士打马字（Talmage）编纂的《厦门音的字典》（1894）、C. 道格拉斯编纂的《厦门方言口语词典》（伦敦出版，1899）等也影响较大。

（2）福州方言辞书。传教士 1870 年撰写的《福州方言拼音字典》（An Alphabetic Dictionary of the Chinese Language in Foochow Dialect），包括 928 个福州话的基本音节（不区别声调），用罗马字音标注。正文所收的主要的文言字和土白包括这些字的缩写形式、重复形式和多音字达 9 390 个。又如美国卫理公会传教士麦利和鲍德温合编的《福州方言华英字母顺序字典》（也称《榕腔注音字典》，福州美华书局，1870）反响也颇佳。

（3）潮州方言辞书。如美国传教士高德《英汉潮州方言字典》（广州中和行出版）、《英汉潮州方言词汇》④。此外还有全英文或中英文对照的词典，如：*Manual of Swatow Vernacular with a Dictionary of Some of the More Important Words in the Swatow Dialect*

---

① 这是传教士编纂的第二部粤方言—英语词典。
② 该书实际是一部粤方言—英语词典，书中收录个别粤方言汉字，注重实用性，方便使用。
③ 该书虽名为"汉英字典"，实际上是一部粤英词典，所收词条 37 775 条，其中方言词语 10 119 条。
④ 1847 年初版于泰国曼谷（Bangkok Mission Press）。1888 年由曾翻译《圣经》的传教士高德（Josiah Goddard）改编，Shanghai American Presbyterian Mission（美国长老会，上海美华书馆）印行第二版。

（新加坡 Kohn Yen Hean Press，1886）等。

（4）汕头方言辞书。如英国长老会传教士卓为廉的《汕头方言土语英华词典》（汕头英华书局，1883）、美国长老会传教士斐尔德的《汕头话音义词典》（上海美华书馆，1883）。

除了闽粤方言辞书外，客家方言辞书的编纂也形成一定规模和影响。最早向客家人传教的基督教教会组织是巴色会①。第一部客家方言词典是黎力基牧师编写的《客英词典》（*Wörterbuch Hakka-English*）②。1909 年德文版《初学者简明德客词典》正式出版。除巴色会外，还有势力相对较小的英国长老会、美南浸信会、美国长老会、英国伦敦会、法国巴黎外方传教会等也编写和出版了一些客家方言词典。如麦爱华 1905 年编纂的 *An English-Chinese Dictionary in the Vernacular of the Hakka People in the Canton Province* 在上海美华书馆出版。1926 年 M. C. Mackenzie 在上海出版了一部《客英大辞典》。巴黎外方传教会的赖嘉禄（Charles Rey）1901 年编纂的《客法词典》（中文名又称"客法大辞典"），次年在香港监印，1926 年重编及出版；1901 传教士 C. 雷伊编纂的《客家方言词典》在香港出版。

吴方言辞书，主要成果是上海方言的辞书。1843 年上海开埠以后，西方传教士在上海出版了若干上海方言辞书，1862 年上海美华书馆出版的麦嘉湖的《上海话短语选》是中国最早的上海方言—英语词典。1869 年，上海美华书馆出版了英国传教士艾约瑟的《上海方言华英词集》（也译为《上海方言词汇》）、1911 年上海美华书馆出版了戴维斯与薛思培编纂的《上海土语华英词典》；1950 年又有《法华上海方言新词典》出版。吴方言辞书还包括一部宁波方言词典，即 1876 年传教士睦礼逊整理编纂的《宁波方言字语汇解》（也称《宁波方言英华词集》），2009 年再版了此书。

此外，外国传教士以及外交和商务人员从各自的需要出发，编辑了许多汉语官话辞书。其中马礼逊耗时数十年编写的多卷本汉英辞典《三部汇编汉英辞典》，分别于 1815 年、1822 年和 1823 年在澳门正式出版，这就是北京官话的词典。北京官话方言辞书还有英国人司登德的《汉英合璧相连字汇》（今译《汉英北京方言词汇》）（上海美华书馆，1871）、富善的《北京方言袖珍字典》（上海美华书馆，1909）、爱尔兰传教士傅多玛的《汉英北京官话词汇》（上海美华书馆，1911）等。在西南官话区传教的教会编写和出版了一批西南官话辞书，如巴黎外方传教会于 1893 年在香港出版的《华西官话汉法词典》，以及英国传教士钟秀芝《西蜀方言》1900 年出版，收单字 3 674 个（异体字除外）、用例 13 484 条。

这个时期的方言辞书主要是为来华西人服务的，其形式和内容的特点也体现了这一宗旨：一是重视字词的注音，多为罗马字母注音。如翟理斯《华英字典》所收的汉字大都有详尽的注音，而且注出多种方言的读音如广州话、客家话、福州话、温州话、宁波话、北京官话、中原话、四川话等。二是基本都有英文翻译，如《厦英大辞典》用英语解释字词发音、意义用法。三是内容上这些词典不仅收录了包括大量关于中国

---

① 巴色会（The Basel Missionary Society）又称"巴色差会"或"巴色传道会"，是"福音教驻巴色的差会"。
② 转引自庄初升. 巴色会传教士与客家方言研究［J］. 韶关学院学报，2002（7）.

传统经典、宗教信仰、哲学、文学、官制礼仪、民俗民谚等丰富的中国文化内容的词条，而且在词条的释义上为使西方人便于理解，往往引经据典详加解释。如马礼逊在《华英字典》中对"死亡"一词的解释就从中国经典中引用很多句子说明不同宗教、阶层对死亡概念的不同表达，同时还介绍了中国人的殡葬习俗。

当然，除了传教士编写的方言辞书外，近代也有少数由中国知识分子编写的方言辞书，如陈凌千《潮汕字典》（汕头育新书社，1935），收入常用汉字 10 000 余个，影响也极大。

三、现代汉语方言辞书的编纂

改革开放以来，随着现代汉语方言学的发展，涌现出几百种方言类辞书，开始进入汉语方言辞书编纂的繁荣期。根据这些方言辞书收录的方言种类和数量情况，可以分为综合性辞书、分地专题辞书、共同语—方言（或其他外语—方言）对照型词典三大类。

1. 综合性辞书

综合性辞书是指选收全国各地汉语方言字或词、句的辞书，其中有两部比较重要的代表性著作：

一是《现代汉语方言大词典》，由李荣、熊正辉、张振兴主编，其综合本由江苏教育出版社于 1999—2002 年编写并出版，共 2 000 多万字。综合本是在分地词典①的基础上，把内容综合在一起，并按照统一的体例编纂在内容方面进行增删取舍而成。综合本的基本内容包括概况和正文两个部分：正文之前是 42 处汉语方言概况，包括各个地点方言的背景资料（简明的历史、地理和人口情况）、地点方言的音系、地点方言的主要特点等。概况之外从第 1 卷到第 6 卷都是正文，包括索引、词条注音及释义等。该词典展示出汉语方言统一性和分歧性的实际情况，影响极大。

二是《汉语方言大词典》，由许宝华和日本的宫田一郎主编，由中华书局于 1999年出版。词典正文分为 5 卷，同时附有非常实用的多种附录，总字数为 1 700 多万字。该词典包含《中国语言地图集》中 18 种现代汉语方言的系属（10 种方言区，加上官话大区的 8 种）的方言语料，同时还包含了一大批古代文献资料里所出现的方言语料。因此，这是迄今为止收录方言词语最多的一部综合方言词典。

此外，还有商务印书馆辞书研究中心编纂出版的《新华方言词典》②（商务印书馆，2011）、傅朝阳编的《方言小词典》（山东教育出版社，1987）、韩品夫主编的

---

① 分卷本于 1991—1998 年编写并出版，包括南京、徐州、扬州、武汉、成都、贵阳、柳州、洛阳、西安、万荣、西宁、银川、乌鲁木齐、济南、牟平、哈尔滨、太原、忻州、丹阳、苏州、上海、崇明、杭州、宁波、金华、温州、南昌、黎川、萍乡、长沙、娄底、广州、东莞、福州、厦门、建瓯、海口、雷州、梅县、于都、南宁平话 41 卷分地方言词典，后来又增加了绩溪卷。这些地点方言基本覆盖了 10 种汉语方言。

② 这是一部中型的方言词典，是在《现代汉语方言大词典》41 卷分卷本和综合本的基础上，同时参考其他若干种方言词典，还有一些已发表的方言调查资料编纂而成的。词典共收录方言词语 15 000 余条，涵盖六七十处方言点。条目用汉语拼音注音，词语在方言中的实际读音用国际音标注音，有些还标出古音来源；释义简明，直接对应普通话的词语或义项，并有不少例句。

《实用方言词典》（天津人民出版社，1996）等汇集各方言区常用方言词汇的中小型方言词典。

2. 分地专题辞书

分地专题辞书收录一种方言或次方言的字、词或句，这种方言辞书的数量最多。

官话方言辞书数量最多，涉及各官话方言区，如北京官话有陈刚《北京方言词典》（商务印书馆，1985），董树人《新编北京方言词典》（商务印书馆，2010），贾采珠《北京话儿化词典》（语文出版社，1990），周一民《北京俏皮话词典》（商务印书馆，2007），陈刚等《现代北京口语词典》（语文出版社，1997）；东北官话有肖辉嵩《朝阳方言词典》（辽宁人民出版社，2013），马思周等《东北方言词典》（吉林文史出版社，1990），许皓光、张大鸣《简明东北方言词典》（辽宁人民出版社，1988），唐聿文《东北方言大词典》（长春出版社，2012），尹世超《东北方言概念词典》（黑龙江大学出版社，2010），高永龙《东北话词典》（中华书局，2013），刘小南等《黑龙江方言词典》（黑龙江教育出版社，1991），尹世超《哈尔滨方言词典》（江苏教育出版社，1998）；西南官话有高进智《湖北常用方言词典》（湖北人民出版社，1994），王文虎、张一舟、周家筠《四川方言词典》（四川人民出版社，1987），张芾《玉溪市方言词典》（海南出版社，2006），吴成虎《维西汉语方言词典》（上海辞书出版社，2007），《武汉方言词典》（江苏教育出版社，1998），《成都方言词典》（江苏教育出版社，1998），《柳州方言词典》（江苏教育出版社，1998）；冀鲁官话有《牟平方言词典》（江苏教育出版社，1998），董绍克等《山东方言词典》（语文出版社，1997）等；兰银官话有《西宁方言词典》（江苏教育出版社，1998），《银川方言词典》（江苏教育出版社，1998），《乌鲁木齐方言词典》（江苏教育出版社，1998），张文轩等《兰州方言词典》（中国社会科学出版社，2009）；胶辽官话有《牟平方言词典》（江苏教育出版社，1998）；晋语有《太原方言词典》（江苏教育出版社，1998），《忻州方言词典》（江苏教育出版社，1998）；江淮官话有《南京方言词典》（江苏教育出版社，1998）、《扬州方言词典》（江苏教育出版社，1998），陶国良《南通方言词典》（江苏人民出版社，2007），张丙钊《兴化方言词典》（中国文史出版社，2005），姜茂友《盐城方言大词典》（江苏人民出版社，2009）。

粤方言辞书也很多，其中冯田猎《粤语同音字典》（东联学工社，1974），饶秉才《广州音字典》（广东人民出版社，1983），饶秉才等《广州话方言词典》（香港商务印书馆，1981），苏翰翀《实用广州音字典》（中山大学出版社，1994），吴开斌《简明香港方言词典》（花城出版社，1991），麦耘、谭步云《实用广州话分类词典》（广东人民出版社，1997），郑定欧《香港粤语词典》（江苏教育出版社，1997），白宛如《广州方言词典》（江苏教育出版社，1998），张励妍、倪列怀《港式广州话词典》（香港万里书店，1999），詹伯慧《广州话正音字典》（广东人民出版社，2002）和《东莞方言词典》（江苏教育出版社，1998）等几部很具规模、收词丰富的粤语字词典的出版，基本反映了粤方言辞书编纂的成果。

吴方言辞书除现代汉语方言大词典中杭州、丹阳、上海、崇明、金华等地的分卷本以外的辞书不太多，重要的如钱乃荣的《上海话大词典》（上海辞书出版社，2007）

是新中国成立至今收录最多词汇的上海话大词典，共收词 15 000 个。其他还有闵家骥等编的《简明吴方言词典》等。此外，石汝杰等编的《明清吴语词典》（上海辞书出版社，2005）以明清时代吴语地区作者的作品为主要研究对象，从吴语民歌民谣、明清传奇、弹词、吴语小说、地方志、字书韵书、笔记、方言圣经及外国人编写的词典和教科书上搜罗词语，最终收入词典的条目约 1.7 万条，篇幅达 228 万字，较全面地反映了明代到清末的吴语词汇的面貌，整理出词汇发展变化的脉络，也是一部较特殊的方言词典。

闽方言辞书涉及范围广，有大陆、台湾、海外等不同地区的辞书。大陆的闽方言辞书如：周长楫《厦门方言词典》（江苏教育出版社，1998）、李如龙等《建瓯方言词典》（江苏教育出版社，1998）、陈鸿运《海口方言词典》（江苏教育出版社，1998）、张振兴等《雷州方言词典》（江苏教育出版社，1998）、冯爱珍《福州方言词典》（江苏教育出版社，1998）、李如龙等《福州方言词典》（福建人民出版社，1994）、周长楫《闽南方言大词典》①（福建人民出版社，2006、2007）、陈正统《闽南话漳腔辞典》（中华书局，2007）、林宝卿《闽南方言与古汉语同源词典》（厦门大学出版社，1999）等。台湾方言辞书如：卢广诚《实用台语词典》（台湾文水出版社，2011），董忠司、城淑贤《简明台湾语字典》（五南图书公司，2010），吴守礼《综合闽南、台湾语基本字典初稿》（台湾文史哲出版社，1988），陈修《台湾话大词典》（台湾远流出版社，1992）等。海外的如周长楫、周清海《新加坡闽南话词典》（中国社会科学出版社，2002）。

客赣方言辞书。客家方言辞书如：《梅县方言词典》（江苏教育出版社，1998）、《于都方言词典》（江苏教育出版社，1998）、《客家话词典》《客家话通用词典》《客家词典》《客法词典》、童芳华《高安方言词典》（四川师范大学电子出版社，2012）；赣语方言辞书如：《南昌方言词典》（江苏教育出版社，1998）、《黎川方言词典》（江苏教育出版社，1998）、《萍乡方言词典》（江苏教育出版社，1998）等。

湘方言辞书不太多，主要有现代汉语方言大词典分卷本中的鲍厚星《长沙方言词典》（江苏教育出版社，1998）、颜清徽等《娄底方言词典》（江苏教育出版社，1998）及范俊军《桂阳方言词典》（民族出版社，2008）。

3. 共词语—方言对照型词典

对照型词典一是收一地通行的共同语和方言词汇，标注方言与共同语的读音并释义的辞书，如李新魁《普通话潮汕方言常用字典》（广东人民出版社，1979）、蔡俊明《普通话对照·新编潮州音字典》（学海出版社，1991）、欧阳觉亚等《广州话、客家话、潮州话与普通话对照词典》（广东人民出版社，2005）、周无忌等《普通话广州话用法对比词典》（商务印书馆香港有限公司，2011）、黄典诚等《普通话闽南方言词典》（福建人民出版社，1982）、林宝卿《普通话闽南方言常用词典》（厦门大学出版

---

① 该辞书是反映闽南厦门、漳州、泉州三地方言的大型辞书，220 万字，收录三地所属区、县、市各地以及具有台湾闽南话的语音特点与若干具有特征的语词，书后配有读音光盘，每条词语录入厦泉漳三地的读音，是地方专题词典之首创。

社，2007）；二是外语与汉语方言对照的辞书，如史皓元《沪英—英沪小词典》（Hippocrene Books，2011）、杨明新《简明粤英词典》（广东高等教育出版社，1999）、刘锡祥《实用粤英词典》（The Government Printer，1977）等。

根据收录的条目的性质，现代汉语方言辞书还可以分为方言字典、方言词典和方言语典三种类型。

（1）方言字典。方言字典即主要用来解释方言字的形、音、义的方言类工具书，如吴华重《北京语音潮州方音新字典》（广东人民出版社，1957）、詹伯慧《广州话正音字典》（广东人民出版社，2002）、谢立群《海丰音字典》（汉学出版社，2008）、董忠司等《简明台湾语字典》（五南图书公司，2010）、邓钧《开平方言字典》（广西民族出版社，2003）、《客家话字典（普通话对照）》、赵麟斌《福州话实用字典》①（上海辞书出版社，2015）等。

（2）方言词典。主要用来解释词语的意义、概念、用法的方言类工具书。这类辞书数量极多，如大部头的李荣等《现代汉语方言大词典》（江苏教育出版社，2002）、许宝华等《汉语方言大词典》（中华书局，1999）都是此类。中小型的词典更是数不胜数。

（3）方言语典。方言语典即收集方言语汇，如成语、谚语、惯用语和歇后语等，加以解释供人检查参考的方言类工具书。如方炳桂《福州熟语》（福建人民出版社，1999）、蔡英豪《潮汕熟语集释》（潮汕方言研究会，1988）、林伦伦《潮汕方言熟语辞典》（海天出版社，1993）、陈泽平等《长汀客家方言熟语歌谣》（福建人民出版社，2007）、刘福铸《莆仙方言熟语歌谣》（福建人民出版社，2007）、杨秀明《漳州方言熟语歌谣》（福建人民出版社，2007）、钟逢帮《宁德方言熟语歌谣》（福建人民出版社，2007）、庄洪江《唐山方言俗语》（河北大学出版社，2013）、欧阳觉亚《广州话俗语词典》、王兴治《忻州地方民谣歇后语》（山西人民出版社，2010）、杨苏平《固原方言俗语》（宁夏人民出版社，2007）、魏伟新《粤港俗语谚语歇后语词典》（广州出版社，1997）等。

四、现代汉语方言辞书编纂的问题

改革开放以来，我国方言辞书编纂工作成就突出，展现出推陈出新、百花齐放的新局面。但是不能否认，方言辞书编纂也存在诸多不足，尤其是较之普通话辞书，方言辞书的编纂还处于比较后进的阶段。这主要体现在：

（1）从辞书的内容来看，多是语文辞书，鲜见百科或专科性方言辞书问世。语文辞书是以收录语文词汇为主的辞书，关注的是反映客观现象的词语本身的信息，多称为"字典或词典"；百科或专科辞书，以收录术语、专名、学科性词汇为主，关注的是语言以外的世界，多称为"辞典"。目前我国的方言辞书以语文辞书为主，虽然目前的

---

① 这是符合方言字典出版规范且正式出版的第一部现代福州话字典，在收字、收音、释义与用例、索引等方面有一些独到之处。

语文辞书也越来越多地收录百科词汇，体现出百科辞典的特性，有的百科性全书也涉及方言方面的内容，如《中国大百科全书·语言文字卷》就包含汉语方言的内容，涉及学科概述、基本理论和学说（包括基本概念和术语）、人物、著作和出版物、学派、机构和团体，语系、语族、语支和各语言等多方面内容，但专门的百科性的方言辞书几乎没有，专科性方言辞书也很少。

（2）分地方言的辞书多，涉及不同方言和次方言比较的综合性辞书很少。虽然已有《现代汉语方言大词典》和《汉语方言大词典》两部大部头的综合性著作，对全国各种重要方言的词语进行统一收录和释义，但比起种类繁多、差异明显的汉语方言来说远远不能满足学科及社会需要。

（3）地域分布呈现不平衡性，某些方言点存在选题重复，而不少方言点的辞书却至今未见，如云南的镇康方言、湖南的衡山方言等。又如海外华人社区的汉语方言，使用人口众多，分布范围极广，但方言辞书却是少之又少，与实际情况也极不匹配。

（4）方言字典和词典多，收录人们日常生活中大量使用的口头语、流行语、熟语、惯用语方言语典则少见。事实上，方言俗语作为重要的历史文化资源和语言文化遗产，在文化学和语言学上都具有重要的认识价值和研究价值。如欲了解某一方言的语法特点，也只有从方言词条的引例和成句的俗语、谚语等中捕捉。

（5）已有的汉语方言辞书以纸质版为主，辞书内容皆为文本，缺乏包含有声语档的数字化方言辞书，尤其是网络辞书。事实上，中国的数字化辞书已经有了一定的发展基础，如1997年由北京的中国大百科全书出版社与台湾的棣南公司联合推出的《中华百科全书》（光盘），这是中国较早的光盘辞书。《中国大百科全书》光盘版问世后我国的在线辞书也开始得到发展。"中国大百科全书术语数据库"是开中国在线辞书先河的力作。但方言辞书在这方面明显发展缓慢。

由此可见，方言辞书编纂的数量和质量，都有诸多改善的空间。我们需要总结以往方言辞书编纂工作的历史成就与经验教训，加强对汉语方言编纂实践的经验总结和理论探讨，不断开拓创新，编纂出更多更好的方言辞书。重点需要做到以下三点：

（1）立足于语料，加强汉语方言辞书编纂的理论研究，改进研究方法，加强学术交流（尤其是注意学习国外先进的辞书理论和编纂经验）。理论界对于普通话辞书的研究成果丰硕，但方言辞书理论研究则相对薄弱，包括收词、释义、字形、注音、检索等问题，尚有许多理论拓展的空间，甚至是理论研究的空白，急需展开专题的理论研究。因此，梳理、总结汉语方言辞书的理论问题，对于今后更好地开展方言辞书的实践，具有十分重大的现实意义。

（2）要加强对汉语方言已有辞书的修订和新辞书的编纂。目前一些大型、权威方言辞书都存在漏收俗语词条或义项的情况，有的虽收入词条但是释义并不准确。还有的提供例证过晚，有必要对原来的俗语辞书在保持原有特色的基础上加以修订完善。同时还要编纂出新的高质量的方言辞书，尤其是对数量偏少的百科性辞书、方言语典、综合性辞书的编纂，促进方言辞书编纂的均衡发展。

（3）加强方言辞书的数字化应用。纸质本辞书编撰效率不高，受众面较窄，社会大众很难受益，而数字化辞书无论是编纂过程，还是使用方法，都给人耳目一新的感觉。方言辞书数字化，计算机快速准确的检索功能便于研究者和学习者对方言辞书收录的所有词目、句子、释义、注音等进行专题、量化的统计。网络辞书可按照统一的辞书格式和编撰规范由各编写组在线提供词典资源，收录文本信息、相应的发音、图片和视频等资源，并面向社会公众开放，具有极高的学科使用价值和社会应用价值。

参考文献

[1] 张振兴，李琦，聂建民. 中国分省区汉语方言文献目录（稿）［M］. 北京：中国社会科学出版社，2014.

[2] 甘于恩. 粤语与文化研究参考书目［M］. 广州：广东科技出版社，2007.

[3] 李荣等. 现代汉语方言大词典［M］. 南京：江苏教育出版社，2002.

[4] 许宝华，宫田一郎. 汉语方言大词典［M］. 北京：中华书局，1999.

[5] 黄奇芳. 粤语词典出版概况［J］. 方言，2000（4）.

[6] 庄初升. 巴色会传教士与客家方言研究［J］. 韶关学院学报，2002（7）.

[7] 陈榕烽. 近代英汉福建方言字典概述［J］. 黑龙江生态工程职业学院学报，2010（5）.

[8] 曾昭聪. 论明清俗语辞书的编纂目的［J］. 合肥师范学院学报，2011（5）.

[9] 陈辉. 19 世纪东西洋士人所记录的汉语官话［J］. 浙江大学学报，2010（6）.

[10] 闵家骥. 方言词典编写的理论与实践［J］. 辞书研究，1990（4）.

汉语方言词典编纂中的几个问题

詹伯慧

一、引言

近 20 年来，汉语方言词汇的调查取得了丰硕的成果，全国各汉语方言地区都积累了大量多姿多彩的汉语方言词汇。在这个基础上，从 20 世纪 80 年代开始，不少方言学者都致力于总结方言词汇调查的成果，并落实到编纂各种方言词典上来。如今我们走进各地的书店，在展示辞书的书架上，多少可以看到一些或详或略、或厚或薄的方言词典。这些词典内容、体例不尽相同，归纳起来大致有以下几种类型：

（1）汇集某一地点方言词语的单点方言词典，如《上海方言词典》《昆明方言词典》《北京方言词典》《成都方言词典》《广州方言词典》等。

（2）汇集某一地区、某一省份方言词语的地区方言词典，如《东北方言词典》《山东方言词典》《湖北常用方言词典》等。

（3）汇集某一专题、某一专著中方言词语的专题方言词典，如《北京话儿化词典》《老舍作品中的北京话词语汇释》等。

此外，也出版过少量以大方言区词语为收录对象的方言词典和兼收各地方言的综合性方言词典。前者如《客家话词典》《简明吴方言词典》等，后者如《方言小词典》等。

在我们看到的方言词典中，也有一些同一方言地点先后由不同作者编纂的几种方言词典。如广州方言就有过好几本方言词典问世，福州方言词典也出版过不止一种。

在众多的方言词典中，李荣教授等主编的《现代汉语方言大词典》41 卷分卷本从 20 世纪 80 年代末开始组织筹划，90 年代初着手编纂，集合了全国 60 位方言学者的智慧，历经八载辛劳，终于在 1998 年底完成这一套总字数达 2 200 万，内容丰富、装帧精美的皇皇巨著，深受海内外学术界的瞩目。与此同时，由上海复旦大学许宝华教授和日本京都外国语大学宫田一郎教授共同主编的 5 卷本《汉语方言大词典》，经过十多载编纂出版的历程，在中、日两国学者的通力协作下，终于在 1999 年春天和读者见面了。这两套规模宏大的汉语方言大词典，前者以分地成册的形式详列 41 个有代表性汉语方言点的方言词语，后者以融南北古今于一体的形式，尽录各种方言著述及古今文献中的方言词语。这两项汉语方言研究中的"重量级"工程，几乎同时起步，同时完成，堪称中国语言学史上的空前盛举。

从已经出版的许多汉语方言词典中，特别是这两套总共 4 000 多万字的方言大词典中，我们看到了一些编纂方言词典的好经验，也遇到一些值得探讨的问题，下面就有关的几个问题进行讨论，略抒管见。

二、方言词典的收词问题

编纂任何一种词典，必然会遇到收词立条的问题。收录什么样的语词，收录多少数量的语词，就体现出这部词典的性质和特征。名为方言词典，按理自然是以方言词语作为收录的对象，不应该会有多大的问题。但事实并不那么简单。首先，我们会遇到什么是方言词语的问题。如何理解方言词语？方言作为一个语言整体，作为人类社会的交际工具，它跟任何一种独立的语言一样拥有系统的语音、词汇、语法等语言要素。词汇是构成方言的"建筑材料"，出现在这个方言中的所有语词，构成这个方言词汇的整体。而方言中的每一个语词，也都是这个方言词汇中的一员。从这样的认识出发，方言词汇就应该是包括该方言中的所有词语了。下面我们拿粤方言的一个口语句子来剖析一下：

佢点解成日都唔见人㗎？（他为什么整天都不见人呀？）

这句话中有八个词语：佢、点解、成日、都、唔、见、人、㗎。这八个词语无疑都是粤方言词汇整体中的成员，都是语言应用中的"建筑材料"。可是，当人们在谈及粤方言的"方言词"时，却总是只把"佢"（他）、"点解"（为什么）、"成日"（整天）、"唔"（不）、"㗎"（呀，语气词）等看作是粤方言词，而不认为其中的"都""见""人"也是粤方言的方言词。这是常识性的理解，而这种理解恰恰就不是建立在"方言中所有的语词都是该方言词汇的一员"这一理念上。由此可见，方言词汇实际上可以有广义的理解和狭义的理解之分，广义的理解指的是方言中所有的语词，不论是否"与众不同"，是否有本方言的独特色彩，只要是进入了这个方言，在这个方言的词库中占有一席之地，就都是这个方言的方言词汇。狭义的理解则认为方言中只有那些与众不同的独特语词才是该方言的方言词汇。通常人们总是按狭义的概念来看待方言词汇的。广义的方言词汇只是在理论上也可以成立罢了。

问题在于方言词典的编纂者都是能够理解方言词汇有广义、狭义之分的，但在他们制定编写条例，考虑入编词语时，各人的取舍尺度并不一致。既然方言词汇的理解可宽可窄，收词的范围也就同样可宽可窄。从已刊的许多方言词典来看，大多数词典都从狭义方言词的角度入手遴选方言词语。前面提到的一些单点方言词典或地区性方言词典，每册所录方言词语，少则三五千，多则七八千乃至上万，基本上都属于能显示方言特色的狭义方言词。这是因为方言词典的编纂者大都抱着显示方言特色的宗旨来编纂方言词典，他们也就必然把收词的着力点放在挖掘方言中特有的词语上。凡属"人无我有"的词语，大概是很少会遗漏的。当然，由于编纂人员水准不一，调查的深度也不一，某些方言词语未被发现，对某些词语是否应收录又拿不定主意，因而漏收错收也毫不为怪。同是某个方言的方言词典，收词量多寡不一，有的甚至相去甚远，这也是意料中的事。

时下除了大多数方言词典以体现方言特色的方言词语为收录对象外，也还有少量方言词典收词范围扩大到非方言词语上来。20 世纪 80 年代初出版的《普通话闽南方言词典》就是一部代表作。这部词典开宗明义标明是"普通话和闽南方言"的词典，即兼收普通话和闽南方言的词语，并含有对比的意思。这部词典收录闽南方言词七万条，同时收录见诸《现代汉语词典》的普通话语词五万多条，可谓洋洋大观。以往广东省也曾出版过以《新华字典》为蓝本、在每个字目下加注方言读音的字典。其实这类字典只能说是加注方言音读的共同语（普通话）字典，称之为方言字典是不贴切的。这类字典既然以共同语为收录的对象，尽管加注了方言读音，从字典的体例上出发，在共同语中没有出现的方言词语也就无缘挤进字典中来了。

李荣教授等主编的 41 卷《现代汉语方言大词典》有统一的编写体例。在收词方面，既要求尽量深入挖掘各地富有特色的方言词语，又制定了拥有 3 000 多个词语的常用词调查大纲，要求各卷编纂者都要记录下这 3 000 多个词语在本方言中的说法。这是一种以狭义方言词为主，以广义方言词为辅的收词原则。之所以这样做，是准备在编就 41 卷分地方言词典以后，再以各卷共同收录的 3 000 多个词语为基础，编纂一部综合 41 个方言点的《现代汉语方言大词典》（综合版）。李荣教授在 41 卷分地方言词典的总序中说得很清楚："分地方言词典的要求有两项：一是为综合的方言词典准备条件，二是反映本方言的特色。"

我们赞成方言词典应着眼于收录具有特色的方言词语，但在编纂以收录方言特有词语为主的方言词典之外，为了某种需要（如比较、综合）也适当编纂一些兼收部分非方言特有的通用词的方言词典，是完全必要的。要编纂一些用以比较不同方言词汇面貌的词典，就非得收录一批共同的常用词语，并以共同语的词语作为对照比较的参数不可。上述李荣教授等主编的 41 卷《现代汉语方言大词典》，正是这样做的。北京大学语言学教研室编的《汉语方言词汇》，通过 20 个有代表性的方言点，对照列出 1 000 多个常用词在这些方言点中的说法，让人们看到汉语各地方言词汇异同的情况，虽然它还不能算是严格意义上的方言词典，但在显示汉语方言词汇特色上产生了显著的效果。前述 20 世纪 80 年代出版的《普通话闽南方言词典》，其目的在于"帮助解决人们在学习与推广普通话，以及从事文化、教育、宣传工作和日常实际时所遇到的语言问题"，同时也为汉语方言研究提供丰富翔实的闽南方言资料，像这种性质的方言词典，全面兼录闽南方言和共同语的词汇，也就理所当然了。由此可见，方言词典收词的范围一般都在能否显示方言特色的前提下来考虑，但这只是就单一方言的方言词典而言，对于内容涉及多种方言或具有综合对比性质的方言词典，收词的原则、标准和范围，也就得另行考虑了。例如当今一般方言词典都只收现代通行于方言地区的方言词语，不大会顾及历史文献中有无本方言的词语出现。但近期面世的 5 卷本《汉语方言大词典》，开宗明义表明它是"通贯古今、综合南北"的汉语方言词典，内容必然力求详尽，自然也就要突破一般方言词典收词的范围，设法尽录古今方言著述及相关文献中的方言词语了。

对于大量只收录狭义方言词的单点方言词典来说，仍然存在着如何掌握收词宽严标准问题。有的方言词通行地界不很明晰，可能同时出现在相邻几个不同方言中，甚至出现在相隔很远的不同方言中，编纂方言词典时，这类方言词同时为几部不同地区的方言词典收录进去，是屡见不鲜的事。主张从严掌握的学者认为，既然几个不同方言地区都出现这个词，就不宜收到某一方言词典中来；主张从宽掌握的学者却认为，不论这个方言词是否也在别的方言中出现，只要它在本地方言里能显示方言的特色，就可以收进本地方言词典中来。实际情况是，方言之间的关系错综复杂，某些方言的区界就很难做到泾渭分明，这又怎能避免方言词语在不同方言中交叉出现的现象呢？汉语各方言都是汉语历史发展的产物，在漫长的发展过程中，相互渗透、相互吸收是非常自然的。面对这一现实，我们认为，在编纂方言词典时，如果一见自己经过调查收录进来的方言词在另一方言中同时出现便马上加以剔除，显然是欠妥的做法。倘若在我们所编的方言词典中，大部分词语可以肯定是本地方言特有的，另有一小部分词语既属本地方言用语，但也存在于别的方言，就应该从宽对待，只要这些词语不属共同语中的通用词语，就不必过于计较是否"只此一家"了。在方言研究中，我们往往乐于找寻所谓的"特征词"，这些"特征词"可以用来鉴别方言的"身份"，当然是很有价值的。但一个方言中能够称得上是特征词的语词，毕竟还是很少的数量。方言词典中收录的词语不可能都是经过严格筛选的特征词。决定能否作为方言词语收进方言词典来，主要还是跟共同语对比而言。看来在处理方言词典收词的"宽""严"问题上，"法取乎中"也许是比较合适的尺度。对于并非"只此一家"的方言词，要左顾右盼、仔细斟酌，既不一概拒之门外，也不一概加以吸纳，紧紧围绕着"方言词典要能突出方言特色"来决断，大概就不会出现太大的偏差。近期我们看到有的方言词典竟把"爸爸"也当方言的语词收进来，这就未免过于"宽大无边"了。把"父亲"叫"爸爸"在汉语方言中非常普遍，共同语也同样用"爸爸"来称呼父亲，如果我们编出来的方言词典，里面充满许多像"爸爸"这样谈不上半点方言特色的词语，那还能称之为方言词典吗？

语言有口头语和书面语之分。历来一般语文词典大都收录有文字记载、有文献可查的词语。在这一点上，方言词典可说是比较特殊的。除了少数收录古代文献中方言词语的方言词典，以及像《汉语方言大词典》那样兼收南北古今各种方言词语的综合性方言词典以外，方言词典主要都是录入该方言地区人民群众口语中使用着的地方性词语，特别是所谓俚俗土语的。因此我们总是强调方言词典必须建立在对方言地区进行田野调查的基础上，没有实地调查，掌握不了从群众口语中表现出来的大量方言词语，也就谈不上方言词典的编纂了。方言词典以地方口语为主要收录对象，这一点必须十分明确、毫不含糊，这就使方言词典有别于一般语文词典。大至《汉语大词典》，小至《新华字典》，编纂时都不是从调查口语入手来操作的，但我们也不能因此走向极端。在尽量挖掘、收集口语语词的同时，也不能完全摒弃出现在书面文献、作家作品中的方言词语。有的方言地区（如粤方言和台湾闽南话）方言词语入文的现象比较普遍，甚至报刊上还出现一些完全称得上是"方言作品"的文章，至于各地民间说唱、地方戏曲等文艺形式，更是普遍存在着许多地方方言的词语，这些对我们编纂方言词典，无疑是宝贵的素材，可以大大补充直接从口语调查得来的语料，当然不能轻易放过。但也要注意书面语言资料的鉴别工作，从书面文献中收集到的方言词语，最好能拿到口语中去验证，看看在口语实践中是否也存在，通过"验明正身"再收到词典中来，就可以放心不会出错了。总之，在收集方言词语的过程中，通过实地调查得到的口语素材自然可以大胆信其真，而通过书面作品，特别是从历史文献上录得的资料，就一定要做好分析验证的工作，不可囫囵吞枣、一概照收。时下有的人喜欢从一些古典名著中搜集方言词语进行方言词典的编纂，如从《水浒传》中寻找山东方言词汇，这样的工作得非常谨慎。单凭文学名著作者的籍贯和作品中人物活动的地域来确定作品中使用的某些词语必属某某方言，这未必是可靠的。例如作家欧阳山的小说中使用了一些粤方言的词语，我们编纂粤方言词典时，当然不能熟视无睹，不妨把从《三家巷》等作品中录得的粤语语词拿来跟珠江三角洲一带活跃着的民间口语印证一下，确定不会"错认门牌"，再收进方言词典中来，这样就可以放心了。

一部方言词典的规模大小固然取决于收词的多少，而其质量是否上乘，也跟收词问题息息相关。能否把好收词这个关口，做到该收的不漏，不该收的不留，对于实现方言词典的编纂主旨——体现方言特色，无疑是十分重要的。

三、方言词典的注音、用字问题

编纂方言词典，必然要遇到方言的注音问题。注音方式的抉择直接影响到注音的效果。

汉语方言词典的注音到底使用什么样的方式最能准确表现方言音读的实际，又最便于词典使用者掌握呢？

早期西洋传教士为了传教的需要，曾为中国方言地区编写过一些方言词典或拼音字（词）汇，以及方言读物。这些方言字典读物都采用了专门设计的以罗马字拼音的拼音方案来注音。上百年来，罗马字母（拉丁字母）几乎成为拼注汉语各种方言字（词）读音的共同选择。但同样使用罗马字母注音，注音方案的设计却是五花八门，各不相同。近几十年来各地学者运用现代语言学的理论方法编纂汉语方言词典，仍多以罗马字母为首选注音符号，但注音方案的设计却多考虑与20世纪50年代国家公布推行的《汉语拼音方案》相衔接、相协调，因而也就各自根据方言音系为方言的注音设计了专用于该方言的拼音方案。典型的例子就是，1960年广东省在推广普通话的高潮中为省内四种方言设计了四套方言拼音方案，由文字改革出版社出版面世。在编写广东省内各方言地区学习普通话的小册子时，就分别用这几套方言拼音方案来拼注方言的读音。直到近期广东出版的方言词典（如饶秉才等编著的《广州话词典》，广东人民出版社，1997）仍采用当年设计的广州话拼音方案作为拼注广州话读音的工具。这类专为某方言注音设计的拼音方案，由于和群众熟悉的《汉语拼音方案》较易沟通，供懂得该方言而又懂得《汉语拼音方案》的人使用，有相当便利之处。然而，随着近十多年来各地纷纷编纂方言词典，方言注音问题引起了方言学者的重视，是继续沿着不断设计各种方言拼音方案的路子走下去，还是改以共同一致的注音方式来拼注各种方言？在这个问题上，"寻求一致"的呼声明显渐成主流。"一致"的归宿在哪里？在国际音标。主张使用国际音标的学者认为，国际音标本来就是可以用来标注任何一种语言或方言的科学工具，以往国际音标只在语言学界和外语的教学中使用，在举国上下的

"推普"浪潮中，为了便于已掌握《汉语拼音方案》的广大群众，在方言地区设计方言拼音方案，供对比方言与普通话之用是无可非议的。但是，事隔几十年，如今随着国际文化交流的拓展，外语的日渐普及，拼注各种语言的国际音标不断普及，而相反的情况是，20世纪60年代设计的一些单一方言拼音方案，现在能掌握的人已不多。拿广州话的拼音方案来说，懂得的广州人就很少，如果再用这套方案，要读懂广州话词典及广州话读物，首先就得先学会广州话拼音方案，而学会了这套广州话拼音方案，读者却又不能用来阅读不同方言的词典，与其花力气来学会各种拼音方案，倒不如从今而后统一步调，大家都来使用国际音标标注各种方言的音读，这样不是更省事、更符合讲求效率的时代精神吗？基于这样的认识，20世纪90年代以来，中国大陆出版的各种方言词典，已大都使用国际音标来拼注方言读音，而不辞劳苦地为编纂方言词典另行设计拼音方案的，也就寥若晨星了。我们认为，统一使用国际音标为方言词典注音的路子是可取的，值得大力提倡。国际音标注音的科学性毋庸置疑，使用国际音标，不但能保证方言读音的准确性，也便于和现代各种语言学术专著、各类语言调查报告和相关语言报刊的标音体系相衔接，即使是原先不大熟悉国际音标的人，从头学会国际音标，便可顺利阅读各种语言辞书和语言读物，真是一本万利的事，何乐而不为呢！前面提及李荣教授等主编的41卷《现代汉语方言大词典》（分卷本）和许宝华教授、宫田一郎教授主编的5卷《汉语方言大词典》，在这两套巨型方言词典中，凡是方言词语，都一律标注国际音标。这一做法在方言学界中受到普遍赞赏。

方言词典注音问题基本上解决了，方言中有音无字的词语，又如何解决呢？众所周知，由于现行方块汉字不是表音文字，说着不同方言的人都使用同样的汉字，同一个汉字用不同的方言来读，并不影响表达效果。就这一点来说，似乎方言用字不会是个大问题。但这只是就一般而言，对于某些特殊词语较多、有音无字的现象也比较普遍的方言，如海内外影响很大的粤方言来说，问题就不那么简单了。接触过粤方言的朋友都知道，粤方言拥有为数众多的方言词语，经常以多种书写形式出现在书面语言中，或使用训读字，或使用自造字，或使用音同音近字，当然也有少数是沿用古已有之的本字，总之是形形色色，五花八门。从目前比较流行的几部粤方言词典来看，其中用来表现方言词语的各种方言用字少则一百多个，多则三四百个，这个数字在常用汉字中所占的比例不算小，如果以粤语口语为基础来写作，很可能每十个词语中至少会出现一两个方言用字。由于这些方言用字多出现在日常生活用语中，一些通俗性的小文章（如港澳报纸中某些市民爱看的副刊）出现方言用字的机会就更多了。像粤语这样在书面语中出现方言字的机会很多，而这些方言字又多是群众自发创造的，随意性很大，既不像通用汉字那样有严整的造字规律，又没有统一的语言文字职能部门（如国家语委）或权威的语文研究机构（如中国社会科学院语言研究所）来统筹制定，就难免出现"各行其是"而缺乏规范的局面。这种局面自然会给方言词典的编纂带来诸多麻烦。毫无疑问，找不到合适汉字来表示的方言语词，有的是可以考证出古代的"本字"来的，有的则存在着方言使用者自发创造的"俗字"。在方言词典的编纂中，有的学者比较强调方言词语无一无所本，必有"本字"可考，因而对于每一个有音无字的方言语词，都要穷根究源，千方百计把"本字"挖掘出来，不赞成随便使用自制

"俗字"，更不赞成随意用"开天窗"（□）的方式来表示有音无字。另外一些学者却比较强调方言中使用的俗字是人民群众的创造，是应该尽量使用而不可随意抛弃的。这些学者赞成在方言词典中本字和俗字，乃至群众使用的同音字近音字都可以兼收并用、"和平共处"。不得已时也不妨使用"开天窗"的方式来解决。笔者是比较倾向于后一种意见的。我们的态度是：有"本字"但群众已通行自造俗字的，不妨顺水推舟，使用俗字。在方言用字的抉择中，还是从众从俗，服从约定俗成的原则为好，死抱着每个方言词都要考出本字来的想法不放是不切实际的。我们无意贬低"本字"的作用，考证词源，考证本字属于语言文字研究的内容，也是方言研究中的重要课题，作为语言专业人士，能够通过形、音、义诸方面的考察，为那些有音无字的方言词语考证出确凿无疑的本字来，指出方言词语的"娘家"，自然是功德无量的事。但我们不能不注意到："研究"与"考证"是语言学家的事，"用字"却是社会上千百万使用语言文字的人民大众的事。倘若语言学家考证出来的方言"本字"是个不寻常的生僻字，是不便于群众广泛使用的字，即使是考证得十分准确，解说得十分合理，也不一定能受广大方言使用者的认同，不一定能在方言地区得到推广。我们的语言研究成果未能为语言应用者所接受，也只能徒呼奈何。在现实的社会语言生活中，研究归研究，应用归应用，两者挂不上钩的情况是常常遇到的。说到底，语言文字的应用是约定俗成的习惯行为，约定俗成是语言文字的本质特征。如果方言地区的民众在语言实践中已经自发地运用了考本字以外的手段，如自造俗字、同音代替等方式来解决本地方言中有音无字的难题，并且早已不胫而走，成为大家公认的用字习惯的话，即使这些方言用字既非"本字"，又不符合汉字造字规律，甚至有的还可视为错别字，但语言学家们也很难说服大家改变用字习惯，很难使大家改弦易辙了。例如广州话中表示"站立"义的 k^hei^{13}，本字是"徛"，但广州人已习惯用同音字"企"，也就不必强求非改用"徛"不可；又如第三人称单数 $k^hœy^{13}$，本字是"渠"，广州人习惯写俗字"佢"，也只能顺其自然了。人们宁愿使用俗字而不愿使用有根有据的本字，不愿让语言研究者牵着鼻子走，这正是语言文字社会性、习惯性的具体体现。我们在考本字上卜足功夫，但考出来的本字未能得到群众的接受和推广，大可不必为此而伤心难过。只要把匡谬正误的思想和约定俗成的现实结合起来考虑，在观念上认同语言文字的约定俗成的准则，也就不会"想不通"了。基于这种认识，在方言词语的用字上，大可以采取比较宽容的态度，让"本字""俗字""同音字"等多种类型的方言用字并存并用，给方言词语使用者选择的自由。方言词典的编纂者只是在同一方言词语出现了多种不同写法的情况下，才需要有所取舍、有所定夺。在这种情况下，方言词典的抉择也许多少可以发挥一点引导的作用。我们知道，闽方言中表示"穿着"义的方言词，经闽语学者考证出本字为"頌"，表示"人"的方言词，考证出本字为"农"，闽南方言区的群众却不一定全部愿意遵循考证的结果，在方言入文时，把"穿"写成"頌"，把"人"写成"农"，至少笔者家乡的潮州话，就没有出现过这种依照"本字"的写法。这又有什么关系呢？人家不写"本字"，也丝毫不影响本字考证的准确性，不降低本字考证的学术价值，但我们编写方言词典时，首先要在方言词典中如实反映现实用字的情况，训读字、俗字、同音字都不予排斥，同时要把本字考证的成果反映进来。也就是说，不妨在方言词语中列明应用中的俗字,同时附上考出的本字。关于这一点,李荣教授在为编纂《现代汉语方言大词典》所撰的《方言词典说略》一文中有精彩的论述。他认为方言条目一般用通行文字,但各地俗字也应录入,有的条目写的是同音字,他认为"写同音字足以反映方言事实,并非白璧之瑕"。至于"本字",他说了这么几句话:"方言调查以记录事实为主。考本字也重要,到底不是主要的。考本字考对了是理应如此,考本字考错了是画蛇添足,没有把握的本字要少说,没有把握的时候最好用同音字。"这段话对我们处理方言用字中的本字问题,是很有启发作用的。

说到底,方言用字对于方言词典的编纂来说最棘手的还是如何处理同一个方言语词有多种不同写法的问题。例如粤方言中表示"现在"义的 $ji^{11}ka^{55}$ 就有"而家""宜家"等不同的同音代替法;又如"大排档""大牌档"都是"卖饭食的摊档";还有语气词,"啦"可以用自造字"嘑"或"喇",也可以用通用字"啦",如此等等。词典一经择善而从,也就会对读者产生影响。还有一种情况,同一个方言用字,一会儿用于甲义,一会儿又用于乙义,叫人无所适从。例如粤方言中的俗字"冚",既有用作"盖"义,念 k^hem^{35};也有用作"严密"义,念 hem^{22}。钞票"一元"粤语常按同音写成"一蚊",而"小孩子"也叫做"细蚊仔","蚊"字并非自造俗字,在通用字中指"蚊子""蚊虫",也是常用字。这样一来,如果广州人说"细蚊仔"到底是指"小孩子"还是指"小蚊子"呢?像这类一字多用的现象,反映出群众自发地使用方言字,难免会出现一些混乱现象,方言词典最好在这类问题上能体现出一种规范的导向。凡出现方言字中有一字多词或一词多字的,都明确表明词典选定规范的态度,这对于遏止各行其是之风,是会产生积极作用的。就拿粤方言中常用的几百个方言用字来说,其中包括了不少同词异字的现象,倘若编纂广州方言词典的学者能对此进行归纳分析,作出取舍判断后反映到词典中来,必然会有助于克服方言用字中的混乱现象。

四、方言词典的释义用例问题

对于任何一种类型的词典,释义都是头等重要的事。释义的准确性和释义方式的科学性都直接影响词典的质量。方言词典的编纂,同样要高度重视释义的内容和释义的方式。

一般单点方言词典都是在方言词条下先注方言读音,接着就用通用的现代汉语(白话文)解说方言词的词义。有多个义项的则先分义项,再逐一进行释义。方言词典并非只为本方言区的读者而编,要让不懂该方言的读者也能使用,在释义上就得紧紧抓住"对比"这一环节,如同一些汉英双语词典那样,特别注意方言与共同语间的差别,务使通过有效的对译方式,使读者对该方言词语有明晰的认识。例如客家方言中"热水"叫"烧水",看上去像是动宾结构,《梅县方言词典》的编者就在"烧水"这一词条下加注"偏正式,不是动宾式"的说明。这样一来,词义就十分清晰了。方言词典在释义中遇到的棘手问题是并非每一个方言词语都能找到内涵与之完全相同的共同语语词来对译。方言中十分生动活泼的词语无法用很贴切的通用语来对译,这正好反映出方言和共同语之间的差别,也正是方言特色的具体体现。因此我们一定要想方设法把这类难以直接对译的方言词通过适当的方式解说清楚。拿粤方言来说，这类方言词可谓俯拾即是。例如"论尽"［lœn²²tʃœn²²］、"搞掂"［kau³⁵tim²²］这样很常用的词，就不容易用简单的语词准确地对译过来。释义中遇到这种情况，也只好诉诸单词以外的方式，用更多的话语来解说了。这种释义中的问题，在每部方言词典中都会碰到，能否运用一定的语言形式把具有浓厚特色的方言词语阐释清楚，对于方言词典的编纂者来说可算是一次释义水准的测试。

释义的中心要求是准确性。释义好坏主要拿准确性这把尺子来衡量。而要达到准确，有时光靠释义不行，还得配以恰当的用例，才能完满达到准确释义的目的。例如潮汕方言中常用动词"食"，共同语中对应的就有好几个动词：吃、喝、抽（吸）等，共同语泛指吃东西用"吃"（吃饭、吃点心等），吃流质的东西用"喝"（喝酒、喝茶等），吃香烟用"抽（吸）"（抽云烟、吸洋烟等），而潮汕方言则一律用"食"（食饭、食烟）。我们在解说潮汕方言"食"时如果不举出一些恰当的例子，就很难达到对"食"这个语词释义的准确性了。看来对于方言词典来说，简明的释义和精当的例句是缺一不可的。正如李荣教授说的："释义给读者轮廓，举例给读者全貌，配上合适的例子，整个注释就活了。"方言的用例一定要强调"原汁原味，真材实料"。只有原原本本、不走样的方言说法才能如实反映出方言词的面貌。特别是遇到那些方言色彩十分浓郁的方言词语，像广州话中的"巴闭""执笠""孤寒""牙烟""闭翳""痴线""扭计"之类，更不能只是简单的释义，而必须配以纯粹的口语例句，才能尽显这类方言语词的独特风貌。时下坊间所见的种种粤方言词典，给人以良莠不齐、泥沙俱下的印象，其中释义、用例的准确性和得体性各书相去甚远。我们比较欣赏由麦耘、谭步云编著的《实用广州话分类词典》。这部粤语词典可谓后出转精。试以前面提到的"论尽"一词为例，在麦、谭所编词典中，这个词有三个义项，是分别放在"生与死"和"状况与现象"两类中来立目释义的。我们把它集中在一起：

①累赘、不方便：咁多行李，路上好~㗎。（这么多行李，路上会很不方便的）
②情况不好，糟糕：
a. 真嘅~喇，架单车爆咗呔添。（真是糟糕了，自行车轮胎漏气了）
b. 睇嚟呢单野好~㗎。（看来这事很不妙哇）
③［婉］原意为累赘、不方便，转指怀着孩子：你而家~就唔好喐得咁犀利喇。
（你现在怀着孕就不要动得那么厉害了）

上述对粤方言词"论尽"的释义和举例，既有简明的共同语对译，也通过方言的例句充分反映出方言词的内涵和用法，是比较得体的。

关于用例的取材。我们认为，要求尽量"原汁原味"，完全可以按照口语的实际记录下来，不一定要从书面语中去寻找"书证"。对于方言来说，上口是必然的、普遍的，而入文却是少有的、罕有的。除了像港澳粤方言和台湾闽南话这样能较多地进入当地报刊的副刊版面以外，南北各地的汉语方言，包括一些跟共同语存在较大差异的方言，尽管人们说的是满口方言土语，一旦写到纸上，进入书面语言，便都是字典上规范的汉语、汉字。在书面语言中，只能偶尔读到一鳞半爪的方言词语了。方言词语连同方言用字能够登堂入室，在书面上大派用场，既是粤方言与其他方言不同的一大特色，也是粤方言地区社会语言文字应用规范化中的一大难题，还是"推普"工作长期不尽如人意的原因之一。我们在方言词典中把释义的工作做好，能准确地将方言词语对译为共同语规范词语，这对于方言地区人民群众掌握好方言与共同语的异同，正确使用统一的书面语言，无疑会有一定的帮助。

有的方言词典释义时引用一些书面语言中的方言例句，特别是地方色彩较浓的文学作品中的方言词语。这当然是适宜的。但这绝不意味着只有在书面语中出现的方言词语才有资格进入方言词典。方言本质上就是地方口语，编纂方言词典就是要反映地方口语中方言词语的情况。因此，首先要考虑的是如何搜集口语中的方言词语，从口语中取材是方言词典有别于一般语文词典的一个特色。就这个意义来说，有没有书面语言的例证对于方言词典的编纂是无足轻重的事。

参考文献

[1] 北京大学中文系语言学教研室. 汉语方言词汇 [M].2 版. 北京：语文出版社，1995.

[2] 李荣等. 现代汉语方言大词典（分卷本）[M]. 南京：江苏教育出版社，1991—1998.

[3] 李荣. 方言词典说略 [J]. 方言，1992（4）.

[4] 麦耘，谭步云. 实用广州话分类词典 [M]. 广州：广东人民出版社，1997.

[5] 饶秉才，欧阳觉亚，周无忌. 广州话词典 [M]. 广州：广东人民出版社，1997.

[6] 厦门大学中国语言文学研究所汉语方言研究室. 普通话闽南方言词典 [M]. 福州：福建人民出版社，1992.

[7] 许宝华，宫田一郎. 汉语方言大词典 [M]. 北京：中华书局，1999.

[8] 詹伯慧等. 汉语方言及方言调查 [M]. 武汉：湖北教育出版社，1991.

（本文原载于《庆祝李荣先生八十华诞论文集》，商务印书馆，2001）

关于《汉语方言大词典》编纂中的若干问题

许宝华　史宝金

复旦大学和日本京都外国语大学合作的科研项目《汉语方言大词典》，经过近50位编纂人员五年多的辛勤笔耕，已经编纂完成，由北京中华书局出版。这是一部通贯古今、综合南北的大型方言辞书，它共收录各类方言词语（包括一部分方言色彩较浓的成语、谚语、惯用语、歇后语等在内）21 万余条，其中单字条目 1 万多条，多字条目近 20 万条，总字数 1 200 余万。从历时性方面来看，它包含了从先秦两汉直至现当代上下 2 000 多年间各个时代书面文献中的方言词语；从共时性方面来看，它包含了现今全国 2 000 多个县市范围内的各种现代汉语方言词语。其收词时间跨度之长、地域覆盖面之广、条目数量之多，在迄今为止出版的各种汉语方言词典中，可以说是空前的。

本词典尽量吸收了古今中外有关汉语方言的研究成果，征集资料比较丰富，涉及古今文献著作数千种，引用的口语及文献例证 30 万余条。本词典所收列的古代方言词语，一般都能从书证中看出其通行区域：收列的近现代方言词语，一般都标注了方言系属及其通行区域，大范围的区域包含现今的省和中央直辖市，中小型范围的区域包含现今的县、县级和县级以上的市以及乡镇村庄。本词典的绝大多数词语的义项都标注了词性或词组类属。此外，本词典尚附有《汉字笔画检字表》《汉语拼音和注音字母检字表》《四角号码检字表》《全国各县市汉语方言系属索引》《引用古今语言文字类文献目录索引》和汉语方言分布图、国际音标表等文字图表。

总之，《汉语方言大词典》是继《辞源》《辞海》《现代汉语词典》《汉语大字典》《汉语大词典》之后，对于大中型汉语词典系列的一个重大补充和发展。它将为汉语词汇史，汉语方言史，汉语各方言在语音、词汇、词义（语义）及语用方面与普通话的比较研究，汉语各方言之间的比较研究，提供较为丰富翔实的语言资料：它对于地方文学如方言小说、民间戏曲、民间歌谣、民间故事等的阅读、注释和研究，以及对于民俗学和区域文化的研究，也将有重要的参考价值。它的出版发行，无疑将会为繁荣我国的学术文化事业作出贡献。

下面就本词典编纂中的若干问题作些探讨和说明。

一、关于收词原则问题

对于一部历时性、综合性的方言大词典来说，如何确定收词原则，如何收词立目，确是颇为困难、颇费斟酌的。众所周知，语言中的词汇是最活跃的。无论是语音、语义及语用，都在不断发展变化。所谓方言与通语的区别，只是相对而言，不是永久凝固不变的，它们之间某些词语的地位随着时间的推移会发生变化。即使是时间相隔不太远的近代与现当代汉语之间，某些方言词语和某些普通话词语之间的地位，也会相互转化，因而有些词语究竟是方言还是普通话，其界限并不十分清楚。当然，古今一贯或变化甚微的情况也是有的，不过这类方言词语为数不多。根据上述情况，经过反复思考和实践，我们确定了如下几点收词原则。

（1）在古代汉语中是方言词，而在近现代汉语中已发展演变为通语的，仍作为古代方言词语收录。如汉扬雄《方言》卷一："坟，地大也。青幽之间凡土高且大者谓之坟。"晋郭璞注："即大陵也。"又《方言》卷十三："冢，秦晋之间谓之坟。""坟"一词，作为"突出地面之上的较为高大的土堆"训解时，本是先秦两汉时代青幽秦晋之间的区域方言。后来词义范围缩小，专指"陵墓高出地面的土堆"，成为通语。又如《方言》卷一："娥、嬴，好也。……自关而西秦晋之故都曰妍。"郭璞注："秦旧都今扶风雍邱也；晋旧都今太原晋阳县也。其通俗呼好为妍。""妍"一词，作为"美好、漂亮"训解时，本是先秦两汉直至魏晋时代秦晋之间的区域方言，后来发展演变为通语，至今仍保留在现代汉语书面语中，如"百花争妍""妍蚩好恶"等，口语中一般不再单用。但在闽语广东海康话的口语中，至今仍有称"美好、漂亮"为"妍"的。因而，我们首先将"妍"一词作为古代方言词语收录，其次再作为现代闽语海康方言词语收录。又如《妙香室丛语》卷五："声人喜用方言入诗，关中谓好为盐。"此"盐"字乃是"妍"一词的同音替代字，仍可作为古方言词语收录。

（2）古代汉语中是通语词，而在近现代汉语中已发展演变为方言的，作为今方言词语收录。如《论语·学而》："君子食无求饱，居无求安。"又《国策·齐策四》："食无鱼。""食"一词作为动词"吃、喝、饮、吸"等训解时，古代为通语，但在现代汉语普通话口语中，一般都不再单用"食"字，只在某些书面语言中偶尔一用，如"食言""食古不化"等。但在闽语福州话、建瓯话、邵武话、潮州话、台湾话，粤语广州话，赣语泰宁话，吴语永康、嵊县话，客话梅县话、瑞金话、上犹话中，仍普遍地流行在口语中，"食"用来表示吃、喝、饮、吸等行为动作，不仅可以单用，如食茶、食酒、食烟等，而且具有很强的构词能力，应用范围和词义也扩大了，构成"食"字领头的一系列复词。如"吃力"说成"食力"，"吃亏"说成"食亏"，"吃香"说成"食风"，"承认"说成"食认"，"信佛"说成"食佛"，"争气""赌气"说成"食气"，"吃早饭"说成"食早"，"吃晚饭"说成"食夜"，"吃中饭"说成"食昼"（闽语和客话），或说成"食晏"（粤语）等。再如《世说新语·品藻》："王僧恩（袆之）轻林公（支遁），蓝田（王述）曰：'勿学汝兄，汝兄自不如伊。'""伊"一词作为第三人称代词"他或她"训解时，可能本是古吴语词，后来发展演变为通语词。唐白居易《李德裕相公贬崖州》诗之二云："摆头撼脑花园里，将为春光总属伊。""伊"在"五四"以后的白话文运动初期曾专作为女性第三人称代词"她"字广泛使用，以后又逐渐少用或不用了。但在至今的吴语和闽语的口语中，仍广泛地作第三人称代词使用。

（3）普通话基础方言以外其他方言中的方言词，虽已为普通话吸收，但仍作原方言的方言词语收录。如湘语的"里手"，吴语的"老板""瘪三"等。为什么要作"普通话基础方言以外"这一限制呢？因为如果没有这个限制，已为普通话吸收的大量北方话（又称官话）词语，势必又会被当作方言词语收录，那收词必然会失之过宽，将会混淆方言与普通话的界线。虽然作了这一限制，某些具有较浓厚的官话方言色彩的口语词，仍然收录了一小部分。

（4）普通话里少说并且通常已为另外的词语所替代，但在方言里常说，并带有一定方言色彩的，一般也作为方言词语收录。如"比较"和"较比"，"对比"和"比对"这两对由同义实词素构成的复词，在起初同时流行时，无所谓方言与普通话之分。但随着时间推移，"较比""比对"的通行范围越来越小，如今前者只通行于北京官话和东北官话里，后者只通行于粤语广州话里。而"比较""对比"则广泛流行，成为普通话词语。又如"水泥""水门汀""洋泥""洋灰"本指同一事物，是借自英语cement的外来词，音译为"水门汀""水门厅"，意译为"水泥""洋泥""洋灰"。起初使用时无所谓方言与普通话之分。"水泥"一称由于更符合汉语创造和吸收新词的特点，逐渐为各地群众广泛运用，现已成为普通话词语，而"水门汀""洋泥""洋灰"等名称，则仍在部分方言里流行运用，成为方言词语。其他如"洋钉""洋油""洋面""洋烟""洋芋"等"洋"字领头的复词，在普通话中也都为"铁钉""煤油""面粉""香烟""马铃薯"等名称所替代，但在部分方言中仍广泛流行。

（5）某些词语方言和普通话中文字形式相同，但词义和用法不同或不完全相同，一般也作为方言词语收录。如普通话里的"地头"一词是指"田地的两头"或"书页下端的空白处"，而在粤语广州话里是指"势力范围"。而普通话里指"势力范围"的"地盘"一词，在广州话里却是指"建筑工地"。又如"纸"一词在普通话里指各种纸张，可以说"信纸""手纸""报纸"等，在粤语广州话里，除了上述称谓外，还可说"港纸"（港币）、"申请纸"（申请书）、"落货纸"（发票、单据）等，"纸"一词的词义范围比普通话大得多，词语搭配的灵活性也广泛得多。又如"认得"一词作"知道"训解时，普通话里一般只说"我认得这个人"或说"这个字我认得"，而不说"这件事我认得"，方言里却有如此说法。又如"文静"一词，普通话里一般只用来形容人的举止言谈文雅，而吴语上海话中还用来形容人的服饰素净淡雅。再如"文化人"一词，普通话里一是指"从事文化工作的人"，另一是指"知识分子"，而在某些方言里只指"识字的人"，是相对于不识字的"文盲"而言的。类似上述词语的方言义项，《汉语方言大词典》里都收录了。

二、关于条目编排问题

条目如何编排，这在编纂过程中也是几经周折才逐步明确起来的。起初的设想是所有词条一律单独立目编写，不作"主条"与"附条"之分。经过一段试写实践后，觉得这样处理材料虽"和盘托出"，却缺乏选择取舍。因为用汉字记录方言，有用本字记录的，有用同音字记录的，所用本字不尽一致，同音字也往往很多，不同的方言调查人或用方言写作的人选择同音字的主观随意性又很大。因而造成同一个方言词有许多种写法，形成许多个同音（或音近）同义异形词。如官话方言中表示"缺心眼儿、傻、糊涂"义的"二糊"一词，它的异形词就有"二胡""二湖""二虎""二唬"

"二乎""二禾""二和"等。上述这些异形词，如果都一一收词立目，各自独立编写释文，就有收词过滥、徒增篇幅之瑕。但如果仅以"二糊"作为主条立目，其他的异形词都作附条，附在各自的主条之下，则又显得主条之下堆砌过多，有拖泥带水之弊。经过反复考虑，决定根据不同情况区别处理。

（1）凡同音（或音近）同义而文字形体不同的单字条目和首字不相同的两字以上同音（或音近）同义异形词目，因编纂时难以相互关照，一律各自单独立目编写释文。如吴语上海话中表示近指"这"义的代词有"迭"和"迪"两种写法，表示"相差"义的动词有"推扳"和"退板"两种写法，均各自单独立目编写释文，这样处理也有利于读者查阅。

（2）凡首字相同，词义相同，第二个字同音（或音近）而形体不同的二字组异形词，采用区分主条和附条的办法处理，但不一定只立一个主条，可以根据资料卡片上出现频率高低或有无文献例证以及词目第二个字在语音、字形意义联系方面的细微差别等情况，选立出现频率高的或有文献例证的若干个词形作主条，而将其余的异形词分别附在若干个主条之下。比如上述的"二糊"一词，我们首选"二糊"作主条，将"二胡""二湖"作附条附在其下编写释文。再选立"二虎"为主条，将"二唬""二乎"作附条附在其下。再选立"二和"作主条，将"二禾"作附条附在其下。所有的附条，仍另立词目，词目下注明见"××"（主条），以便于读者查阅。这样分流处理以后，可以避免主条下堆砌过多的毛病。

（3）三字组以上的同音（或音近）同义异形词，凡前两个字完全相同的条目区分主条和附条，也按用字跟词义联系的密切程度、出现频率高低或有无文献书证等原则，选立主条。比如表示"天色大亮"的成语有"大天四亮""大天十亮""大天时亮"，因"大天四亮"出现频率最高，立为主条，其余的词形作附条附在主条之下编写释文。因条目前两个字完全相同，附条不再另立词目。如果条目的首字相同，第二个字及其以后的字不相同的多字组异形条目，仍各自单独立目编写。比如"二异子"这个三字组词语有好多个异形条目，各自单独立目编写，但采取适当删除合并的办法处理，比如删除"二衣子""二仪子""二姨子"等异形条目。

三、关于注音问题

如前所述，本词典的每个单音词或领头单字的后面都首先用汉语拼音方案和注音字母标注了普通话读音，以便于读者查阅。如果单字有多个读音，则参照现有主要辞书注音并结合方言音义综合考辨，选标能区别词义的主要常用的普通话读音。对于现有主要辞书都未见收录的方言俗字，则根据各方言与普通话的语音对应规律，标注普通话的折合音，并在其左上方加标"＊"符号以示区别。如粤语广州话的"膒"（以下用"～"代）字，就是一个方言俗字。因"干"字含有"光、完了"之义，旧时广州民俗讳言"干"字，而将动物肝脏之"肝"（与"干"同音）改称为"～"，方言音读［sɐp］，是上阴入声（"干"的反义词，与"湿"字同音），如"猪肝"称为"猪～"。这个"～"字在《汉语大字典》等字典中虽有收录，但音义跟广州话完全不同，我们就参照它的方言音义将普通话读音标注为 ＊shī。

本词典的单字条目和多字条目，如属现代方言口语的，绝大部分都用国际音标标注了方言凑音，并加标调值。五度制调值用阿拉伯数码表示，置于音标右上方，本调与变调之间加短横"－"隔开。如遇轻声则在右上方标一小圆圈。所标调值，有的是本调，有的是连读变调后的实际调值，有的则是本调与变调同时标注，皆据资料所示，未能统一。对调值未详的，则改用发圈法标明调类，如遇轻声则用在音节前加一小圆点的方法表示。少数方言词或某一方言点的读音未详的，暂付阙如。例如作"铁钉"训解的"洋钉"一词，徐州方言音标为〔iaŋ⁵⁵ tiŋ²¹³〕，上海方言音标为〔ɦia²³⁻²² tiŋ⁵³⁻⁴⁴〕，昆明方言音标为〔ₑiãₑtĩ〕，南阳方言音阙如。对于来自古今文献著作中的方言词语，如所属方言无现代口语音材料的都不标音。对于借自外国语和国内兄弟民族语的方言词语，一般均在释义后附注所借自的语别，如能写出所借语词原形，也一并写出（限于拉丁字母）。如广州方言的"香口胶"即"口香糖"，借自英语 chewinggum。又如北京方言的"萨其马"即"一种油炸的面粉制成的甜糕点"，借自满语 sacima。

四、关于释义问题

释义是语文词典的核心部分。本词典所收录的条目除附条以外都加以释义。有的释义只注上相对应的普通话同义词语，有的则用普通话叙述、说明。释义力求准确、精练、明了。

语文词典的释义与古籍注释不同，对词义要进行适当的概括，要避免随文生训将义项分得过细。方言词典的释义也要遵循这一原则。如"大布"一词，现有的各种方言资料卡片上，有释为"土布"的，有释为"粗布"的，有释为"家织布"的，还有释为"幅宽的家机布"的。如果照抄资料卡片上的释文，不进行适当概括，就会分立成几个义项。其实"土布""粗布""家织布""家机布"等名称，都是相对于进口的或用现代化纺织机纺织的"洋布""细布"而言的。"大布"一词的释义只需概括为"过去民间用手工机械纺织的一种面幅较宽的布（表面一般较粗糙）"一个义项即可。又如"夯"一词，现有的各种方言资料卡片上，有释为"用夯砸"的，有释为"用拳头打"的，有释为"用棍子打"的等。如果照抄资料卡片释文，不加概括，也可分立为几个义项。其实只要根据这一词的中心义素（即基本义素）概括为"用力打"一个义项即可。至于用来"打"的工具或方式则属次要的附加义素，必要时可放在括号内补充交代，也可以弃而不述。

语文词典释义的大忌是用古语释今语，用方言释通语。方言词典的释义同样如此。在现有的各种方言调查词汇资料中，用方言词语释方言词语的情况时有所见。如有些方言资料卡片上用"倭瓜"一词去训释"北瓜"。其实"倭瓜"和"北瓜"都是方言词，普通话里称为"南瓜"，应用"南瓜"去训释"北瓜"才符合词典释义的要求。又如用北京话中的土语词对译相应的广州话方言词，把"孤寒"释为"抠门儿"（即吝啬），把"招积仔"释为"刺儿头"（即遇事刁难、不好对付的人）等，我们认为不是最好的，因为北京话不等于普通话，用北京方言里的土语词来注释各地方言词语，不利于推广普通话，也影响到可读性。本词典吸收了方言调查词汇资料和方言词典中的大量研究成果，但在释义等方面力求有所选择、有所改进。

本词典各条目下所立的每个义项都标注词性或词组类属，因而在编写释文时也要求时时注意释义和引用例证跟词性互相照应，力求释义文字与词性一致。在释义用语方面，也尽量做到全书前后一致。

五、关于标注词性问题

目前国内语法学界对于汉语词类的划分，意见纷呈，尚无定论。本词典标注词性依据《中国大百科全书·语言文字卷》语法分支的汉语词类体系。除缩略语标〈缩〉，成语、谚语、歇后语、惯用语标〈熟〉，数量词组标〈数量〉外，所标词性分名、动、形、量、数、代、副、连、介、助、叹、象声12类。所标词性比较宽泛，如数量名词组标〈名〉，动宾词组标〈动〉等。尽管确定了按上述词类划分体系和原则来标注词性，但对某一具体条目下的某一具体义项究竟属于何种词性，不仅各个编纂人员的理解和贯彻相互之间可能不一致，即使是同一个编纂人员也可能前后不一致。目前语文词典标注词性的极少，大型语文词典和方言词典标注词性的尚无先例。因此《汉语方言大词典》给所收21万余条方言词语全都标注词性或类属，可说是一次大胆尝试。

六、关于标注方言系属问题

所谓方言系属是指某一地方的方言属于何种方言分区。现代汉语方言语种的区分主要是依据各地方言在语音、词汇、语法等方面的差别来确定的。最重要的分区标准是语音系统声、韵、调方面的特点和差别。其次是词汇系统包括构词方法、词序排列等方面的特点和差别。至于语法系统方面的差别，一般来说并不很大，分区意义不显著。

从20世纪初期开始，部分语言学者运用现代语言科学理论和方法研究汉语方言，对汉语方言的了解和认识逐步加深，对汉语方言的区分也越来越科学。在20世纪80年代以前，汉语方言分为北方话（又称官话）、吴语、湘语、赣语、闽语、粤语、客家话这七大方言区的说法最为通行。近十多年来，随着汉语方言调查研究工作的深入和分区标准的进一步明晰化，中国社会科学院语言研究所李荣、熊正辉、张振兴先生主编的《中国语言地图集·汉语方言图集》将汉语方言更为科学更为精细地区分为官话（下分东北官话、北京官话、冀鲁官话、胶辽官话、中原官话、兰银官话、西南官话、江淮官话）、晋语、徽语、吴语、湘语、赣语、闽语、粤语、平话等。本词典吸收了这一重大研究成果，据以编制了《全国各县市汉语方言系属索引》，对于现代汉语方言条目，凡有明确方言点地名的，都标注了方言系属。另外尚有一些目前还未明确分区的方言，如湖南的"沅陵乡话"和"宁武土话"、广东的"韶州土话"等，都依据实际名称标为"乡话""土话"等，次序排在平话之后。为了编写方便，《汉语方言大词典》在标注方言系属名称时，在排列次序上根据由北到南、由东到西的顺序作了一些调整，并将各种官话提高一个层次，让它们与吴语、客话等并列。

由于保存下来的古代方言资料十分零散，对于古代各地方言在语音、词汇、语法等方面的差别目前知道的也还不多，无法对古代汉语方言明确分类。因此，凡出自宋代及宋代以前文献著作中的方言词语，就笼统地标为"古方言"，或标为"古南方方言""古北方方言"。凡出自元代及元代以后直至现当代文献著作中的方言词语，如没相应的现代方言义项可归靠的，则根据作品产生的地域、作品内容所涉及的人文地理等情况综合分析，斟酌加标适当的现代汉语方言系属。

上面我们对《汉语方言大词典》编纂中的有关问题和情况作了一些介绍和说明。由于受编纂时间和研究水平的限制，也由于缺乏编写方言大词典的实践经验，《汉语方言大词典》还存在一些问题和缺点，主要有：①引用的文献例证有一部分来自第二手资料，没有来得及一一核查原著。②征引的古今文献资料在古今各个时段上分布不均衡，越是时间久远越少。同时在方言分布上也不均衡，来自东北官话、北京官话、冀鲁官话、中原官话、西南官话和吴语的文献例证相对多一些，来自兰银官话、徽语、赣语的则相对少一些。③收录的方言词汇在古今各个时段和现代各方言的分布上也不均衡，古今相比，也是越古越少，方言间相比，闽语、晋语、吴语、粤语的相对多一些，胶辽官话、兰银官话、徽语、赣语等相对少一些。④编写体例还不够严谨和细致，贯彻执行体例全书前后也未能达到完全一致。

《汉语方言大词典》即将问世，对于它存在的各种问题乃至错误，诚恳欢迎有关专家学者和广大读者批评指正，我们将广泛搜集整理，以便今后修改订正。

附

《汉语方言大词典》样条

（1）晒［曬］shài①〈动〉使物在阳光下吸收光和热。古方言。《方言》第七："～，曝也。曝五谷之类，秦晋之间谓之～。"又第十："～，干物也。扬楚通语也。"②〈动〉晾。㊀客话。广东惠州［sai²²³］、东莞清溪［sai⁴²］、深圳沙头角［sai⁴²］、从化吕田［sai⁵²］。㊁粤语。广东增城［sai⁵⁵］、宝安沙井［sai²⁴］。香港新界锦田［sai²³］。③〈动〉搁置一旁：无人理睬，使人难堪。㊀东北官话。东北［sai²］。廉春明《珠联璧合》："老厂长没去，把老护士长一个～那啦！"㊁北京官话。北京［ʂai⁵¹］怎么把客人～了？｜把我一人儿～在这儿。1982年11月1日《北京晚报》："说相声需要互相支持，……要是互相拆台，你忘词了，我等着看哈哈，～着你，他更慌了，非砸不可。"㊂胶辽官话。辽宁大连［sai⁵³］大家把他～起来了。关玺华《归期》："你钻哪儿去啦，头一回见面就～人家大姑娘。"④〈动〉冲洗。粤语。广东广州［ʃai³³］～相：洗相片。⑤〈动〉扔。中原官话。河南沈丘。⑥〈动〉错过。粤语。广东广州［ʃai⁵⁵］咁好嘅机会～咗（这么好的机会给错过了）。⑦〈动〉糟蹋：浪费。粤语。广东广州［ʃai⁵³］又～咗（糟蹋了）一部辆车。⑧〈动〉（用明线）绱。中原官话。江苏徐州［ʃɛ⁴²］～底鞋。⑨〈动〉夭折。粤语。香港。漫天雪《一个女工的笔记》："怎想到……出粮回家又给人扒了银包，回到家，孩子又'～'了！"⑩〈动〉睡觉，粤语。香港。章盛《香港黑社会活动真相》："香港黑社会人物惯用背语：~，指睡觉。" ⑪〈副〉全；都；太。粤语。广东广州［ʃai³³］讲~畀佢听｜全告诉他了。｜多谢（~太谢谢了）。⑫〈形〉透；光；完。粤语。广东广州［ʃai³³］、新会［ʃai²³］、江门白沙［ʃai²³］、台山［dai³³］、开平赤坎［dɑi³³］。澳门［ʃai³³］周身湿~｜睇~本书｜鱼被猫食~喇｜面都红~。⑬〈形〉热。冀鲁官话。河北中部［ʂaiˀ］你来干什么，这么~天！⑭〈形〉低能。北京官话。北京［ʂai⁵¹］你们这人真~。⑮〈形〉干旱。吴语。浙江金华汤溪。1931年《汤溪县志》："岁旱曰~。" ⑯〈名〉屎。北京官话。北京［ʂai⁵¹］拉~｜一泡~。⑰〈量〉瓣。吴语。浙江温州：一~橘子。

（2）准定〈副〉准；一定；肯定。㊀冀鲁官话。河北中部［ᵒtʂun tiŋˀ］这~是你们社的！㊁兰银官话。宁夏银川［tʂiŋ³⁵ tiŋ¹³］。㊂西南官话。四川成都［tsun³⁵ tin²¹³］。李劼人《大波》第一部："虽然人声嘈杂，听不清楚吵些什么，也是想都不用想，登时感到~是出了什么祸事。" ㊃吴语。上海［tsən³⁴⁻³³ din²³⁻⁴⁴］龙华镇我~不去勒。《满园春色》："好，~乘公共汽车。"《官场现形记》第二九回："（那个朋友）现在替我重打，包管一礼拜~寄来。" 江苏江阴。浙江苍南金乡［tɕyoŋ³⁵ diŋ²¹²］我~走来帮你。㊄闽语。福建厦门［tsun⁵³ tiŋ²²］明儿我~进城。

（3）浮头①〈名〉上面；表层。㊀东北官话。东北［ₑfu ₑtʰour］你把~的沫子撇出来。㊁北京官话。北京［fu³⁵ tʰour³⁵］~有点菜码儿。㊂冀鲁官话。天津［fu⁵³ tʰour⁴⁵］菜炒熟了，~洒点韭菜。㊃胶辽官话。山东安丘［fu⁵³ tʰəu⁵³］。㊄中原官话。河南洛阳［fu⁵⁵ tʰour⁴²］桌子上摆一摞子书，~那一本就是教科书。㊅晋语。山西孝义［xu¹¹ tou¹¹］、文水［xu²² tou²²］、大宁［fu¹³ tʰəu⁰］、朔县［fu³⁵ tʰəu³⁵］、隰县［xu³⁵ tʰəu³⁵⁻³¹］、忻州［fu³¹ tʰəu³¹］、长子［fu²⁴ təu²⁴］。㊆江淮官话。安徽安庆［fu³⁴ tʰəu³⁴］衣裳在柜里~。②〈名〉轻薄无行的人。吴语。浙江宁波。应钟《甬言稽诂·释流品》："俗又称轻薄无行者曰勺，亦曰浮斯。" ③〈动〉鱼中毒或因水浅而把头浮出水面；浮在水面。㊀吴语。浙江金华岩下［vu¹¹⁻¹¹³ d－təw¹¹⁻⁰］。㊁粤语。广东广州［pʰou¹¹ tʰɐu¹¹］呢块板一落水就~（这块木板一下水就浮上来）。｜轻嘅~，重嘅沉底（轻的浮面儿，重的沉底）。④〈动〉露出苗头。闽语。福建厦门［pʰu²⁴ tʰəu²⁴］。⑤〈动〉人出来见面。闽语。福建漳平［pʰu²⁴ tʰəu²⁴］都无出来~。⑥〈动〉在外表显露出来。冀鲁官话。河北完县（今顺平县）。

（4）猪尿脬〈名〉猪的膀胱。㊀吴语。浙江定海。民国年间木《定海县志》："俗谓猪之膀胱曰~。脬音抛，今作泡。" 也作"猪尿泡"：浙江宁波［tsʯ³¹⁻⁴⁴ sʯ³⁴⁻⁴⁴ pʰɔ⁵³⁻²¹］。江苏苏州。苏州评话《真情假意·遗产风波》："戳穿~就被动了。" ㊁湘语。湖南长沙。田运贤《储蓄券的风波》："姗姗不由得身子一软，顿时像个泄了气的~。" 也作"猪尿煲"：粤语。广东广州［tsu⁵³ niu²² pou³⁵］。

（5）提劲打靶〈熟〉吹牛逞能；虚张声势；强横霸道。西南官话。四川成都［tʰi²¹ tɕin²¹³ ta⁵³ pa⁵³］这个人最喜欢~。沙汀《淘金记》十七："这些利益、便宜的名色是很多的，大至作奸犯科，小至~。" 崔显昌《春在溪头养菜花》："一些地痞、烂兵……便专门来找小摊店的麻烦，~吃魁头，首当其冲的就是堂倌。"

（本文原载于《辞书研究》1992年第5期）

编写闽南话词典的用字问题

——方言词典编写札记之一

周长楫

　　词条的形音义是词典编写中必须解决的重要问题。所谓"形"，指的是词条的用字。有人认为，在闽南话中，凡是能说出来的词，必有字可写，即"有词必有字"。既然有人说闽南话是古汉语的活化石，那么，若是"有音无字"，很可能就是古语词。因此不少人热衷于找本字考本字，还真从古字书或文献里找出了一些自认为是闽南话的本字，尽管这些本字是十分冷僻或笔画繁杂、难写难认的古字。因此，在我们编写闽南话词典考虑词条用字时，就会碰到一些十分棘手的问题。经过长时间编写的实践，我们对这些问题逐渐有了一些初步的认识。

　　首先，我们对所收录的数以万计的闽南话词语进行了分析，认为闽南话的词语来自四个方面：一是古词语，这些古词语除了跟普通话所沿袭的古词语一样外，还有一些是普通话或汉语其他方言少用或不用的古词语；二是普通话词语中大量的现代词语；三是方言特有词语，即方言区人民长期创造和使用的词语；四是外来词语，包括古越族遗留的词语，也包括闽南人在长期历史中与外族如阿拉伯族、马来族以及日本、欧美诸国接触过程中吸收的外族外国语言里的一些词语。闽南话来自普通话或汉语其他方言已少用或不用的古词语需要通过科学的考证才能确定它在古汉语中所使用的本字，关于考本字，在下面我们会进行专门的讨论；来源于普通话的现代词语本来就有文字记录；方言特有词语，有些是用字可写的，但有些确实是无字可写的，因为文字是记录语言的书面形式，是先有词语，然后人们才去寻找该用什么字书写最好，难免有些词语是人们先使用了，还没找到或造出适合的字来书写；闽南话第四种来源的词语本是外族或外国语而不是汉语，所以要用文字记录一般只能选用这些词语的外族外语读音，并与闽南话里读音相同或相近的汉字即同音字来记录，无须也根本无法寻找它的汉语本字。

　　其次，我们认为，汉语的书写工具是汉字。闽南话既是汉语的一个方言，闽南话词典收录的词语，其书写文字理所当然应该用汉字，这不但符合闽南人长期养成的书写习惯，而且也由于汉字形音义兼备及其超方言性的特点，便于人们的理解和交流。根据闽南话的特点与人们的社会习惯，我们分别采用了本字、训读字、同音字或近音字以及方言自造字四种方法来书写闽南话的词语。

　　一说用本字。怎么从古字书或文献中寻找或考证闽南话词语的本字呢？我们认为，应该坚持"音义相合"也就是"音对义合"的原则。所谓"音对"，就是从古字书或古籍里找到的这个汉字，其古音（通常主要以《切韵》《广韵》为代表的中古音系）

要能跟这个字在闽南话的读音在演变规律上有对应的关系，也就是古书上这个字的字音按其古今语音（即古音与今闽南话读音）演变的规律，能读成闽南话这个词语的读音；所谓"义合"，就是古书上这个字的意义（多指本义或基本义，有时也可以是引申义）能跟闽南话这个词的意义相同或相近，或者可以找到它们之间演变上的联系。这就是人们常说的该词古今的关系是音同义合的。下面举几个例子。例如，闽南话把鸡窝、鸟巢和虎穴的"窝、巢、穴"叫□［siu⁶］。这个□［siu⁶］有字吗？有的。在《集韵》的宥韵里，我们找到了这个字。《集韵》宥韵："岫，似救切。说文：山穴也。""似救切"这个音，在闽南话可读［siu⁶］，意思是山穴。虎卧居在山穴里，闽南话叫"虎岫"，也有人叫"虎空"。鸟也可以蜗居在那里，叫"鸟岫"，鸡与鸟原同属一类，所以也有"鸡岫"一词。这是"岫"这个词义扩大或引申的结果。由此可见，这个"岫"古音古义跟今天闽南话的音义对应。但"窝、巢、穴"虽然跟"岫"是同义词，但"窝"，广韵集韵无收此字；"巢"，《集韵》："庄交切"；"穴"，《集韵》"胡决切"，这些读音，在闽南话里都不能读出□［siu⁶］来，所以它不是闽南话□［siu⁶］的本字。再如普通话的"躺"，闽南话叫［te³］，它的本字就是"麗"，《广韵》齐韵："麗，土鸡切，卧也。"又如普通话"淡"，闽南话说［tsiã³］，本字是"麗"，《广韵》琰韵："饗，子冉切，食薄味也。"最常见的是闽南话把"走"叫做［kiã²］，人们普遍认为它的本字就是"走"。究竟本字是不是"走"字？请看下面的分析。"走"，《集韵》："子口切，说文：趋也。"根据这个反切，"走"当属古流摄开口一等上声厚韵精母字。这里，"精"是声母，"厚"是韵母，"上声"指古代上声声调。古代一等"精"声母是舌尖前清塞擦音，相当今普通话与闽南话的［ts］，"厚"韵在今普通话读［ou］韵母，在闽南话（以厦门音为例，下均同）里，它的读书音是［ɔ］韵母，说话音是［au］韵母。因此，这个"走"字在今普通话读 zǒu 音，在闽南话里，文读音读［tsɔ³］，说话音读［tsau³］，在声母韵母和声调三项中，根本没有一项跟［kiã²］沾上边的。有趣的是，这个"走"的音［tsau³］，义"趋"即"跑"的意思，又恰恰跟闽南话"走"为"跑"意思的音义相合，它倒是闽南话［tsau³］的本字。那么，闽南话［kiã²］的本字是哪个字？经考证，当是"行"字。集韵"行"收的是三个不同读音不同意义的同形字：第一个"行"，《集韵》的读音是寒刚切，意义是"列也"。"寒刚切"这个音，在闽南话里，读书音是［hoŋ²］，说话音是［haŋ²］，而意思是"行列"的"行"。第二个"行"，集韵的读音是何庚切，它引说文的释义，就是"人之步趋也"。这个何庚切，在中古的音韵地位属古梗摄开口二等平声庚韵匣母字。在闽南话里，二等庚韵字的韵母读书音是［iŋ］，说话音是［iã］，二等匣母字在闽南话里已浊音清化，读书音读［h］，说话音读［k］，平声浊声母字在今闽南话里读阳平调，整个字在闽南话的读书音就是［hiŋ²］，说话音就是［kiã²］，而"人之步趋"就是步行，相当普通话"走"的意思，因此可以说闽南话的［kiã²］用这第二个的"行"字是古今音义全符合的。第三个"行"，集韵的读音是下孟切，意义是"迹也"。下孟切在中古音韵地位属梗摄开口二等去声映韵字。这个字的韵母读书音是［iŋ］，如有说话音，可以是［iã］，二等匣母字在闽南话里也是浊音清化，读书音读［h］，如有说话音，可以是［k］，全浊声母去声字在闽南话读为阳去调，整个字在闽南话的读书音是［hiŋ⁶］，如果有说话音，有可能是［kiã⁶］，但这个字在闽南话里只有读书音而没有说话音，"迹"的意义是名词不是动词，"品行"这个词，闽南话叫［pʰin³hiŋ⁶］，其中"行"用的就是这个音这个义。早期的国语（"普通话"早期的名称）是读［pʰɪn ɕiŋ］的，其中"行"用的也是这个音这个义，不过现在改读［pʰɪn ɕíŋ］了，不知是为了减少异读，还是有其他原因。可见，表示"步行"这个意义，闽南话用集韵"何庚切"的"行"，是古今音义相合的本字。其他如普通话说"脚"，闽南话是说［kʰa¹］，本字是"骹"；普通话说"美"，闽南话说［sui³］，本字是"水"；普通话说"吃"，闽南话说［tsiah⁸］，本字是"食"等等，都是用这种"音对义合"的科学方法考证出来的。由于闽南话历史悠久、词语语音的变化曲折复杂，这给本字的考证和使用带来不少干扰和困难。总之，考本字是严肃的科研工作，虽然人们可以大胆假设，但必须小心而谨慎地求证，坚持宁缺毋滥的原则。

二说用训读字。所谓训读字，就是取跟闽南话该词语同义的普通话词语的用字来代替，并将闽南话的读音安在它的头上，而不管普通话这个词语用字的读音跟闽南话词语的读音是否相符。换句话说，就是词语的张冠李戴。闽南话用训读字来书写，一是因为虽然本字找到了，但过于生僻或繁杂，难写难认，人们不愿意或者不便使用它，就分别用训读字来代替。如"躴"用"躺"代替，"蕇"用"淡"代替。二是人们长期受到普通话的影响，习惯用普通话的用字代替方言的本字，如闽南话的本字"农（侬）［laŋ²］、汝［li³］、喙［tsʰui⁵］、芳［pʰaŋ¹］、食［tsiah⁸］、行［kiã²］"，分别用"人、你、嘴、香、吃、走"等训读字代替。三是有些本字考证不出来，人们也习惯用普通话、用训读字代替，如用"肉"代替闽南话的"bah⁷"，用"要"或"欲"代替闽南话的"beh⁷"，用"多"代替闽南话的"tsue⁶"，等等。适当使用训读字对解决方言词语书写用字的困难是有一定的帮助，但在量上也需要比较严格的控制。如果方言词语的训读字用多了，不仅会掩盖方言词语的本质或真相，还会造成方言读音和使用上的混乱。

三说用同音字或近音字。所谓同音字或近音字，就是用与该词同音或近音的文字书来写。例如"妻子"闽南话叫［bɔ³］，因为［bɔ³］的本字尚有争论，就用与［bɔ³］同音的"某"字来书写；"事情"闽南话叫［tai⁶tsi⁵］，用同音字"代志"来书写；"可以"闽南话说［tʰaŋ¹］，用同音字"通"来书写，等等。联绵词也都是用同音字书写的。例如闽南话"贫穷"的说法是［sɔŋ⁵hiɔŋ¹］，用同音字"宋凶"来书写，"随便"叫［tsʰin⁵tsʰai³］，用同音字"清采"来书写等等。拟声词也都是用同音字或近音字来书写，如"东西掉到水中"的声音［pʰin²pʰɔŋ²］，用同音字"砰嗙"书写，"铁锤钉木头的响声"叫［kʰit⁷kʰɔk⁸］，用"乞涸"近音字来书写等等。音译外来语词语也是用同音字或近音字来书写。如"肥皂"闽南话叫［sat（→sap）⁷bun²］，来自马来语的"sabun"（有人考证这个词马来语也是从其他外语借来的外来语），音译后用近音字"雪文"来书写。闽南话"出界或犯规"叫［au⁵sai³］，来自英语的"outside"，音译后用同音字"奥屎"来书写，"奥屎"一词的词义也逐渐扩大，指"糟糕或卑鄙的人或事"，如"奥屎人""奥屎步"等。用同音字或近音字书写的词语，只是把这些同音字或近音字当作音节符号，也就是只把某个字当作一个音节来看，并不取该字的任何意义。所以，碰到用同音字书写的词，人们绝不能从这些同音字字义本身的意义上去理解或解释这个词语，否则会闹笑话。记得当年笔者在教现代汉语词汇时，有个外国留学生曾问我，普通话"马虎"一词是表示"草率、敷衍、疏忽大意、不细心"等意思，为什么用"马虎"这两个字？"马"和"虎"在一起，肯定会出现你死我活的争斗，怎么汉语用它来书写这个词呢？这不能怪他，因为这位留学生不了解"马虎"是个联绵词，汉语联绵词造词一般用双声或叠韵词，少数是非双声叠韵的，书写时都只能用汉字的同音字或近音字来表示。闽南话用同音字的麻烦是，许多汉字在闽南话里都有文白异读的现象（有人统计，在常用的 3 500 个汉字中，有近40%的汉字有文白异读），所以，即使用同音字书写，经常还得旁注拼音来指示才行。例如"蝙蝠"闽南话叫 $[bit^8 po^2]$，一般是用"密婆"两个同音字来书写的，但"密"在闽南话有 $[bit^8]$ $[bat^8]$ 的文白读音对应，所以"密婆"既可以读 $[bit^8 po^2]$，也可以读 $[bat^8 po^2]$，如果不在字旁加注拼音（用国际音标或闽南方言注音方案都行，早期人们使用厦门话教会罗马字的拼音文字），不懂这个词的人，有时还真不懂得该选择哪个读音才对。使用音素文字的语言可以用少量的音素字，如英语用 26 个字母来书写数以万计的词语。汉语使用的文字不是音素文字，一般都是用方块汉字来书写的，目前汉语所使用的汉字，最多也就是五六万个字，而汉语的词语远远在五六万个以上。如果每个词语都要用能互相区别的汉字来书写，汉字的数量不知要增加多少。任何人都无法掌握那么多汉字的。所以有些词语用只取音素构成音节的同音字或近音字来书写，是不可避免的。但词语所用的同音字、近音字也不能太多，否则也会造成混乱和麻烦。再说，对外国人名地名用音译法所使用的同音字、近音字也应该有所规范，否则，在交际时也会产生混乱，甚至会把同一人名或地名当作是两个不同的人或地方。

四说用方言自造字，即所谓的方言土字。这是闽南地区人民对部分闽南话特有词，在找不到本字、训读字、同音字近音字时，利用汉字会意、形声或其他办法所创造的在一般字书或文献里找不到的自造新字来书写。如"玩"，闽南话叫 $[tsh it^7 th o^2]$，有人就造出带有会意性质的"土迌"两字来书写，还有如"引领、带领"，闽南话叫 $[tsh ua^6]$，人们就造出了"𤆬"字来书写，"傻、笨"闽南话叫 $[goŋ^6]$，人们就造了"戆"字来书写，等等。一些合音词也用自造字来书写，如"什么人，谁"，闽南话叫 $[siaŋ^2]$，本是"啥人" $[sia^3 laŋ^2]$，因连读快读而产生合音为 $[siaŋ^2]$，人们就造出一个"侤"来书写。"不会"闽南话叫 $[bue^6]$，本是"无会" $[bo^2 e^6]$，因合音为 $[bue^6]$，就造出一个"𣍐"来书写等。据了解，粤方言自造的方言土字也不少。方言土字的出现固然在某种程度上解决方言词语书写的困难，某些方言土字的创造还表现出人们的智慧，但必须严格控制数量，因为从总体上看，它增加了本已庞大的汉字数量，而且对其他方言区的人也造成许多不便。有些方言土字，还有多种写法，这就更需要规范和统一了。

下面是我们在编写闽南话词典书写词语时所使用的部分训读字、同音字近音字和方言土字的例子。

表1　常见训读字举例（只注厦门话读音）

训读字	本字或说明	训读字	本字或说明
你 $[li^3]$	第二人称。本字"汝"	脚 $[k^ha^1]$	足。本字"骹"
嘴 $[ts^hui^5]$	本字"喙"	奶 $[ni^1]$	乳房，乳汁。本字待考
人 $[lan^2]$	本字"农"，也写作"侬"	肉 $[bah^7]$	本字待考
多 $[tsue^6]$	数量大。本字待考	挤 $[k^hueh^7]$	拥挤，狭窄。本字待考
易 $[kue^6]$	容易。本字待考	短 $[te^3]$	长度小。本字待考
凹 $[nah^7]$	凹陷；瘪。本字待考	在 $[ti^6]$	本字"伫"
要 $[beh^7]$	本字待考	娶 $[ts^hua^6]$	本字待考
压 $[teh^7]$	本字待考	找 $[ts^he^6]$	本字待考
到 $[kau^5]$	本字待考	拾 $[k^hioh^7]$	本字待考
跟 $[te^5]$	本字待考	埋 $[tai^2]$	本字待考。民间用"坮"
捞 $[h\mathfrak{o}^2]$	本字待考	无 $[bo^2]$	没有。本字"毛"
个 $[e^2]$	本字待考	的 $[e^2]$	助词。本字待考
咱 $[lan^3]$	咱们。本字待考	拿 $[t^heh^8]$	本字待考

表2　常见同音字近音字举例（只注厦门话读音）

同音字	意义	同音字	意义
某 $[b\mathfrak{o}^3]$	妻子	查某 $[tsa^1b\mathfrak{o}^3]$	女人
代志 $[tai^6tsi^5]$	事情	通 $[t^han^1]$	可以，能
即 $[zit^7]$	这	迄 $[hit^7]$	那
遮 $[tsia^2]$	这里；这些	遐 $[hia^2]$	那里，那些
则 $[tsiah^7]$	才；这么；再	赫 $[hiah^7]$	那，那些；那么
则尼 $[tsiah^7ni^2]$	这么	赫尼 $[hiah^7ni]$	那么
规 $[kui^1]$	整个，全	吗 $[ma^6]$	也
野 $[ia^3]$	还	犹 $[iau^3]$	还
互 $[h\mathfrak{o}^6]$	给；被	甲 $[kah^7]$	和；跟；……得……
拢 $[lon^3]$	都	偌 $[lua^6]$	多么；多少
拄仔 $[tu^3a^3]$	刚才	咧 $[leh^7]$	正在；助词，着

表3　常见闽南话方言自造字（方言土字）举例（只注厦门话读音）

方言字	意义	方言字	意义
尪 [aŋ¹]	玩偶；佛	焜 [kun²]	久煮
跖 [peh⁷]	攀爬	忞 [gɔŋ⁶]	傻，呆傻
歕 [pun²]	吹（气）	抶 [hiat⁷]	丢，扔
獪 [bue⁶]	不会	伍 [hɔŋ⁶]	介词，被（人）
莫 [bɔŋ²]	不用，别	躼 [lo⁵]	（身材）高长
扬 [but⁸]	（用藤条等）打	怀 [m⁶]	不
𨑨迌 [tsʰit⁷tʰo²]	玩；耍	刣 [tʰai²]	杀，宰
猶 [tsʰio¹]	（兽）发情；（人）超群出众	冇 [pʰã⁵]	（物体）松而空虚
炰 [tsʰua⁶]	带领，引领	𫝪 [siaŋ²]	相同，同样
蟳 [tsʰih⁸]	梭子蟹	偗 [siaŋ²]	
有 [tiŋ⁶]	（物体）硬而充实	勒 [sim⁵]	（物体）上下左右摇晃
炊 [tim⁶]	蒸煮	磌 [suan⁶]	金刚石
坮 [tai²]	埋	沗 [tsiaŋ (tsʰiaŋ)²]	冲（水）

参考文献

[1] 周长楫，欧阳忆云. 厦门方言研究 [M]. 福州：福建人民出版社，1999.

[2] 周长楫主编. 闽南方言大词典 [M]. 福州：福建人民出版社，2006.

[3] 中国社会科学院语言研究所词典编辑室. 现代汉语词典 [M]. 6 版. 北京：商务印书馆，2014.

（本文原载于《南方语言学2015》，暨南大学出版社，2015）

《柳州方言词典》的用字

刘村汉

《柳州方言词典》已出版两年了，编写中的甘苦与得失仍时时萦绕心头。甘苦常品味，得失寸心知。本文打算从文字的使用方面，对自己的做法进行一番检讨，就教于读者和同行。本文字体繁简跟原书一样。为了方便跟通语和其他方言对照，有时用自制的反切标音，注明是"合音"，区别于字书的反切。行文将《柳州方言词典》简称为《柳典》。为阅读方便起见，这里先列举柳州话的五个单字调：

阴平 44　　　　阳平 31　　　　上声 54　　　　去声 24　　　　入声 5

一

方言用字有时超出通语常用字的范围，老舍先生曾说："在我写小说和剧本的时候，总难免有些自幼儿用惯了的北京方言中的语汇"，"有的听起来颇为悦耳，可是有音无字，不知应当怎么写下来；思索好久，只好放弃，心中怪不舒服。有的呢，原有古字，可是在北京人口中已经变了音，按音寻字，往往劳而无功。还有的呢，有音有字，可是写下来连我自己也不大明白它的意思与来历，闷闷不乐；是呀，自己用的字可连自己也讲不出道理来，多别扭啊！"（《老舍作品中的北京话词语例释·序》，北京大学出版社，1984 年）作家的别扭，也是方言工作者的别扭；有些语素没有现成的字，有的连同音字也没有，有些字的音义跟书上的说法对不上号，形音义不相应。可是，词典总得设法写出字来，不能处处用空围"开小窗"。《柳典》对非"常用字"采用下面几种做法。

（1）从俗。按通常的写法或当地流行的字形写。表示闲聊的［kˑaˠ］和表示调换的［tˑiaˠ］，《现代汉语词典》写作"侃"和"斛"，就形义关系来说，没有什么道理好讲，因为流行面广，不妨照用。柳州有个读"皮雅"合音［pˑiaˠ］的字，是斜或斜视的意思，字书未见这个字，电影《牧马人》中郭扁子的"扁"读皮雅合音，湖北也有"扁"的说法，表示不正的意思，《柳典》就采用了这个字。当宰杀讲的"汤"和舌头的别名"利"，两广的常见写法是"劏"和"脷"，我们乐的顺手捡来。表示时髦等意思的"柔姿"，来自 20 世纪 70 年代美国的一部影片名，广东写作"油脂"，广西把有关的商品在广告中写作"柔姿布、柔姿服、柔姿鞋"等，《柳典》采用本地流行的写法。

（2）追本。就是写本字，一些不太繁难的字直接用古代字书中的正字。说话磕磕巴巴的叫打［tˑɐˠ］，《集韵》混韵吐衮的吨注为"吨吨，言不了"。标示潜水的［miˠ］，从韵母来看，符合《集韵》质韵"莫笔切"；从声调来看，符合《集韵》队韵"莫佩切"，两处的注都是"潜藏"。口水又叫"口漦"，《集韵》山韵栈山切："漦，鱼龙身濡滑者。"《国语·郑语》注说是"龙所吐沫"。这几个字都直接使用本字。漂亮的意思说〔tsā˩〕，《广韵》翰韵徂赞切的"儹"字，注为"美好貌"。弯的意思又说〔sā˩〕，就是《广韵》仙韵士连切的"輲"字，注为"轩辒"，就是车轮外的外框，柳州用作形容词和动词。这两个字分别作为条目。

（3）假借。用同音字代替。表示哄骗的〔kuɛŋ˦〕，表示揍的〔fu˩〕，本字待考，就写作同音字棍、抚。这一阵又叫这一发，水煮整件食物叫炸，跟炸油条的炸一样。发和炸的本字分别是"酦"和"煠"，见《柳典》"那（一）发子"〔na˨（i˩）fa˩tsˀ〕和"炸"〔tsa˩〕两条。小母鸡叫做栈鸡〔tsā˧ki˦〕或项鸡〔haŋ˨ki˦〕，栈和项找不到本字，就用这两个字。小蜻蜓叫咩多〔me˦to˦〕，来自壮语，根本没有汉语本字，就写这两个字，算是本无其字的假借。

（4）利废。利用废弃的异体字，让它担负新的任务。"叻"本是古"仍"字的异体，早已废弃不用，我们让它作"哪塴"的合音字〔næy˦〕，指哪里。坳是坳的异体字，用来指土块，读勾的阳平。挑是扩的异体字，用来表示打击义，读光的阳平〔kuaŋ˩〕。"纕"和"禳"是"儴"的两个异体字，"乃浪切"，意为宽缓。《柳典》用儴构成补儴，指补丁，读囊的阴平；用纕表示粘连、扯拉义，读囊的去声。

（5）训读。用现成字的字形、字义而不用它的读音。啄木鸟的啄，应该读啄的音，柳州习惯读"祝娃"合音〔tsua˩〕，这不是啄的变音，而是另外一个字。垃圾一词，普通话读〔la˦tçi˦〕，柳州话读〔la˩sa˩〕。以上三个字都有本字，为了照顾柳州的阅读习惯，就用了这几个常见的字。"迏"字，柳州读"得垒"的合音〔tai˦〕，但不知是哪几个字，就用了迏字。戆有陟降、丑用、胡贡、呼绀几个反切，柳州读〔ŋaŋ˦〕，跟上古的几个反切都没有关系，只是"愚"的意思相同，《柳典》用它构成戆勾勾，表示傻乎乎的意思。

（6）拟造。有些字无法考本字，也没有合适的同音字可以借用，就按传统习惯拟造新字。详见下文。

（7）空围。实在无法写的字，就用空围"□"表示。《柳典》用了14个空围，在词条中总共出现20次，下面连同所构成的词语一并编号列于下方。

① 〔hɛi˦〕屎，构成屙烂□。
② 〔lia˩〕边缘翘裂，单用，并构成□开嘴，衣裳□到。
③ 〔lia˦〕或〔tia˦〕液体渗漏，单用，还构成"口水□"，指流口水。
④ 〔tçye˦〕或〔φye˦〕叠音，模拟火药燃烧的声音，构成烧□□炮，指燃放无引线的爆竹。
⑤ 〔pɐi˩〕叠音构成梦□□，形容无精打采。
⑥ 〔pɐi˩〕构成□火，指埋火种。
⑦ 〔kɐi˦〕构成溜□，指溜号儿。
⑧ 〔pɐu˩〕构成喽□，指臃肿。

⑨ ［kʻeu˧］扭送。

⑩ ［nɐn˧］构成鼻涕□，指鱼类身上的黏液。

⑪ ［pʻiaŋ˧］或［tiaŋ˧］叠音，模拟锣声，构成敲□□，就是敲小锣。

⑫ ［poŋ˩˩］构成□瘟，指蜻蜓。

⑬ ［feʔ˧］构成佛□，指法术。

⑭ ［ŋeʔ˧］构成鹅□，指琴声。

除了②与③以外，都不能单独成词。除了④的又音和⑦⑩以外，都没有同音字。

二

第一节中用字方法的顺序，反映了用字的轻重权衡。七种方法可以分为三个层次。第一个层次是用俗字和本字，这是首先考虑的方法，属于首选层。第二个层次是用同音字和异体字，是对第一层的补充，属于备用层。第三个层次是训读、造字和空围，这是济其他方法之穷的办法，不得已而为之，属于偶用层。

语言文字的社会性让我们首要考虑社会的承认和接受问题。俗字是社会，至少是局部社会已经承认的字，群众熟悉，容易接受。本字则是前人约定的字，于古有徵，又合乎字理，今人也容易接受。当两者发生矛盾的时候，可以斟酌情况灵活变通。两广的孖、夭（音恩，瘦小），早已流行，并已经上了字书，自然可以直接采用。俗字中指源泉的汶和用于人称的嫲，就未敢苟同了。汶在柳州话中是零声母，《柳典》［men˧］采用《集韵》"母本切"的"澗，水盈貌"。用于人称的奶［næ˧］读阴平，跟乳字的同义字奶［næ˩］上声写成一个字形，作为多音多义字，跟很多方言相同，并不复杂，写成嫲完全没有必要。表示水沸溢的潽，本字是鬻，复杂难认，不如从俗用潽。惯势［kuã˧ʂɿ˧］的势本字作忕（《广韵》《集韵》"时制切"，《集韵》训"习也"），笔画并不复杂，但整体形象很陌生，不能提供多少联想的信息，写成惯势倒也文从字顺。

根据约定俗成的原则，《柳典》在用字方面注意以下"三性"：系统性、区别性和可接受性。

系统性指语言文字本身的系统，用字的时候主要考虑语音系统和文字系统。语音系统兼顾方言的共时音系和历时演变。"刚才"的刚，柳州又读细音，有的方言写成将才，柳州分尖团，将是尖音，这里要用团音，于是写成姜才。煮饭时水放少了，吃起来很硬，称为［lan˧］，鉴于柳州［ɐn］韵与中古的深、臻、梗诸摄的一些相对应，可以用《集韵》登韵的餕字，"卢登切"，"马食穀病"。验之于粤语，音义也是切合的。

每个字都是形音义的结合体，共同表示一个语素。三者之中任何一方越出常轨都不协调，影响效用，使人感到别扭。柳州把打盹儿说成春瞌睡，书面上的眣字可以说是专为这个意思造的字，但在老百姓心里，打盹如同春碓，自然应当用春字。群众把圆形封闭的手指纹叫箩，扁长开放的手指纹叫箕斗。广韵"腡，手指纹也，落戈切"。按语音演变常例，柳州腡箩同音。依广韵的注，腡似乎是手指纹的总名。为避免误会，《柳典》舍腡而取箩。

关于区别性，就是让字的表意功能清楚明确，读音和意义都不致发生误会。把舌头叫做利钱，本意就是图吉利，为了不与利息的利钱相混，于是用了肉月旁的俗体"脷"。鸡过夜的地方写成"鸡栊"，区别于作装运工具的鸡笼。长时间捂盖使起变化，以浸泡为主的用三点水的"沤"，以保温为主的用火旁的"煴"。

关于可接受性，主要指古字、借字和新造字的笔画、部件不怪癖，能够引起联想，字形简明，容易认读。这样的字容易在群众中建立默契，得到公认。例如，当扼请表示刁难的抲〔kˑa˧〕，表示较量的捭〔tˑɐn˧〕，是古本字；"哪垱"合音的叻〔næ˥〕，表示打击的挑〔kuaŋ˨〕，是古异体字。新造字煗〔noŋ˧〕，表示经火变焦发黑的意思，声符和义符都能提供联想。榨菜的榨读上声，本字鲊不如榨字好认，考出了本字也用通行的榨字出条。

在具体的用字问题上，这三项是综合考虑的。挨近、挨打、挨时间，有的书上都用挨字。《柳典》首先从语音上把阴平、阳平分开，阴平用挨，阳平用捱。然后又从语义方面把"受"义与"磨"义分开，前者用捱，后者用砸。〔tsˑɐn˥〕表示"老是、总是"的意思，有尽、侭两个字可供选择。《广韵》轸韵尽有"慈忍、即忍"二切，侭是"即忍切"专用的后起分化字，读上声；尽平常专用于去声，来自"慈忍切"全浊上声今读去声。所以《柳典》上声取侭的写法。相当于嘟噜或串的集合量词〔poŋ˧〕，原是《诗经》"朋酒斯飨""锡我百朋"的朋字。但是直接用朋字又容易发生误会，便加口旁造成"唰"字。表示水喷出的"翡"，柳州用作詈词，使用频率很高，找不到本字，也没有同音字，就用非字与射字构成一个合音兼会意字。广西瑶语也用这个字，有些地方的瑶语把汉语古心母读成〔f〕，这个字读〔fe˧〕，跟柳州的读法相同。如果把声母〔f〕换成〔s〕，就是柳州方言的"泻"字，但是柳州话中找不出第二个字来，我们不敢说是。

我们选字的时候首先从字书上考虑，做到于古有征；不得已而造字的时候，充分考虑社会的接受程度。于古有征是旧的约定；社会接受是新的俗成。总之，是要合乎约定俗成的原则。

三

汉字形音义统一的特点，已经凝成一种文化观念，深入人心。阅读的时候，嘴里说的一个"字"，要求在书面上有一个字与之对应，还要与熟悉的字有联系，并且能跟别的字区别开来。用字要做到便于目治，尽量多提供信息，保持阅读思路的通畅，有效地完成书面交际的任务。方言词典最好用简单辨识的同音字即通假字，不宜多用繁难的本字和空围。

李荣先生谈到考本字的意义时说过："寄音义于形体，著于竹帛，方能突破时间空间的双重限制，积累文化。"（《考本字甘苦》，《方言》1997年第1期）积累文化，并广为流传，得有文字作载体。

上古典籍《尚书》《论语》《孟子》《吕氏春秋》使用的单字都不足2 000字。《诗经》《礼记》《史记》都是2 000多字，《春秋经传》包括经文和三传也不到4 000字。

有人对老舍作品作过统计,《骆驼祥子》只用了 2 100 来字。现在电脑中的普通字库也过 7 000 字,朱镕基的"镕"字就不在内。中央电视台首次播送邓小平治丧委员会名单的时候,屏幕上的镕字用汉语拼音,第二天才从增补字区调出来。字到用时方恨少,不得不备。历史上各个时期都有成批新造的字。公元 100 年的《说文解字》收 9 353字,加上徐铉的补充(已见说文正文的 19 字,说文未收的 402 字),也不到 10 000 字。100 多年以后的《字林》收 12 824 字,公元 6 世纪的《玉篇》收 22 726 字,10 世纪的《龙龛手鉴》收 26 430 字,11 世纪初叶的《广韵》收 26 194 字,半个世纪后的《类篇》就有 31 319 字,同时的《集韵》收到 53 525 字。13 世纪的《中华大字典》总共55 116 字。此后 17 世纪的《字汇》和《正字通》只有 30 000 多字。民国初年的《中华大字典》收字最多,有异体,有俗字,但是仍然没有收完,也不可能收完。因为语汇是个开放的系统,文字相对封闭,永远不能满足语汇增长的需要,也就是不能满足语言发展的需要。可以说,语言要发展,造字不可免,《新华字典》和《现代汉语词典》上收了甬、镚、嬲、曼,就是对各地造字的正式承认。

《柳典》共适应了 17 字,如下所列。

①腍 [kaˇ] ~~,泛指肉
②蟆 [kaˇ] 蛐蛐俗称"~喇"
③翡 [feˋ] 骂人说"~公、~婆"
④傥 [kʻæˇ] "~子"指傻子
⑤糕 [niaˋ] 黏稠
⑥踝 [mɐuˋ] 蹲
⑦肕 [nẽˋ] 奶
⑧唔 [mɐnˋ] "这么"说道~
⑨唔 [mɐnˋ] "没曾"的合音
⑩疿 [mɐnˋ] 受人胳肢的感觉
⑪嗱 [nɐnˇ] "怎么"说~子
⑫倳 [tsɐnˇ] "麻烦、啰唆"说伦~
⑬硍 [ŋɐnˇ] 硌
⑭绗 [laŋˋ] 毛线、毛衣
⑮溂 [laŋˇ] 涮
⑯嘣 [poŋˋ] 量词,串,嘟噜
⑰爔 [noŋˋ] 煳

"柳典"造字的方法是形声、改形与合音,形声方法造的字有 8 个,改换偏旁造的字也是 8 个,合音办法造的字只有一个翡。这是从造字时有无启发依傍来说的。客观上看,只有肕是在奶的基础上改造而成的。除掉翡字,其余 16 个字可以说都是形声字。

《方言》卷十一:"蝇,东齐谓之羊。"郭璞注:"此亦语转耳。今江东人呼'羊'

声如'蝇'。凡此之类，皆不宜别立名也。"钱绎《笺注》："'凡此之类，皆不宜别立名'。此说非也。盖音随地异，遂成两名，书中此类，十居七八，如郭（璞）所言，则方言之作，皆为不必，何烦更为之注耶！"郭璞和钱绎的话都要从两个方面去看，关键的问题是，衡量"语转"的标准是一个音系还是两个音系。如果用两个音系作标准，站在通语或自己母语方言音系的立场上看，彼方言的某字如同此方言（或通语）的另一字，记录该方言的时候就要改字，"人用其乡，同言异字"，这当然"不宜"。如果只用一个标准，站在该方言的立场上看，它的字音与它的音系不合，或者是发生分化，读音不同，"遂成两名"，就要另选字形以便区分。该不该改字和造字，不能一概而论。从前的训诂学家皓首穷经，代代相承，有人费心考证生僻字和假借字，我们的词典中，如果生僻字和假借字多了，将来又要靠训诂，成了古董，就没有多少生命力了。

四

笔者在编写《柳州方言词典》的时候，考虑用字伤了不少脑筋，想兼顾各方，实在难以做到，有些问题的处理，不能尽如人意。一是用字标准不统一。上述几条原则孰先孰后，无法用一个更高的原则来协调。二是缺乏规范性和一致性，难免主观随意，灵机一动，取决于偶然。三是选字范围限于局部，不能参照全国其他方言的用字情况，选择覆盖面广的字。还不能避免没有弄清楚而用错了的字。

鸟的食囊称膆，读细音的絮，"什么"读成"死马"，膆字照写，么字却为照顾读音，写成"吗"。"么"字在普通话中就读 [ma]，换用"吗"字实在不必。慈姑用姑字，同一个字在香菇、花菇、春菇中又写成菇。同样是表示量少的点点戞戞和底底嘎嘎，用字不同。这里的戞和嘎改用夹就行了。家偄的"偄"就是私字，形义切合，字书一向用这个正字，尽管南方城市商店招牌上用单人旁的俗体占绝对优势，盲目从俗，就走进了误区。嗯字是没曾的合音，只考虑柳州是前鼻音取闷作声符，不能照顾将曾字读后鼻音的地方，还不如使用字典上已有的歠字。"佛□"本指法术，是巫道一派的说法，广西的巫道势力胜于佛教，"佛"应当用符箓之符。这些失误都是教训。

语言文字的发展演变过程相当复杂，从《柳典》的编写用字情况来看，造成用字困难的原因大致有下列几个方面。

（1）合音。两字合音与前后字互相影响不能用单字音本身的演变来解释。一年中最后一次牙祭叫韶尾牙祭，"韶尾" [saˠuɐ˦] 从"煞尾" [saˠ ɐu˦] 变来，[saˠ] 受后字开头 [u] 音的影响变成 [sa˦]。现在口语中不说"煞尾牙祭"，不明白来历就不能理解为什么说"韶尾牙祭"。"韶"字在这里只是起记音的作用，跟本义不相干。哏是"箇嗯" [ko˦menˠ] 的合音，现在不说箇嗯，不知道哏是合音就找不到演变线索。

（2）语音滞后。少数或个别字的读音，"殿"后于整体变化，在个别词中间保留前一个历史时期的语音特点。职韵在柳州已读成 [i˥]，只有庄组读 [ə]，精组的息字读 [ɕi˦]，可是在指重孙时却读 [sə˦]，还保持前一个历史时期的特点。柳州方言继承了古平话的一些成分，今宾阳平话息读 [sək˦]。

（3）语义远迁。引申义走得太远，跟本义失去联系。"敞"是"展"的意思，在

"抻敁、敁一下子"等说法中还可以看出来，当休息讲的时候就不容易看出来跟"展"有什么关系了。

（4）语源不明。"分龙雨"一词，只知其然而不知其所以然，就只能写这个龙。后来弄清楚是夏季的地形性阵雨，联系外地"夏雨隔田埂"的话，才敢写成当田埂讲的垅。要惩治对方说"下甲"，莫名所以，不知写"下甲"还是"下夹"。了解到狩猎情况之后，才悟出这话是要把对方当成野兽，下夹子收拾他。

（5）引进新词。指"皱褶突起的疤痕"的"攮记"一条来自粤语，广西粤语读 [neŋ˧ kei˧]。[neŋ˧] 相当于曾摄开口一等，柳州音等同于宕摄开口一等；[kei˧] 相当于蟹摄开口四等字，柳州无所依归，用"记"字是万不得已的事。"谋声谋嘻"和"谋米粥"取自客家话，谋是客家话的"无"字，可是"无"字一般读 [u˩]，只好用谋 [meu˩]。黄粱一梦的黄粱，由湖南传来变成了"横（魂）梁"。这些同语方言的借词，是就音还是就形？就音势必改变字形，就形则会改变字的音韵地位。外语借词也有个别方言的写法要不要统一的问题。

以上举例，只是已经发现了的，还有没有发现的，就无法列举了。如何用合适的标准作保证，顺利地解决成批的问题，而不是一个一个地认识少数"字"，希望能够引起讨论。

编词典不容易，编成了就要让它尽量发挥作用，我们现在当然难以预料将来的情况，但是，考虑现实问题的时候，应该为语言文字的发展留有余地，面向全国，面向未来。还要考虑将来这些字所表示的语素进入通语，以便就手使用。因此，建议在综合本方言词典编纂的经验后，对各分卷用字的情况作个总结，分析得失利弊，切磋研讨，求得共识。

个人的意见是：①拟定用字的原则，制定明细条例，方便操作。②各地音义相当的字，字形应统一，淘汰不合理的方言字，尽可能缩小分歧。③可以适当地造字，但数量要严格限制，能不造就不造。④条目不妨用假借字，能考本字的尽量考出，附在本条末了。⑤尽量少用或不用空围（□）。

本文算是引玉之砖，愿同行师友共献长策，把综合本方言词典编得更好。

（本文原载于《方言》1998 年第 2 期）

关于方言词的用字问题

——以粤方言为例

詹伯慧

一、引言

长期以来，我国十分重视语言文字应用的规范问题，1955 年在北京举行的那次影响极大的"现代汉语规范问题学术会议"，就是一次全面研讨现代汉语规范中方方面面问题的学术盛会。由于记录汉语的汉字体系的特殊性，汉语的规范问题，一般也包括汉语的书写形式——汉字的规范问题。40 多年前出台的简化汉字方案，正是推行汉字应用规范化的一项重大措施。几十年来的实践证明，把简化汉字作为我国通用的规范汉字来使用，对于推动我国语言文字应用的现代化，促进文化教育事业的发展，都发挥了极其显著的作用。近十多年来，针对社会上出现的一些汉字使用混乱、不注意汉字规范的现象（如乱造简化字、滥用繁体字等），国家及地方各级语言文字职能部门和广大语言文字工作者做了大量的纠偏工作，目的就在于强化文字应用中的规范意识，贯彻语言文字规范化的精神。

当前，在汉字的社会应用中，出现了一种不容忽视的现象，即在大力规范通用汉字应用的同时，在通行汉语方言的地区，特别是南方方言势力较为强劲的地区，随着一些方言词语的书面化，出现了不少专用于表达方言词语的方言用字。以粤方言为例，据不完全统计，进入粤方言地区书面语并出现在粤方言辞书的粤方言词语特殊用字，少说也有两三百个。由于地方性的报刊及影视作品，以至于广告招牌等都频频出现，这些记录粤方言词语的方言用字几乎可以说是家喻户晓。在改革开放的大潮中，随着南北交流的日益频繁，一部分原来只属于粤方言地区专用的方言词语也"北上"进入民族共同语，其中个别属于粤方言词专用的方言字也出现在像《现代汉语词典》《新华字典》以至于出版不久的《现代汉语规范字典》这样权威的共同语词典中。例如"靓""孖""腩""煲""镬""焗"等。众所周知，推广普通话的目的并非要消灭各地方言，而是要使方言地区的人民除了会说自己的家乡话外，都学会使用共同语——普通话作为全社会共同交际的语言，使共同语成为通用的语言。在"推广共同语、保留方言"的政策下，像粤方言这样的"强势方言"，是不大可能因为大力推广普通话而丧失它继续作为地方性社会交际工具的作用的。既然粤方言会长期存在、长期流通，也就使得粤方言的词语连同它特有的用字在一些粤方言区的地方性报刊、影视作品，以及一些带有粤语地方色彩的通俗文艺作品中出现。面对这样的现实，作为粤方言地区的语言文字专业人士，本着理论联系实际的精神，当我们在考虑语言文字应用的规范问题时，难道就不应该也想想出现在粤方言区中的方言用字问题？事实上，方言用字问题早就引起方言学者们的注目了。近一二十年来，在一些有关方言的学术会议中，我们常常听到有关方言字问题的讨论。就拿粤方言词的用字来说，编过多本粤方言辞书的粤语专家周无忌先生就先后在第六届（1997）、第八届（2001）国际粤方言研讨会上发表专论，论述粤方言中的方言词用字问题，深受与会学者的瞩目①；《谈谈〈广州话正音字典〉粤方言用字原则》（第八届国际粤方言研讨会上宣读，广州，2001 年 12 月）。暨南大学博士研究生黄小娅近期还专门以“近两百年来广州方言词汇和方言用字的演变”为题撰写了博士学位论文，文中以大量篇幅论述广州方言词用字的演变②。香港理工大学粤语学者张群显博士和包睿舜博士（Robert S. Bauer）最近也在合作完成关于粤方言用字的专著参看③。可见粤方言用字问题，是一个十分值得探讨的现实问题。

二、方言词用字的种种表现

下面我们以粤方言为例，先来看看方言词用字的种种表现。

（一）沿用古已有之的古（本）字

广义的本字通常包括两类：一类是某些方言都在使用着的一些本字，但在民族共同语和另外一些方言中却已经不大使用，或者说只在带有文言色彩的书面语和成语中才能遇上。而在某些方言中，这类本字却频频出现在日常用语中，在书面语和口语中都可以见到。其实这只是保存古词古义所用的本字，这些字在我国的通用汉字中也都可以见到，算不上是什么方言的专用字，如粤方言中的“翼”（翅膀）、“颈”（脖子）等。另一类则是某个方言中保留了某个古代汉语的语词，不仅音义依旧，而且用字上也完全沿用了该古词的写法，这种写法（本字）在现代通用汉字中已不大使用，被看作只是出现于一般人很少接触的古籍中，堪称生僻汉字。许多以考本字为题的著述，所考的本字正是这类鲜为人知的生僻古字。如粤方言中常用的“睇”（看）、“焗”（闷热、焖煮食物）、“黐”（粘）、“䁪”（眼睛转动）、“𢵧”（展开）、“竑”（孵）、“掴”（打）等。

（二）训读字

用现有跟该词词义相同或相近的通用汉字来书写读音并不相同的另一个方言词。如粤方言中的“孖”，意为“双”，《广韵》为“子之切，双生子也”。粤方言取其义，而读音为［ma^{55}］，则无所本。又如粤方言“罅”，意为“缝儿”，《广韵》为“呼讶切，杩韵”。“罅，孔罅。”粤方言取其义而另读为［la^{33}］，亦无所本，为训读字。

① 参看周无忌 1997 年 8 月在澳门举办的第六届国际粤方言研讨会上宣读的《粤方言词语用字应予规范》。

② 黄小娅．近两百年来广州方言词汇和方言用字的演变［D］．暨南大学博士学位论文，2000.

③ 张群显，包睿舜．以汉字写粤语（未刊稿）.

（三）自造方言俗字

方言地区存在着不少民间通用的方言俗字，这些俗字大都沿用"六书"的造字方式来创造，造出来的方言字一般只用于本方言，在本方言的字（词）典中可以看到。下面是粤方言的例子：

1. 会意字

仿效"六书"中的会意字新造出来的方言字。例如："孻"（背负）、"嫲"（母，母的）、"氹"（水塘）、"奀"（瘦小）、"嬲"（生气）等。

2. 形声字

仿效"六书"中的形声字新造出来的方言字，声符以粤音为据，义符则起到意义归类的作用。例如："谂"（想）、"掟"（扔）、"搉"（拔）、"餸"（下饭的菜）、"煲"（锅、煮）、"脷"（舌头）、"髀"（腿）等。特别令人瞩目的是，粤方言词中有许许多多新造的方言字，就简单地由口旁加上一个表示声音、用作声符的声旁来组成。这个口旁虽不同于传统形声字的义符，但它却笼统地表示这个字是方言口语中的特殊用字，叫人一看就知道这是粤方言词新造的方言词用字。不妨把这许多带口旁的新造字也看作粤方言特有的方言形声字。例如，"咗"（相当于助词"了"）、"喼"（装衣物的箱子，一般多指"皮箱"）、"啱"（对，刚好）、"啖"（量词"口"）、"呃"（骗）、"咁"（这样，那样）、"歇"（歇息）、"喐"（动）、"嘅"（助词"的"）、"嘢"（东西）、"叻"（能干）等。

3. 借用音同或音近的通用汉字作为"假借式"的方言词用字

这跟前述的"训读字"有所不同。"训读"是借义不借音，"假借式"方言字是借音不借义。粤方言词用字中，这类现象很多。外地人看着这类面熟的字形，却没法理解在粤方言中它被假借过来后所表示的词义。例如"叹"可以表示"享受"的意思，"痕"可以表示"痒"的意思，"喊"可以表示"哭"的意思，"茅"可以表示"蛮横"的意思，"点"可以表示"怎样"的意思，"杰"可以表示"稠"的意思，"凑"可以表示"照料（小孩）"的意思，"遮"可以表示"伞"的意思，"虾"可以表示"欺负"的意思，"而家"可以表示"现在"的意思，"点解"可以表示"为什么"的意思，"牙烟"可以表示"危险"的意思，"边度"可以表示"哪儿"的意思。此外，外来语词译音的用字一般也是借音不借义，亦属这一"假借式"类型，如"波"（球，源自英语 ball）、"骚"（表演，源自英语 show）、"多士"（烤面包，源自英语 toast）、"士多"（商店、铺子，源自英语 store）。值得注意的是，同一个来源的外来词，不同方言借入时，由于各自运用自身熟悉的通用汉字或本方言特有的方言字来对译外来词语，也就自然出现同一个外来词进入汉语不同方言时会以不同的面孔出现的现象。

以上以粤方言为例，大致归纳了方言词用字的几种类型。其中以自造方言俗字为数最多，沿用古字（本字）次之，而以使用训读字的为数最少。在大量的自造方言俗字中，尤以借助音同或音近的方式居多。这反映出粤方言词的用字是充分利用了"六书"中的"形声""假借"的造字方式来使得大量具有特色的粤方言词得以用方块汉字表现出来。在粤方言书面语中常见的方言词用字，大都是长期以来广泛流行于民间的，有的俗字可以追溯到百年以上，例如明代的木鱼书《花笺记》《二荷花史》等都是用粤方言写的文学作品，已有 500 年的历史了。其后流行于粤方言区的大量民间说唱艺术，包括南音、龙舟、咸水歌、粤讴等，都是我们研究岭南文学艺术的宝贵财富，蕴含着许多粤方言词语及为这些词语而创造的方言俗字。时下出现在两广粤方言地区，特别是香港、澳门两个特别行政区的传媒、影视、报刊以及到处可以遇见的广告、标牌中许许多多形形色色的方言用字，应该说，大部分也都是由来已久、代代相传下来的方言俗字。只有一部分方言字是随着社会发展的需要，才于近几十年中由粤方言地区广大的人民群众陆续创造出来的。例如，出现在港澳地区的新造粤方言字"𨋢"（电梯）就是一个很典型的新字，其造字构思仍没有跳出"六书"的体系。取"立体的车"来表示"电梯"，语音上又接近这一外来事物的英语 lift，堪称当代"仓颉"的佳作。

三、汉语方言用字的规范问题

上面我们略举了汉语方言词用字的一些情况。实际上，在书写方言词时，不同的人笔下有可能会用不同的汉字来表示同样一个方言语词。这就使得某些方言词在"入文"之际，由于作品、作者以及出现场合的不同而可能有不同的词形出现。明明是同一个方言的同一个词，倘若写法上有所不同，难免会被误认为是不同的方言词。这类现象如果只是偶尔见到，倒也无须过于介意。但到了像粤方言这样，方言词语大量出现在各种地方性的文字作品中，有的甚至到了在中小学生的作业中也可见到的地步，但终缺乏规范性的写法而任由方言词用字的随意性和不稳定性现象维持下去，就难免要影响语言运用的效果了。例如，表示"现在"意义的粤方言词，通常人们多写作"而家"，但也有写成"依家"或"宜家"的；另一个表示"刚才"的粤方言副词，通常人们写作"头先"，但也有人写作"求先"；表示"给予"意义的粤方言词，通常人们多写作"畀"，但也有人写作"俾"，甚至还有写作"比"的，如此等等，并非个别现象。除了一词多形以外，还有用同一个字形来代表不同方言词的现象，例如一个"冚"字，在粤方言词中既用来表示"（器皿）严密、严实"，又用来表示"盖"的动作，还用在表示"全部"的方言词中（如"冚唪呤""冚啲"），这在书面语中同样也难免会造成混乱。粤方言词用字中存在的种种缺乏规范的现象，在粤方言通行地区，早就引起社会各界，特别是文教界、学术界的深切关注了。目前两广、港澳及海外操粤方言者有七八千万人，对粤方言词用字进行规范的呼声常常可以听到。随着粤方言的发展，方言词、方言字可能还会不断产生，倘若不注意对粤方言词的用字进行必要的引导和规范，那么方言词用字的混乱现象将愈演愈烈，势必给粤方言的使用和研究带来诸多的不便，也会影响到粤方言的健康发展，不利于粤方言地区经济、文教事业的发展。

下面就粤方言词用字的规范问题谈谈我们的看法。

汉语方言用字采用什么原则来加以规范？拿粤方言来说，多年来我们粤、港、澳一些研究粤方言的学者，在共同审订粤方言的读音以及随后编纂《广州话正音字典》

中，就有意识地注意到粤方言词在书写上出现的情况，对粤方言词的用字有过一些思考和讨论。从粤方言中有音无字较多的实际出发，我们认为应尽量为粤语口语中的每一个方言词找出或造出适当的用字来，尽量少用"开天窗"（□）的办法。对于普遍存在方言"入文"、方言书面化现象的粤方言来说，广大人民群众笔下用到方言词时，常有无字可写之苦，倘若经过我们专业人士的努力，许多方言词都结束了无字可写的局面，那该是多大的好事！应该说，这正是语言文字研究为语言文字应用服务的一大善举。朝着这一思路，我们要考虑的是尽量往方言词用字"一音一字"的方向去努力。文字是记录语言中的语词的，汉字不是拼音文字，长期以来一直存在着用同一汉字代表不同语音的现象。与此同时，也存在着一音多字的现象，多音多义字在汉字中占有相当的比重，这是现代汉字的实际表现。这种表现正是历史悠久、相对稳定的方块汉字难以跟不断发展的语言相适应的结果，是历史遗留下来的、不可避免的现象。现在我们要为尚未明确或尚未固定以何种字形来表达的汉语方言词确立它的书写规范形式，自然应该遵循"一音一字""同词同字"的原则，以避免产生方言词用字"音无定字"的麻烦，给粤方言的教学研究和社会应用带来诸多的不便。这一工作应该参照前述汉语方言词用字产生的多种方式，一方面为尚未有书面形式的方言词确立一个合适的书写形式；另一方面为那些在同一方言词中存在着的不同书写形式遴选一个比较合适的字形，对方言词中同音异字、同词异字而缺乏规范的现象进行必要的整理，最终达到克服方言词用字随心所欲、混乱局面的目的。总之，我们在考虑方言词用字问题时，指导思想始终十分明确，方言词用字必须合理规范。至于具体如何做好方言词用字的规范工作，我们的粗浅看法是：

（1）某些方言词的用字业已进入《新华字典》《现代汉语词典》的，应无条件地作为方言词的规范用字。

众所周知，《新华字典》和《现代汉语词典》这两部权威的辞书，是不轻易收入方言字（词）的。而在新版的这两部字（词）典中，我们发现有一些粤方言词的用字，例如"焗""孖""腩""睇""煲""唥""冇""枧""镬""奀""靓"等，都已被收录进去，说明了这些方言词的用字在汉语中有比较高的使用频率。这类已进入民族共同语辞书中的方言词用字，在方言词的书面语中，自然应该可以当作规范字形来看待，大概不会有什么争议。

（2）充分尊重约定俗成的方言俗字。

拿粤方言来说，在方言词的用字中，有许多是长期以来流行在粤方言地区的通俗作品中，并在社会上广为传播的方言俗字，这在前面已经介绍过。由于许多方言俗字历史悠久、家喻户晓，我们在考虑方言词用字的规范问题时，自然没有理由把它们撇开而费尽心机去另找"更合适"的字形。语言文字总是约定俗成的产物，拿粤方言来说，数以百计的方言俗字，正是长期扎根于粤方言区群众之中，日积月累而成为大家都乐于使用的约定俗成的方言用字的。像"嘢""啱""唔""咁""哂""叻""嘥"等在粤方言中很常见的方言俗字。当年笔者在参加《汉语大字典》编纂、负责收录各种流行于方言中的特殊用字时，就尽可能地有闻必录，使这部大字典名副其实地成为我国收字最多的汉语字典。像这类业已约定俗成的方言俗字，即使有些不大符合汉字传统的造字原则，作为方言地区方言词的专用字，我想也就不妨顺其自然，不必过于计较，多挑剔了。

（3）有选择地使用古字本字。

各种汉语方言都跟古代的汉语存在着继承发展的关系。南方一些历史悠久的方言，如闽语、粤语等，保留着较多古代汉语的词汇，这是十分自然的事。随着许许多多古词古义在粤方言中的保存，一些在现代汉语中已不用或少用的古汉语用字自然也在粤方言中被沿用下来，而且还在粤方言词的用字中占有相当大的比重。其实这许多出现在粤方言书面语中的古字，正如我们在前面介绍方言词用字表现时所提到的，有一部分古（本）字实际上并非严格意义上的方言词专用字。这部分古（本）字在现代汉语的辞书中也大都可以见到，只不过它们作为口语词在共同语和其他方言中并未出现，而只出现在某一特定的方言（如粤语）中。这样一来，人们也就把记录这类古代语词的用字看作是某个方言的方言词专用字了。

方言特有的口语词利用古字来表达，我们认为应该有所选择，不能无条件地一概"存古"。那些在古汉语书面语中出现较多，人们比较熟悉、容易理解的古字，用来表达本来就是从古代继承下来的方言词，自然是顺理成章，不会有什么问题。可是，有些方言中的口语词表面上已不容易看出它跟古代语言的传承关系，语言学者本着考本溯源的精神在考本字上下功夫考证，结果往往能为这些方言中的口语词考出它的"本字"来。在语言学的层面上，考本字当然是具有学术价值的研究课题。但是，经过学者考证出来的本字，有不少很生僻，甚至很难写的古字。倘若一股脑儿地把这些生僻字都用来作为相应方言词的书写形式，恐怕就值得商榷了。一些生动活泼的方言口语词，有可能由于用了生僻难懂的古（本）字而蒙上一层晦涩的面纱，这是许多在口头和通俗书面语中经常使用方言词语的人士所不愿意见到的。语言文字的第一职能无疑是人们之间的交际和交流，倘若方言词的表达用的多是生僻难懂的文字，势必要妨碍语言功能的充分发挥，这是不能不加以考虑的。我们是否可以定下一个原则：当有音无字的方言词需要用上经过严格考证、确凿无误的古字本字时，就得看看这个古字本字会不会过于冷僻，对广大民众的使用会不会带来不便。必须明确，在记录方言词时适当运用古字本字，绝不是为存古而用古。倘若该方言词在当地社会中已有普遍认可的用字，不论这个字通过什么方式产生，是否能够"存古"，我们都没有必要以不符合古字本字为由而去做正本清源的纠偏工作。这也就是考证归考证，应用归应用。考证的学术成果不容抹杀，但在社会应用的层面上，考虑取舍的角度就不单纯只是学术问题了。这正如古文字学家在学术研究中会不断有所发现、有所前进，但从来也没有哪一位古文字学家动过要让古文字来代替现行的通用文字（包括已简化的汉字和未简化的汉字）在社会上广为流通的念头。举例来说，粤方言中表示第三人称单数的代词用"佢"，此字的本字应是"渠"，但既然"佢"已为粤方言区广大人民长期习惯使用，也就不必因为它不符合本字的写法而一定要改用"渠"来代替"佢"；同样的道理，粤方言中一般以"企"表示"站立"的意思，有学者考出此字的本字应该写作"䇡"，但既然长期以来大家都写作"企"，都理解这个"企"就是"站立"的意思，也就宜乎从众从俗，不必计较它符不符合本字的写法了。总之，在已经有了通俗写法、在社会上广为流通的情况下，我们就不必再费心机去考虑是否要改用本字写法的问题了。

（4）原则上认同借用音同音近的字，必要时可考虑有所规范。

在方言词的用字中，大量借用了音同或音近的汉字（参见前文），这种做法原则上应该加以认可。只是当同一个方言词用了多个不同字形的同音（或近音）字来书写时，就有必要考虑要不要取其一作为规范写法的问题了。这类方言用字规范的原则无非就是比较几种不同的写法，既要看哪一种写法更符合方言读音的实际，所借的字音读起来是否贴切，也要看几种不同写法在应用中实际出现的频率，在多作比较后再来提出规范写法的意见。归根结底，最终还是以约定俗成的原则为依归。如表示"还有"中的"还"，粤方言读为 [tʃɔŋ²²]，就有"仲""重"等不同的写法；表示"上班"就有"返工""翻工"等不同的写法；表示"刚才"既可以写"头先"，也有人写"求先"；还有作指示词"这""那"用的 [kam³⁵]，粤方言既有取"甘"音加口旁的"咁"，也有取"敢"音加口旁的"噉"。这些不同的写法，如果能够有所规范，一定会受到粤语应用者的欢迎。有一种情况是，方言中某个词跟共同语其实并没有多少差别，只不过语音不同，方言中就大可不必另找一个音同的字来作为这个词的方言写法，以别于共同语中与之相应的词。例如"裤子"粤方言叫 [fu³³]，其实就可以跟共同语一样写作"裤"，没有必要再借"夫"的音，新造一个粤方言的形声字"裇"。与此相关，对于那些由于方言读音不同而各自翻译成不同文字的外来借词，难免也会给人们的学习和应用带来额外的负担。这类译音词的用字有必要在不影响方言地区人们正确理解的前提下参照共同语的译音作适当的规范。例如"麦克风""马达""巧克力"等，在现代汉语的书面语中经常出现，方言区的人民同样十分熟悉，随着普通话在方言地区的日益普及，这些外来词在粤方言区家喻户晓，也许有朝一日，"马达"可能会代替"摩打"，"巧克力"可能会代替"朱古力"，成为粤方言词汇中的一员呢！

（5）尽量避免同一个字充当不同方言词的书写形式。

用同一个字来表示不同词义的方言口语词，这种现象是方言词用字混乱的主要表现之一，解决的唯一办法是摸清底细，了解方言词中这类实例到底有多少，然后进行必要的规范。拿粤方言来说，像前面提到过的"冚"这个字，就不要让它时而用作动词"盖" [kʰɐm³⁵]，时而用作形容词"（器皿）严密" [hɐm²²]；同样的道理，也不要让"㾁"这个字时而用作动词"哄骗（小孩）" [lɐm⁵⁵]，时而用作动词"倒塌" [lɐm³³]，如此等等。倘若不加规范，当人们在粤方言的书面语中看到"冚唔冚"时，就无法理解到底是指"盖不盖"还是指"盖得严不严"了。与此相关的还有一个值得考虑的问题：我们在几部权威的汉语字（词）典中都看到有"甩"这个字（词），意思是"挥动、抛开"，读作 shuǎi，但粤方言却把此字用来作为表示"脱落"的方言词，读作 [lɐt⁵]，这样恐怕也就不合适了。"甩"字显然不能当作仅仅是粤方言词的用字来看，它在共同语中有固定的音义，如果借其音而用来当作粤方言中与之同音的某一个方言词的书写形式，那倒没有什么不可，但如果并不只是借音，而是取共同语中一个有固定音义的字来书写方言中另外一个音义毫不相干的方言词，就难免产生一些误会。在方言的用字中，我们是不希望出现这类情况的。

四、汉语方言词典中的"本字"与"俗字"问题

前面谈了方言词用字规范中的几个具体问题。我们在《广州话正音字典》所收的 8 781 个字目中,有 230 多个属于粤方言词的特别用字。其中除了借用通用汉字的以外,有 177 个字在普通话中一般是不用的,这 177 个字也就是没有普通话读音的广州方言用字。我们把这 177 个方言用字用附录的方式集中列在字典的末尾供读者参考。一般说来,我们《正音字典》在对待粤方言词的用字时,大体上是按照前述规范的原则来处理的。鉴于汉语方言的词典越出越多,粤方言的字(词)典更如雨后春笋般出现在众多的辞书丛中,而各种方言词典在对待古(本)字和俗字的态度及处理的方式上又各行其是,颇不一致,笔者愿借此机会再就汉语方言词典用字中的"本字"和"俗字"问题略抒管见。

(一)三种不同的处理方式

如前所述,方言词的用字既然可以有多种不同的类型,同一个方言词也可能有不同的用字。时下我们看到的一些汉语方言词典,对于方言词的用字,处理的方式各有一套,其中分歧较大的焦点主要集中在如何对待"本字"和"俗字"上。在到底使用"本字"(古字)还是使用"俗字"的问题上,存在着三种不同的处理方式:一是编者着重于考证本字,意在通过为每一个尚无现成用字的方言词都考出一个有确凿根据的本字来,以达到引导读者正确使用方言词用字的目的。这类方言词典对于存在民间的方言俗字,没有进行调查,即使看到了也视若无睹,采取了"不值得提"的态度,基本上是不用方言中存在的俗字来记录方言词的。二是编者着意了解社会上方言词用字的实际情况,对大量存在于民间的方言俗字基本上持认同的态度。在这类方言词典中,大致上能尽录广为流行的方言俗字,至于本字(古字),凡经考证出来而又通俗好懂的,一概作为方言词用字录入,但对于那些生僻难懂的本字(古字),则视乎有无必要而有所选择地加以吸收,并非所有生僻的本字都一概录入。三是编者在编撰方言词典时就十分明确,在方言词的用字上既要广泛收录社会上业已通行的方言俗字,也要注意录入经过方言学者认真考证而得出的"本字"(古字)。这类方言词典对方言词用字的具体做法是:首先以业已流行的俗字来表示方言中的特有语词,然后注意该方言词的写法是否已有学者考出其"本字"(古字),若有考出可信的"本字"(古字),则将该"本字"(古字)同时列出;对于那些并无通行俗字表达的方言词,倘若有现成已经考出的"本字"(古字)可用,也就酌情使用"本字"(古字)来记录这个方言词了。上述三种不同的处理方式,无疑反映出方言词典的编撰者对待"俗字"和"本字"(古字)在方言词用字中所处地位的不同态度。

(二)把学术研究和社会应用结合起来考虑

我们认为,从学术研究的角度出发,每一个方言词的用字都有必要深入挖掘、追根溯源,对方言词进行严格的科学考证。语言学者在音义吻合的前提下考求出不少汉

语方言词的"本字"（古字）来，这自然是很有意义、很有价值的事。历来不少考求方言本字的专论和专著，都是这方面的学术研究成果。有学者还利用这些成果编撰《字源》《语源》一类的辞书。毫无疑问，考本字、溯语源在中国传统语言学研究中的作用是不能低估的。可是，如果我们注意到编撰汉语方言词典的目的并不只是为方言的研究服务，为汉语史的研究服务，而且要为广大方言使用者的语言应用服务，那么我们在处理汉语方言词用字的问题时，就非把学术研究和社会应用两个方面结合起来考虑不可了。作为学术研究成果所考证出来的方言词的"本字"（古字），是否要一个不漏地全部作为现代方言词的用字放到方言词典中来，从方便广大读者使用方言词典的角度出发，也就有值得斟酌的地方了。关于方言词典的作用，李荣先生在为41卷《现代汉语方言大词典》所写的《分地方言词典总序》中说：

"方言调查记录语言的现状，方言比较反映语言的历史。方言词典用分条列举的形式表达调查研究的初步成果。读者可以用来查考方言词语的意义。语言工作者可以据此从事专题研究，文史方面的学者，也可以取用其中的语料。"①

这段话表明编撰现代汉语方言词典的作用是多方面的，并非只是为了显示方言中的每个与众不同的特殊词语都是"有所本"的。对于方言词典中存在着的方言词用字问题，看来还是有必要兼收方言区中广为流传的方言俗字和经过语言学家们考证出来的"本字"（古字），不宜只收"本字"（古字）而把所有的方言俗字都拒之门外。其实就广大使用方言词典的读者来说，尽管方言俗字存在着某些使用上的混乱现象，但是许多人相对而言还是更乐意接受通俗好懂的俗字的。拿粤方言来说，大量方言俗字来自民间，都是为了填补方言词无字可写的空白而产生的。在我国通用的汉字中，有许多冷僻字在汉字规范化的整理过程中，已被作为异体字从汉字（词）典中淘汰出去。现在我们编撰汉语方言词典，在为特殊的方言词选择适当的书写形式时，怎么能回过头来千方百计地寻找那些冷僻古字，让它们来个"借尸还魂"呢？如前所述，其实解决方言词用字问题的路子是宽阔的，并非只有考求"本字"（古字）这一办法。作为文字，我们始终认为，约定俗成的原则总是应该得到充分重视的，为方言词厘定适当的用字，更得切实掌握有无约定俗成的书写形式可供利用不可。倘若方言词典中某个方言词已有在社会中通行的方言俗字可用，我们千万不要随意抛弃，即使我们已经考求出可信的本字来，估计这个本字会被广大的方言使用者所接受，但还是让本字和俗字都出现在方言词典中为好。如果某个方言确有约定俗成的写法，方言词典就应该以此写法列目，然后再附上确凿可信的该方言词的本字，加以"本字应为×"的说明。这样既尊重了约定俗成的用字习惯，也提示读者这个方言词是"有所本"的，实在是何乐而不为的大好事。至于某些实在过于冷僻的"本字"，估计读者是不大可能使用的，我们就大可不必非把它视为某个方言词的"正确写法"不可。把这些由语言学家们费尽心血考求出来的冷僻古字，放到专论专著中去，使之在方言史研究、汉语史研究以及一般文史研究中发挥作用，也是很有意义的。循着这样的思路来处理方言词典中"本字"（古字）和"俗字"的问题，无疑是比较切合实际的，因而也必然会受到

---

① 参看李荣主编的《现代汉语方言大词典》（分卷本）。

方言词典使用者的欢迎。前述第三种处理"本字"和"俗字"的方式［参见四（一）］，既录"俗字"，又录"本字"，只要有现成的"俗字"就尽量用"俗字"来书写方言词，正是值得赞赏的处理方式。事实上，"俗字"和"本字"并不完全是对立的。不少方言词典中的"俗字"，从来源上看正好也就是"本字"。"俗字"和"本字"合二为一的现象在方言词的用字中并不少见。可以想见，如果在方言词典中，过多运用冷僻的"本字"来书写方言词语而罔顾是否已有方言俗语在社会上广为流行的事实，这样的方言词典难免会给读者的应用带来不便，有违语言研究密切结合语言应用、为语言研究提供服务的精神。必须明确，考求本字是方言研究中一项重要的工作，却不是编撰方言词典的主要内容。方言词典中出现多少方言词的本字，也绝不是评价方言词典水准高低的标尺。如何正确处理"本字"与"俗字"的关系，倒是值得方言词典编纂者关注的问题。

（本文原载于《庆祝〈中国语文〉创刊 50 周年论文集》，商务印书馆，2004）

粤语词典编纂的问题与思考

高　然

一、粤语词典名称规范问题

从已出版的约 80 种与粤语有关的词（字/辞）典来看，词（字/辞）典名称各有不同。含义较清晰明确的如《汉语粤方言字典》（欧德理，Ayer Publications，1876）、《粤法字典》（何类思，外方传教会印务局，1912）、《葡粤词典》（高美士，Imprensa Nacional，1942）、《粤英英粤词典》（黄伯飞，耶鲁大学出版社，1970）、《香港话普通话对照词典》（朱永楷，汉语大词典出版社，1997）等。这类词（字/辞）典释语与被释语（或对照语与被对照语）的身份明确，如《粤英英粤词典》是粤语英语双语互译（或对照）词典；《粤法字典》是法语当释语（或对照词语）、粤语当被释语（或被对照语）的字（词）典；《汉语粤方言字典》《香港话普通话对照词典》则是汉语（或普通话）与粤语对照（或互译）的字（词）典。名称含义较含糊不清的有《广州方言词典》（白宛如，江苏教育出版社，1998）、《香港粤语词典》（郑定欧，江苏教育出版社，1997）、《实用广州话分类词典》（麦耘、谭步云，1997）、《港式广州话词典》（张励妍、倪列怀，1999）等。这些词典光从名称上看，看不出释语与被释语（或对照语与被对照语）的区别，是粤语释（或对照）粤语，还是其他语（方）言释（或对照）粤语呢，抑或是反过来呢？当然实际上，该几种词典均是国（华）语当释语（或对照语），粤语是被释语（或被对照语），但问题是，粤语与国（华）语是同一种语（方）言吗？如果是，又如何看待（假定的）《粤语词典》呢？例如：

落便 lɔk²pin²² 〈方位〉落低，落边，下低，下边：放张石碌架床咪大佬瞓上便，细佬瞓~啰。｜我哋住嘅嗰栋楼~有个花园仔，周时有人喺度散步。

谂计 nɐm³⁵kɐi³⁵ 〈动〉谂办法，度窍：佢冇符先叫我哋~吖嘛。｜有计谂我一早都谂掂啦，谂唔到计之嘛。

通菜 tʰuŋ⁵⁵ tsʰɔi³³ 〈名〉通心菜。

孖毡 ma⁵⁵ tsin⁵⁵ 〈名〉[外] 生意佬，商家佬〈英语 merchant〉

醒目仔 sɛŋ³⁵ muk³ tsɐi³⁵ 〈名〉精乖仔，精灵仔。

炒虾拆蟹 tsʰau³⁵ ha⁵⁵ tsʰak³ hai¹³ 〈名〉粗口，粗口烂舌：哔，你成口~，斯文啲得唔得啊？〈动〉讲粗口，闹粗口：佢成日~，冇人钟意同佢讲嘢。

粤语书面语与国（华）语书面语确有相当的部分有相同或相似之处，但从整体上来看，差异仍是显见的，试看（假定的）《粤国（华）语词典》：

咪摸 mi⁵⁵ mɔ⁵⁵〈形〉慢悠，拖沓：做乜咁～嘅？都迟晒到咯。（干吗慢腾腾的？迟到了都）〈动〉磨蹭，拖拉：你咪咪摸摸，几时先做晒呀。（你磨磨蹭蹭，啥时才干完呢）

瞌眼瞓 hɐp⁵ ŋan¹³ fɐŋ³³〈动〉犯困，打盹儿：阿头咁长气，听到我～。（头儿这么啰唆，听得我直犯困）

吹水 tsʰøy⁵³ søy³⁵〈动〉侃大山，瞎扯，瞎掰，瞎放炮。

吊吊揈 tiu²¹ tiu³⁵ fiŋ³³〈动〉晃荡，晃悠：佢条颈揿部相机，一路行一路～。（他脖子上挂了架照相机，一边儿走一边晃晃悠悠的）〈形〉半吊儿，半半拉拉：拍拖都拍咗十年咯，之但系结婚嘅事仲系～。（恋爱都谈了十年了，可结婚的事儿仍半半拉拉的）

冧 lɐm⁵⁵〈动〉哄，讨好，使陶醉，使受用：佢～女就至本事。（他讨女孩儿欢心最见功夫）〈形〉受用，陶醉：佢氹到老婆～晒。（他哄得老婆舒服极了）

二、俗话、脏话、詈语等的收词问题

词典收词原则，当然是尽可能收进该语（方）言常用的口语词语或用法等；俗话、脏话、詈语等大都是日常口语，都是该语（方）言很重要的组成部分，应当而且必须尽可能收进词典。词典是该语（方）言的语汇用法集成，是中性的，是既含褒又含贬的语汇集，是该语（方）言的文化沉淀物，不可能去担当那么多的道德重任；更何况，许多貌似俗话、脏话、詈语的成分在实际语（方）言的应用中充当着不同的多种语言角色，如汉语普通话：

"屌" diǎo 同"鸟"：

〈名〉①男阴俗称。②玩意儿，东西，狗屁：你说啥～呢。〈形〉形容猥琐、猥鄙、卑劣、坏：～人｜说啥～话呢｜～丝（穷且猥琐、无用之人）｜～蛋（猥鄙、卑劣；猥鄙之人）。〈动〉理，理会，理睬：我压根不～他。

也看粤语（假定的）例子：

屄 hɐi⁵³〈名〉①女阴。②玩意儿，东西，狗屁：你讲乜～我听唔明。（你说啥玩意儿我没听明白）〈形〉屄，熊样儿，小样儿：～佬（屄人）｜你讲乜～话。（你说啥屄话）〈加强语气〉你走到好～快，我追你唔到。（你跑得好快，我追不上你）｜我唔～去，你自己去罢就。（我不去了，你自个儿去得了）

三、中型词典的收词语范围问题

中型汉语方言词典收词量一般一万条以上，除了收入该方言的字、词外，还应尽可能收入与此相关的短语、惯用法、成语、俗语、谚语等，如（假定的）《粤语华语词典》（或《粤华词典》等）：

马 ma¹³〈名〉①马匹，马儿。②棋类中的"马"子儿。③［喻］辛劳如马之人。

马狡郎 ma¹³kau⁵⁵lɔŋ²¹〈名〉马鲛鱼，鲅鱼，蓝点鲅。

马经 ma¹³kuŋ⁵⁵〈名〉①与赛马、赌马等相关的信息、资料等。②有关赛马、赌马的专门刊物。

马公 ma¹³kuŋ⁵⁵〈名〉公马；雄马。

马褂 ma¹³kwʰa³⁵〈名〉马褂；中式褂子。

马拉糕 ma¹³lai⁵⁵kou⁵⁵〈名〉［外］南洋风味、色棕黄的甜发糕〈马来语 malay〉。

马骝 ma¹³lɐu⁵⁵〈名〉①猴子；猿。②调皮、灵巧之人。

马骝精 ma¹³lɐu⁵⁵tsiŋ⁵⁵〈名〉①猴中之佼佼者。②孙悟空。③［喻］特调皮好动之人。

马路面 ma¹³lou²²min³⁵〈方位〉马路旁，马路边；～种咗两列树，行街都唔怕晒（马路旁种了两排树，逛街不用担心晒太阳）。

马螂狂 ma¹³lɔŋ²¹kwʰɔŋ²¹〈名〉螳螂；刀螂。

马迷 ma¹³mɐi²¹〈名〉赛马（或赌马）爱好者。

马尾 ma¹³mei¹³〈名〉①马的尾巴。②束成马尾状的头发。

马命 ma¹³mɛŋ²²〈形〉苦命，如（牛）马之命运：佢老窦真系～，有得叹唔识得叹（他爸命真苦，能享福却不懂享福）。

马姆 ma¹³na³⁵〈名〉母马；牡马。

马尿 ma¹³niu²²〈名〉①马尿液。②［谑］眼泪，泪水：流～（哭；流眼泪）。

马屎苋 ma¹³si³⁵jin²²〈名〉马齿苋。

马杀鸡 ma¹³sat³kɐi⁵⁵〈名〉［外］按摩 推拿〈疑英语 massage〉。又作"马刹鸡"。

马爹利 ma¹³tɛ⁵⁵lei³⁵〈名〉［外］法国干邑酒〈法语 Martell〉。

马胆 ma¹³tam³⁵〈名〉赌马时投注的目标马，简称"胆"。

马达 ma¹³tat¹〈名〉［贬］女阿飞；女流氓。

马蹄₁ ma¹³tʰei²¹〈名〉马的蹄子。

马蹄₂ ma¹³tʰei³⁵〈名〉荸荠：～粉（荸荠粉，用来做荸荠糕）｜～糕（荸荠糕）｜～竹蔗水（荸荠与甘蔗混煮的饮品）。

马仔 ma¹³tsɐi³⁵〈名〉①小马，马驹子。②（黑社会等）随从；手下。③［谑］部下，下属；随从。

马札 ma¹³tsat/p³〈名〉折叠式躺椅。

马场 ma¹³tsʰœŋ²¹〈名〉①养马场。②赛（赌）马场。

马会 ma^{13}wui^{35}〈名〉赛（赌）马组织。

马死落地行 ma^{13}sei^{35}lɔk^{3}tei^{22}haŋ^{21}马死了就下地走（马不行了换头驴儿使）。

马骝甩绳——冇王管 ma^{13}lɐu^{55}lɐt^{5}siŋ^{35}——mou^{13}wɔŋ^{35}kwun^{35}猴子脱了绳子——谁也管不了（也说"甩绳马骝"）。

四、惯用语（或顺口溜、谚语、歇后语等）释义问题

涉及多字短语或惯用语、顺口溜、谚语、歇后语等，释义时，有需要的话得有两句译文：先直译，再意译（或有大致可对照的现有语料），例如：

三唔识七 sam^{53}m^{22}sek^{5}tsʰɐt^{5}三不认识七（谁是谁呀；谁认识谁呢）。

度住屎忽裁裤 tɔk^{2}tsy^{22}si^{35}fɐt^{5}tsʰɔi^{21}fu^{33}量着屁股裁裤子（量体裁衣）。

苏州过后冇艇搭 sou^{55}tsɐu^{55}kwo^{33}hɐu^{22}mou^{13}tʰɛŋ^{13}tap^{3}苏州过了没船坐（过了这村儿可没那店）。

边有咁大只蛤乸随街跳啊 pin^{55}jau^{13}kɐm^{22}tai^{22}tsɛk^{3}kap^{3}na^{35}tsʰøy^{21}kai^{55}tʰiu^{33}a^{33}哪儿有那么大的蛤蟆到处蹦呢（哪儿有那么大的馅儿饼往下掉哇）。

鸡手鸭脚 kɐi^{55}sɐu^{35}ŋap^{3}kœk^{3}鸡爪子鸭脚（笨手拙脚；七手八脚）。

但从字面上较易理解的可以只意译，或直接使用对应语句，例如：

三番四次 sam^{53}fan^{53}sei^{33}tsʰi^{33}（〈三番四次〉）。

一种米养百种人 jɐt^{5}tsuŋ^{35}mɐi^{13}jœŋ^{13}pak^{3}tsuŋ^{35}jɐn^{21}（〈林子大了，什么鸟儿都有〉）。

左望右望 tsɔ^{35}mɔŋ^{22}jɐu^{22}mɔŋ^{22}（〈左环右顾〉）。

五、粤语词典的查索方法问题

除了个别是按音序查索之外，粤语词典中的绝大多数都是按偏旁部首方式查索词条，这样所带来的问题是：其一，粤语字的字形、写法等向来就没有规范，同一个词有多种字来表示，如"招积、焦即（〈洋洋自得〉）（麦耘等）；蜻尾、塘尾（蜻蜓）（陈慧英）；簷蛇、盐蛇（壁虎）（陈慧英/张励妍）；茸、蓉（泥状物）（张励妍）；阿宝阿胜、亚保亚胜（〈张三李四〉）（欧阳觉亚）"等，不胜枚举。其二，汉字传统的偏旁部首规则本身就多异，例外太多。其三，偏旁部首查索方式在绝大多数情况下仍是劣于音序查索方式。上述诸问题，便会引出另一个新的思路：为什么不用音序查索方式？对粤语背景人士而言，因为大体知道读音，就算对字形不甚了知，按音查索即可（不懂读音的也可在"附录"中偏旁部首表里查找）；对非粤语背景人士而言，反正既听不懂也难看懂粤语（文），那么偏旁也罢，音序也罢，并无优劣之分；并且这类人群

中阅读粤文的人只是极少数，哪怕偏旁部首查索法对他们有利些。既然粤语词典的使用者主要是懂粤语的人（一如《现代汉语词典》的使用者大多数是懂汉语的人），那么为什么不用音序查索方式呢？

六、释词（语）（或对照词语）的词性及其问题

（1）词典里的每一字（词、短语、惯用法、谚语等）的释词（语、句）（或对照词语、句）原则应是：有对应（照）物的应使用对应（照）物，实在难以找到合适对应（照）物的才使用解释说明的方式。如"马拉糕 ma^{13} lai^{55} kou^{55}"一词，在国（华）语的文化中并无这一概念，没有对应（照）词语，因此只能用"南洋风味、色棕黄的甜发糕"之类说明、解释。

（2）对应（照）物的使用也同样需要原则：①词对应词，短语对应短语，句子对应句子。②名词对名词、动词对动词、介词对介词等。例如：

猟 mɛ^{55}〈动〉①背；负；驮；佗：~仔（背小孩儿）｜~柴（背柴禾）②负责；承担（责任，后果等）：单嘢有人~就得啦（这事儿有人担当就得了）。｜~债（背债）｜~镬（承担责任）。

猟飞 mɛ^{55} fei^{55}〈动〉①保证票房：呢出戏由阿梁生出演，实~咖（这部电影让梁先生来演，票房一准儿有保证）。②担负责任；担当后果：佢玩嘢叫我嚟~，点得啊（他瞎胡闹让我来背负责任，怎么成呢）？

猟黑镬 mɛ^{55} hak^5 wɔk^3〈动〉背黑锅；代（人）受过。

猟数 mɛ^{55} sou^{33}〈动〉①承担开支：次次食饭都系我~，有冇搞错啊（回回聚餐都是我掏腰包，啥玩意儿）？②背债；负债：老窦突然间走咗，个仔咪帮老窦~啰（当爹的突然就没了，儿子只好替爹背债了）。

在结构上甚至还应尽量对应，述宾结构对述宾结构，偏正结构对偏正结构，主谓结构对主谓结构等，不能仅仅是意义上的对应（照）。

（3）释语（或对照词语）应尽可能两个以上，以从多方面、多角度解释或限定该词（语）的意义界限，如上面多个例子。

（4）词性应尽量标示出来，如"〈名〉〈形〉〈动〉〈助〉〈介〉"等；少数难以确定（或有争议）的可用说明方式，如"〈加强语气〉〈的字结构〉"等表示。

七、举例子的问题

（1）除了对照词语（或释语）外，该举例再说明、解释的应举例，一个例子不太能说明问题的可多举例子，而无须举例的则应尽可能不举，例如："马场 ma^{13} tsʰɶŋ^{21} 赛马场的简称：去~睇赛马（到赛马场看赛马）。/飞发铺 fei^{55} fat^3 pʰou^{35} 理发店：去~飞翻个头发至得（得到理发店理个头）。"（麦耘、谭步云）"质素 tsɐt^5 sou^{33}①素质，质

量：政府楼嘅~通常都差过私人楼（政府盖的楼房，质量通常比私营公司盖的差）。②水平，水准：改善市民生活~。/日头 jat³tau³⁵ 太阳：今日冇出~（今天没出太阳）"。（张励妍、倪列怀）以上这些都是可以不必举例说明的。因此哪些成分该举例，哪些成分一个例子还不够，哪些成分根本不用例子，都是应该考虑清楚的。

（2）例子应尽可能简洁明了。要考虑到不同读者的不同认知水平。举例是为了说明该词语用法，应切中要害，简短明了。累赘的句子要么越看越糊涂，要么产生歧义。

（3）例子应尽量采用口语里典型的常用句，越典型越常用越好，尽量不自己造句。

八、释语的意识形态问题

词典是中性的，应尽可能去除或减少意识形态方面的影响，释语应中性，如"戏子佬：旧社会对男性演艺人的不敬称呼；差佬：对警察的不尊敬称谓"等（麦耘、谭步云）。"戏子佬"现仍在粤语区里广泛使用，并非只在"旧社会"才用，而且也无"不敬"的色彩；"旧社会"一词也极具意识形态特色。"差佬"仍然广泛使用，没有贬义色彩。

九、外来语的词源问题

外来语词的来源绝大部分情况是清楚明了的，词（字/辞）典应尽可能注明其来源，少数不确定的可暂不注明或用"疑"字注明，例如：

妈咪 ma⁵⁵mi²¹ 〈名〉[外] ①母亲，妈妈。②风月场所女主管；老鸨〈英语 mummy，mammy〉。

妈妈生 ma⁵⁵ma²¹san/ŋ²¹ 〈名〉风月场所女主管；老鸨。[外] 生：小姐，夫人，先生〈日本语 さん〉。

马拉糕 ma¹³lai⁵⁵kou⁵⁵ 〈名〉[外] 南洋风味、色棕黄的甜发糕〈马来语 malay〉。

朱古力 tsy⁵⁵ku⁵⁵lik⁵ 〈名〉[外] 巧克力〈疑英语 chocolate〉。

"朱古力"的来源的确成问题：英语读 ['tʃɔtəkəlɪt]、法语 [ʃɔkɔla]（chocolat）、德语 [ʃoko'laːdə]（schokolade）、葡萄牙语 [tʃoko'latə]（chocolate）、西班牙语 [tʃkɔ'late]（chocolate）、意大利语 [tʃokko'lato]（cioccolato/a）等，这些发音都与 [tsy⁵⁵ku⁵⁵lik⁵] 相去甚远。"马杀鸡"亦然，英语读 ['mæsa ːʒ]，显然有很大差别。

本文除了特别注明来源的，余下大都是本人撰写的例子。

粤语词典编纂的历史不长，又尤以用较现代、较科学手法编纂的历史更短。问题需要提出，方法需要改进，观念需要更新以适应更多的需求。

（本文原载于《南方语言学》第四辑，暨南大学出版社，2012）

参考文献

［1］陈慧英．实用广州话词典［M］．上海：汉语大词典出版社，1994.

［2］方小燕．广州话性器官俗语词的话语功能［C］．第八届国际粤方言研讨会论文集．北京：中国社会科学出版社，2003.

［3］甘于恩．粤语与文化研究参考书目［M］．广州：广东人民出版社，2007.

［4］高然．粤语区适用普通话口语（第一、二册）［M］．香港：香港普通话研习社，2010.

［5］高然，陈佩瑜，张燕翔．对粤港澳普通话教程［M］．北京：北京大学出版社，2010.

［6］李新魁，等．广东方言研究［M］．广州：广东人民出版社，1995.

［7］麦耘，谭步云．实用广州话分类词典［M］．广州：广东人民出版社，1997.

［8］上海译文出版社．新英汉词典［M］．上海：上海译文出版社，2000.

［9］中国社会科学院语言研究所词典编辑室．现代汉语词典［M］．5 版．北京：商务印书馆，2005.

［10］欧阳觉亚，周无忌，饶秉才．广州话俗语词典［M］．广州：广东人民出版社，2010.

［11］曾子凡，温素华．广州话·普通话速查字典［M］．北京：世界图书出版公司，2003.

［12］张励妍，倪列怀．港式广州话词典［M］．香港：万里书店，1999.

方言语典编写中语的分类与归类

——以《广丰方言语典》为例

胡松柏

一

汉语中，作为构成言语作品的材料库的词汇，所包含的语言材料即语言备用单位有结构性质不同的语和词两类。关于词汇的性质及其所包含的成分，从既有的研究成果中可以归纳出以下三种看法：

"词汇是语言的建筑材料，是许多词的集合体。""词汇当中，除了许多独立运用的词以外，还有一些现成的词组，为一般人所经常使用，也作为语言的建筑材料和词汇的组成部分，这些总称熟语。"① "固定词语是指一些结构上相当于一个短语、使用时则相当于一个词的语言单位。……它们在使用时同语言中的词一样，都是直接进入词汇系统，是词汇中的一员。……正因为词汇中既有词，又有这些短语，所以词汇又可以称为语汇。"② "语汇是语言里语的总汇，如同词汇是语言里词的总汇。"③

从"词汇包括词和熟语（现成的词组）"到"词汇因既有词又有固定词语（短语）又称语汇"，再到"词汇是词的总汇、语汇是语的总汇"，反映了研究者对于汉语中作为言语构成材料之一种的语的作用和性质的认识在不断深化。

语不仅在结构上表现为大于词而以短语的形式出现，而且在用于构造言语作品（包括句子和语篇）时也都有不同于词的使用特点。因此，把语和词分立，对汉语中语这一类言语构成材料给予专门的观察，有助于汉语的研究者和使用者更深入地认识和更好地掌握运用语这一语言备用单位。

因此，随着语、词的分立，作为收集语和词加以解释、供人检查参考的工具书的词典（也称辞典），也宜分为两类。近年来，主要收集语的语文工具书已有称为"语典"的。在语典与词典分设的情况下，辞典则可以作为上位概念使用，即辞典包括语典和词典两类。

实际上，人们在编写日常使用的语文词典的时候，也是注意了语和词的区分的。一般的词典中，在主要收词以外，也兼收成语、惯用语，但极少有收歇后语和谚语的。歇后语、谚语，往往都编为专门的歇后语词典（辞典）、谚语词典（辞典）。包括成

① 胡裕树. 现代汉语［M］.（增订本）. 上海：上海教育出版社，1981.
② 张斌. 新编现代汉语［M］. 上海：复旦大学出版社，2002.
③ 温端政. 汉语语汇学教程［M］. 北京：商务印书馆，2006.

语、歇后语、谚语等也往往合编为专门的词典（辞典），称作熟语词典（辞典）、俗语词典（辞典）等。汉语方言中，作为表示一个复合概念的语言单位的语，比只是表示一个简单概念的词，由于结构组合更为复杂，往往在某种程度上更能显示出方言不同于共同语的地域特色。因此在调查考察方言词语以及编写方言词典（辞典）时，都有必要把语和词分立，给予语以更多的注意。

本文作者近年来以母语广丰方言①为对象，对广丰方言中的语作了较深入全面的调查，在整理收集大量语料的基础上开始着手编写《广丰方言语典》。辞典（包括词典、语典）条目的编排主要有音序和义类两种方式。为了便于语义联想和查找运用，《广丰方言语典》正文条目按义类排列（另附音序索引）。因此，对方言语汇成分的分类和归类是首先要解决好的问题。本文所论是作者在《广丰方言语典》编写过程中对有关问题的考虑和安排，这些问题包括：语典所收语的范围，语的下位分类，具体的语如何归类等。

<h2 style="text-align:center">二</h2>

本文着重讨论方言语典编写中，语的分类和归类两方面的问题。

语汇是语言中的语的总汇。对语作分类，是从总体角度着眼考察语汇可以分出哪些下位类别。这一方面就需要在外延上确定语汇的范围，即哪些语言成分在用作言语构成材料的同时又在结构上大于词；另一方面对已经确定范围的语汇考虑如何根据其性质特点作语汇成分的下位划分。

以下略举几种著作中关于汉语共同语中语如何分类的观点。胡裕树主编的《现代汉语》（增订本）："熟语的范围相当广，包括惯用语、成语、歇后语、谚语、格言等。"② 黄伯荣、廖序东主编的《现代汉语》："熟语包括成语、惯用语和歇后语。"③ 徐阳春、刘纶鑫主编的《现代汉语》："词汇包括了语言中的词和固定语，熟语是固定语中除了专用短语以外的部分。"熟语包括成语、惯用语、歇后语和谚语。④ 温端政所著的《汉语语汇学教程》把语分为雅语和俗语两类，其中俗语包括谚语、歇后语、惯用语和俗成语，雅语包括典故语、格言、警句和雅成语。⑤

归纳起来，在划定汉语共同语的语汇的范围时，已有的研究通常提到语所包括的有惯用语、成语、歇后语、谚语、格言、警句等。上述著作相同的是，胡本、黄廖本、徐刘本三种《现代汉语》教材的语（熟语）和温著的语都包括了惯用语、成语和歇后语。不同的是，胡本、徐刘本教材的语（熟语）和温著的语还包括了谚语（其中胡本

① 广丰县（2015年2月，国务院批准广丰撤县设区，为上饶市广丰区）位于江西省东北部，县境西边与省内上饶县、上饶市信州区毗连，北边与省内玉山县毗连，东边、南边与浙江省江山市、福建省浦城县毗连。广丰方言属于吴语处衢片。

② 胡裕树. 现代汉语［M］. 增订本. 上海：上海教育出版社，1981：293.

③ 黄伯荣，廖序东. 现代汉语［M］. 增订3版. 北京：高等教育出版社，1991：317.

④ 徐阳春，刘纶鑫. 现代汉语［M］. 北京：高等教育出版社，2000：156，157."第三章　词汇"系作者所撰.

⑤ 温端政. 汉语语汇学教程［M］. 北京：商务印书馆，2006：64.

教材还包括格言，温著还包括典故语）。

本文作者在编写《广丰方言语典》时，对广丰方言中的语及其下位分类作了如下安排：

方言语汇	方言谚语		
	方言熟语	方言惯用语	方言称谓语
			方言代指语
			方言描摹语
			方言喻述语
		方言成语	
		方言歇后语	

上述安排体现了本文作者对方言的语作分类的三点基本考虑：

1. 方言语汇应该包括谚语，分为谚语、熟语两大类

谚语是语言中非常重要的一种语言成分。"谚语是流传于群众口头上的精练通俗、寓意深刻的固定语句，这些语句通常包含着人民群众在社会生活中的各种经验和人生哲理，对生活实践有着指导性的价值。"[①] 谚语形式上一般表现为独立的句子，语义上表达一个完整的意思。谚语与熟语的区别就在于形式上谚语是句子，熟语是短语，功能上谚语既用于构成句子也用于构成语篇，而以构成语篇为主，熟语则只用于构成句子。但作为构成言语作品的固定的备用单位，从根本属性上看，谚语与熟语是相同的。就这一点来说，谚语显然应该是语汇中一个主要的部分。方言中的谚语不仅与共同语中的谚语一样作为言语构成材料而具有重要作用，而且因为能承载丰富的方言地区独有的区域文化而别有价值。

方言语汇中，除了谚语以外的部分都属于熟语。这里的熟语是与谚语相对的，而非前述胡本教材中与词相对的包括了谚语的熟语。

《广丰方言语典》给方言语汇、方言熟语、方言谚语作如下定义：

方言语汇：方言中用于造句构篇的固定短语和固定语句的总汇。

方言熟语：方言语汇成分之一种，是用于造句的固定短语。方言熟语具有精练、通俗、形象、生动的特点。

方言谚语：方言语汇成分之一种，是用于造句构篇的固定语句。方言谚语流传于方言区域的群众口头，精练通俗、寓意深刻，反映人生经验，传承社会知识。

2. 熟语下分惯用语、成语、歇后语三类

前述著作中都说到的惯用语、成语、歇后语，因为都不是完整的句子且只用来造

---

① 徐阳春，刘纶鑫. 现代汉语 [M]. 北京：高等教育出版社，2000.

句，在《广丰方言语典》的语汇体系中显然不能归于谚语而只能作熟语的下位类别。

惯用语、成语、歇后语作为完整的意义单位用来造句，都属于固定短语，性质相近。"成语是一种固定词组，同惯用语的性质相近"，"同成语性质相近的是歇后语，它可以说是另一种形式的成语"。① 但在形式上，熟语的这三个类之间还是有比较明显的区别的。成语结构紧密，以四字格为主。歇后语则由"引"和"注"两部分构成，引、注之间有明显的语音停顿（书面上用破折号表示）。熟语中成语、歇后语以外的语都归于惯用语。与成语、歇后语相比较，惯用语具有"散"的形式特点。

至于前述胡本教材说到的格言、警句，其实是从内容的教育意义和思想性质来归纳的语汇成分类别。就其形式看，则都是独立的句子，应该归入谚语之中，而不能列于与谚语相对的熟语之下。

3. 惯用语还可以再分为称谓语、代指语、描摹语、喻述语四个小类

研究者对惯用语的性质和特点的一般看法是，惯用语是一种短小通俗的固定短语，语音形式以三音节为主，内部结构关系多为述宾式和偏正式，如"开后门""高帽子"。这是就共同语的情况而言。根据作者对广丰方言的考察，按照上述拟定的语的标准，方言熟语中除了成语、歇后语之外，惯用语数量非常多，其语音和结构特点也不只限于三音节和述宾式、偏正式。实际上，因为成语和歇后语都有显见的形式上的特点，方言中的语汇成分，如果不属于谚语，而且又不具备成语和歇后语的形式特点，就都应该归于惯用语。

就《广丰方言语典》所汇集的 800 条以上的惯用语来看，广丰方言中的惯用语非常丰富，其构成和用法也很有特点，与共同语的惯用语相比较，显示出鲜明的方言特色。为了更好地概括这些特色，《广丰方言语典》细化对方言惯用语的分析，对惯用语再作下位分类，分为称谓语、代指语、描摹语、喻述语四个更小的类。

三

惯用语之下分出称谓语、代指语、描摹语、喻述语四小类，是本文作者考察分析方言语汇后所作的一种尝试，旨在希望能更好地反映广丰方言惯用语的面貌和特点。以下对惯用语的四个下位类别分别举例予以说明。

1. 称谓语

称谓语用于表示对人的称呼，由形象描写和比喻表述的方法构成。可以分为直称和喻称两类。

（1）直称：

【青头小娘】〈注释〉①青头：头发乌黑貌。形容年纪轻。②小娘：未婚的女孩。"娘"读高升调（阳上），表小称、爱称。〈解说〉称未婚年轻姑娘。〈用例〉～去做侬

① 胡裕树. 现代汉语［M］. 增订本. 上海：上海教育出版社，1981.

别人①嗰的后娘，心痛疼老公前头嗰的衰侬小孩，<u>俺</u>②这么好嗰的囝女姑娘<u>踩</u>里哪里有噢！

（2）喻称：

【白菜梗】〈解说〉一般认为，白菜叶子好吃，菜梗则好看而不好吃。喻称徒有漂亮外表而没有实际本领的中看而不中用的人。〈用例〉后生侬年轻人莫嗰不要～一般，着穿得清清拣拣干干净净，无没有个丝一点实本事。

2. 代指语

代指语用借代的方法表述事物现象。可以分为对应代指、关联代指和隐含代指三类。

（1）对应代指（用与所代指的对象有直接对应联系的事物代指）：

【徛三条岗】〈注释〉①徛：站。②三条岗：从广丰县去上饶市城区路上的一处地名，位于县区交界处，旧时有劫道强人出没。〈解说〉站在三条岗拦路抢劫。代称做强盗。〈用例〉弗不想做事想赚大钱，尔你去～啦。（以专称代泛指）

【七日八三暝】〈注释〉①日：白天。②暝：夜晚。〈解说〉代称很多个日夜。〈用例〉赌起博躲在外头～弗不来归回家，早晏迟早家产<u>要</u>③输光嗰的。（以具体代抽象）

（2）关联代指（用与所代指的对象相关联的事物代指）：

【三个钉响】〈解说〉人死了入殓完毕，盖棺时要钉上三颗钉子。代称人已死。〈用例〉呆傻嗰的侬人教弗解教不会嗰的，教到～都无使没用。

（3）隐含代指（用与所代指的对象有隐含的意义联系的事物代指）：

【雨伞歇得堂门外】〈注释〉①歇：放。②堂门：厅堂的大门。〈解说〉旧时人们出门常带雨伞。雨伞放在门口，表示即将出门。隐指人老了随时可能离世。〈用例〉老士侬老人家～啵，想化想开信点儿，弗<u>要</u>不要两块钱死死紧紧捏得在手里舍弗不得使。

3. 描摹语

描摹语用描述摹写的方法表述事物现象。可以分为直接描摹、具象描摹和相似描摹三类。

（1）直接描摹（对所表述的事物现象作直接描写）：

---

① 小号字是对前面字词的注释。
② 下画双横线的字是记录词语所使用的同音字。
③ 下画双波浪线的字是记录词语所使用的训读字。广丰方言中相当于普通话中的"要"的动词读为[sʌɯ²⁴]，而"要"字读音为[kəɯ⁴⁴]，应非本字。因为无合适的同音字，为便于阅读，该词使用训读字记录。

【骹打背脊儿】〈注释〉①骹：脚。②背脊儿：背脊。〈解说〉脚往后抬碰着了背脊。描写大步快跑的样子。〈用例〉等下阿我啦，阿我～都抔赶弗不到上尔你嘞。

（2）具象描摹（用具体的物象描写事物现象）：

【屙屎离开三丘田】〈注释〉丘：量词，一块田称"一丘田"。〈解说〉屙屎也要离开三块田。描写不愿与某人发生人际关系，与他离得远远的样子。〈用例〉跟渠他喊那么心坏嗰的侬人～，莫嗰别作理渠他。

（3）相似描摹（用无关而相似的物象描写事物现象）：

【捗老佛儿归庙】〈注释〉①捗：抱。②老佛儿：小菩萨。也泛指塑好的玩偶。〈解说〉抱小菩萨进庙里。描写吃红薯的样子。有戏谑意味。〈用例〉早几年缺粮食，年上平时难得有几餐饭米饭哇吃，餐餐顿顿都是～。

4. 喻述语

喻述语用比喻的方法表述事物现象。可以分为描写情状和叙述行为两类。例如：

（1）描写情状：

【猫儿打开饭甑跟狗做生日】〈注释〉跟：给，替。〈解说〉猫打开饭甑，狗赶跑了猫，饭让狗吃了，成了猫为狗办酒席庆祝生日。比喻白忙活了一场，好处却被他人捞取。〈用例〉阿我辛辛苦苦跟侬别人讲好嗰的事活儿，让渠他个下手一下子包去做啵，真是～。

（2）叙述行为：

【搓反手绳】〈解说〉搓绳子的一般方法是摊开左手手掌，两根麻条或布条等并排横置了其上，右手儿后往前搓，左撇干则以左手在右手掌上搓，称"搓反手绳"。喻称在言行上与人对着干。〈用例〉嚷叫渠他东渠他要西，就尔你咋事无论什么事情都要跟问我～。

四

确定了方言语汇的范围和分类，下来便是对具体的语如何归类的问题。

应该说，按照确定好了的类别，大多数的语所要归入的类是明确的。不过也有一些语在归类时还须斟酌。之所以发生这样的情况，一方面是对不同的语的类别的性质和特点把握不够准确，另一方面是对具体的语在构成、运用上的状况认识不够清晰。

由于同为语汇中的成分，一些不同的语（或同类别层次或不同类别层次）会因有构造上的关联而发生密切联系，表现为一些语是可以相互转化的。例如：

【瞎子打老马无放手】〈注释〉老马：老婆。〈解说〉瞎子打老婆要抓住老婆不放手，否则老婆跑开就没办法捉住了。描写做事情抓紧不放松。

上例可以减缩为"瞎子打老马"。比较"瞎子打老马"和"瞎子打老马无放手"，仔细体味，"瞎子打老马"意在描写情状，应为惯用语下的喻述语，"瞎子打老马无放手"因为已有"无放手"表明情状，语的前半部分"瞎子打老马"意在用具体的形象加以描写，似归入惯用语下的描摹语为宜。上例还可以说成"瞎子打老马——无放手"，即在中间加上一个较突出的语音停顿，这时则已成为歇后语。

谚语和熟语是方言语汇成分的两大类别，讨论语的归类，首先要注意熟语与谚语的联系与区别。

一些熟语与谚语有密切的联系，稍作扩展便成了谚语。例如：

【乌头虫】〈解说〉头部黑色的虫子。旧时故事：神仙预见洪水将至，告诉一位善人要准备搭救各种落水动物，但告诫不可救黑头虫。后来善人未救黑头虫，只救了一个人，但这个人恰恰是个坏人。代指未露出真面目的坏人。

【乌头虫难救】〈注释〉乌头虫：头部黑色的虫子，代称人。〈解说〉旧时故事：神仙预见洪水将至，告诉一位善人要准备搭救各种落水动物，但告诫不可救黑头虫。后来善人未救黑头虫，只救了一个人，但这个人恰恰是个坏人。最终坏人恩将仇报而善人没有好下场。告诫不要轻易救人，人是容易以假面目示人、恩将仇报的。

【哐食瞒食】〈注释〉哐：吃。〈解说〉吃了东西瞒着人说没吃。喻称得了好处还不肯承认。

【哐食瞒食，死末牵弗直】〈注释〉①哐：吃。②牵：伸。〈解说〉吃了东西瞒着人说没吃，死了身体都伸不直。表示接受了别人的好处要认别人的好。

"乌头虫"属于称谓语，"哐食瞒食"属于喻述语，当它们分别加上扩展的部分"难救""死末牵弗直"以后就成了谚语，因为有了对人物和行为的价值判断，已经符合谚语的"反映人生经验，传承社会知识"的语义构成条件。

一般来说，谚语是句子，形体较长；熟语是短语，形体较短。但形体长短并不是两者区别的主要条件。例如：

【抬轿唡侬未心焦，坐轿唡侬先心焦】①〈注释〉侬：人。②心焦：心中焦躁而生气。〈解说〉抬轿子的人没生气，坐轿子的人生气。喻称做事的人都没有表示不满意，而不做事的人反而多有不满。

【侬怕比】〈注释〉侬：人。〈注释〉人就怕互相比较，一比就显示出己不如人。

前例虽长，而且是两个并列的句子形式，但其运用只是以比喻的方法表述一种情状，属于惯用语下的喻述语。后例虽短，但反映的是一种人生经验，应该归于谚语。

编写方言语典时，有些形式上（成分和结构）较接近的语究竟应该归于谚语还是熟语需要作比较考察。例如：

【心窝窟未满】〈解说〉人的心窝凹陷，没有满上来。喻称人心里不满足。

【心窝窟弗解①满】〈解说〉人的心窝凹陷是不会鼓起来的。表示人的欲望都很大，没有止境。

【做媒包养儿】〈注释〉养：生。〈解说〉给人做成了媒，还要为成婚的男女生孩子操心和提供帮助与保证。喻称为别人开始做事提供帮助，并且还负责帮助做好后续的诸多事情。

【做媒包弗到养儿】〈注释〉①包弗到：包不了。②养：生。〈解说〉给人做成了媒，但是不能为成婚的男女生孩子提供帮助和保证。表示为别人开始做事可以提供一定的帮助，而要负责帮助做好后续的诸多事情则是不可能的。

"心窝窟未满""做媒包养儿"只是描述一种情状、行为，当分别归入熟语中的描摹语、喻述语。"心窝窟弗解满""做媒包弗到养儿"表明一种观点看法，当归入谚语。

【云腹咽热头，被底咽□fe⁴³⁵②】〈注释〉①腹：里边。②热头：太阳。③⌐te¹³⁵：屁。〈解说〉被云遮住的太阳晒着，憋在被窝里闻屁，都是让人难以忍受的。喻称使人憋屈难受的环境。

【落雨咽热头，受老子咽拳头】〈注释〉受老子：继父。〈解说〉雨后的太阳非常厉害，继父打继子女的拳头非常狠。表示继父对待继子女都是不好的。

【破铜烂铁】〈解说〉喻称不值钱物品。

【野儿亲孙】〈注释〉野儿：抱养的儿子。〈解说〉儿子是抱养的，而所生的孙子就成为亲孙子了。

"云腹咽热头，被底咽□fe⁴³⁵"两个比喻并列，叙述一种情状。"破铜烂铁"代称一类物品，当归入熟语中的喻述语、代指语。"落雨咽热头，受老子咽拳头""野儿亲孙"表明一种对社会现象的观点看法，当归入谚语。

五

成语是语汇中一个主要且具特色的类别。前面已经谈到，成语与惯用语、歇后语都有密切的联系。由于语有讲究精练、整齐的形式追求，谚语也有很多与成语联系紧

---

① 弗解 fæi²⁴："弗解［fuʔ²xæi²⁴］"的合音，不会。
② 记录词语时本字不明而又无合适的同音字，用"□"代替并同时注音。

密。因此，为了与其他的类别能有清晰的区分，同时也为了突出成语的特色，笔者在给广丰方言的语作归类的时候，成语的界定采用较为严格的规定。

一个语具有成语的形式，然而所表达的内容是一个完整的意思，反映的是经验知识，体现一种思想观点，都应归于谚语。例如：

【觑菜咥饭】〈注释〉①觑：看。②咥：吃。〈解说〉看有什么样的菜，确定吃多少饭。表示要根据具体情况来做事情。

【囝婿半子】〈注释〉囝婿：女婿。〈解说〉女婿相当于半个儿子。表示岳父母要像对待儿子一样对待女婿，女婿要像儿子一样尽人子之责。

【分家分勤】〈解说〉分开了家，儿子们各有独立的家庭，责任更加明确，会更加勤劳节俭。

【正栽二插】〈注释〉①正：农历正月。②二：农历二月。〈解说〉农历正月适合栽种有根须的植物，二月可以直接扦插植物的茎干。

结合广丰方言语汇的情况，《广丰方言语典》给成语规定的形式条件是：四音节，"二二"对应结构，结构凝固。

四音节无须赘言。"二二"对应是指四个音节构成"2＋2"的结构，前后两部分有成分和结构上的对应。例如：

【归日归暝】〈注释〉①归：进，整。②暝：夜。〈解说〉整日整夜。

【咥无打有】〈注释〉咥：吃。〈解说〉没有吃的，还要捱打。喻称虽然付出辛劳却得不到应有的待遇。

"归日归暝"中"归日"与"归暝"对应，结构相同，"归"为同字，"日"与"暝"对。"咥无打有"中"咥无"与"打有"对应，结构相同，"咥"与"打"对，"有"与"无"对。

以下语不具有"二二"对应特点，不能归入成语。例如：

【糯米老佛】〈注释〉老佛：菩萨。〈解说〉糯米饭团捏的菩萨。糯米柔软黏性好，易于捏成各种形态的塑像。喻称懦弱无能、遇事无主见、令人摆布的人。（称谓语）

【鬼弄熟侬】〈注释〉侬：人。〈解说〉鬼捉弄熟人。喻称坑害熟人。（喻述语）

【拖骹弗动】〈注释〉骹：脚。〈解说〉拖着脚走不动，描写步履沉重的样子。（描摹语）

结构凝固是说成语是一个完整的结构，其内部成分不能随意变换。如上述"归日归暝""咥无打有"不能说"归月归日""嬉无做有"。结构凝固还表现在部分成语不能分拆使用。例如：

【通天世下】〈解说〉世间，世界上。

【浮空摇曳】〈注释〉浮空：浮在空中，四面没有倚靠。〈解说〉物体置放不稳，没有倚靠，摇摇晃晃。

【骂谷唠嘈】〈注释〉①谷：音缀。②唠嘈：描摹情状的拟音成分。〈解说〉描写骂骂咧咧的样子。

【把啦向天】〈注释〉①把啦：描摹情状的拟音成分。②向：朝。〈解说〉描写仰面朝天的样子。

"通天世下"不能拆分成"通天""世下"来用；"浮空摇曳"的"浮空"可以说，但"摇曳"不能说；"骂谷唠嘈"的"谷""唠嘈"，"把啦向天"的"把啦"都是不能单用的。

成语结构凝固还表现为成语拥有许多构造成语的框架格式。仅以数字"七""八"构成成语的格式就有"七×八×"（如"七撰八舞"）、"×七×八"（如"这七那八"）、"×七八×"（如"老七八早"）好几种。

六

《广丰方言语典》把惯用语再分为称谓语、代指语、描摹语、喻述语四类，除了称谓语用于称人一般不会难以归类外，其他三类惯用语在归类时有些还要有所斟酌。之所以会有不易归类的情况，主要原因在于为了讲求形象生动，惯用语多由具体的物象即具象构成。代指语中的对应代指，有以具体代抽象的，有以特征代本体的，都与具象有关。关联代指、隐含代指也多使用具象作代。描摹语中的具象描摹、相似描摹都离不开具象。至于喻述语则以比喻作为其构成的根本理据。因此，当对具象在语中所起作用认识不够清楚时，语归何类就会把握不定。

但是，代指语、描摹语、喻述语三类惯用语的区别还是明确的。虽然所构成的语中都有具象，但使用具象的目的有所不同。代指语是以此物代指彼物，而与描摹语、喻述语不同。描摹语和喻述语都是以此物描述彼物，有所区别的是描摹语重在突出所描写事物的具体形象，喻述语重在用具体的形象来作叙述。以下分别举例，可以仔细体味其中分归不同类别的考虑。

代指语：

【树头木渣】〈解说〉树兜和木屑。代指零碎的不值钱的物品。也指没用处的人。

【个担姜烂末】〈注释〉①个：一。②末：了。〈解说〉整担姜烂掉了。代指事情全部搞砸了。

【搐锄头柄】〈注释〉搐：握。〈解说〉代指务农。

【痰落□t'i⁴³⁵落】〈注释〉□t'i⁴³⁵：唾液。〈解说〉痰和唾液咽下去了。人临死时咽下最后一口痰才死。代指事情办完。詈语。

描摹语：

【个条脏套股臀】〈注释〉①个：一。②脏：肠子。③股臀：屁股。〈解说〉一根肠子直接套接着屁股（肛门），即"直肠子"。描写说话行事不懂得拐弯抹角，直来直去。

【萝卜砟着嘴】〈注释〉砟：堵，塞。〈解说〉萝卜塞在嘴里。描写张着嘴说不出话来的样子。

【个来吹笛，个来捏囱】〈注释〉①个来：一个。②囱：孔。〈解说〉吹笛子时，一个人吹，由另一个人按孔。一个人做的事情要两个人去做。描写做一件小事却要兴师动众拉扯上很多人。

【斗米兴】〈注释〉兴：得意。〈解说〉家中只剩一斗米，马上就没饭吃了，可是还那么得意。描写得意忘形的样子。

喻述语：

【鬼见桃牌】〈注释〉桃牌：道士用来镇鬼的桃木牌子。〈解说〉鬼一见桃牌，马上就逃。喻称慌不迭地躲避逃离。

【糠箩跳米箩】〈解说〉老鼠从盛糠的箩筐里跳到盛米的箩筐里。喻称环境改换，由坏变好，发生了根本性的改变。

【鸭多弗生卵】〈注释〉卵：禽蛋。〈解说〉鸭子多了不下蛋。喻称做事人多了反而有妨碍，不能做成事情。

【近天光坠尿】〈注释〉①天光：早上。②坠尿：尿床。〈解说〉快天亮的时候尿床。喻称事情功亏一篑。

七

通过本文以上的讨论，可以形成以下三点认识：

（1）如何确定方言语汇成分的分类，如何把具体的语归入合适的类，是编写方言语典时首先需要解决好的问题。

（2）确定好了方言语汇的类别，有助于在对方言语汇作调查考察时更加全面地做好对方言的语的收集。通过对具体的语作归类，有助于对方言中的语的形式和语义特点有更深入的认识。

（3）方言语汇既有与共同语语汇相同的特点，又有不同于共同语语汇的地方，对方言语汇作语的分类与归类的考察，既可以揭示出方言语汇自身的特点，也可以丰富汉语共同语的语的研究。

（本文原载于《南方语言学》第七辑，暨南大学出版社，2015）

参考文献

［1］胡裕树. 现代汉语［M］. 增订本. 上海：上海教育出版社，1981.

［2］黄伯荣，廖序东. 现代汉语［M］. 增订 3 版. 北京：高等教育出版社，1991.

［3］温端政. 汉语语汇学教程［M］. 北京：商务印书馆，2006.

［4］徐阳春，刘纶鑫. 现代汉语［M］. 北京：高等教育出版社，2000.

［5］张斌. 新编现代汉语［M］. 上海：复旦大学出版社，2002.

《现代汉语方言学大词典》数字化编纂平台的功能设计

侯兴泉　彭志峰

一、前言

汉语方言辞书编纂有悠久的历史，西汉的扬雄就曾编纂过《方言》这样的经典之作。但是，由于传统对方言的歧见，方言辞书难登大雅之堂，方言辞书的编纂和研究受到很大的制约，百科性质的方言学辞典更是一项学术空白。20世纪90年代，李荣先生等主编的41卷《现代汉语方言大词典》，对全国各种重要方言的词语进行了统一收录和释义，是汉语方言研究史上的一项创举，然而，从规模上而言，《现代汉语方言大词典》属于中型词典，从性质上来说，则属于语文词典。之后许宝华、宫田一郎（1999）主编了5卷本的《汉语方言大词典》，用统一的条目带出各地方言的不同说法，大大方便了读者，已经带有综合性，但从性质上来说，依然属于语文词典。2011年商务印书馆编纂出版了《新华方言词典》，但规模有限（中型），体例也存在一定的问题。目前，汉语方言界急需一部大型的百科性质的方言学大词典，这部大词典不仅要包括传统的方言本体的内容，更应突出方言学作为一个学科在理论和方法等方面所取得的重要成果。另外，方言辞书的编纂与标准语辞书的编纂，毕竟有许多不同的特点。理论界对于普通话辞书的研究成果丰硕，但方言辞书理论研究则相对薄弱。因此，梳理、总结汉语方言辞书的理论问题，对于今后更好地开展方言辞书的实践，具有十分重大的现实意义。

在这样的背景之下，以暨南大学詹伯慧先生为首席专家的方言研究团队申请并获批了2013年的国家社科基金重大项目"汉语方言学大型辞书编纂的理论研究与数字化建设"。该项目总体上分为理论总结和数字化辞书编纂与应用平台两大块。理论总结贯穿于《现代汉语方言学大词典》和《汉语方言学辞书编纂的理论研究》这两本纸版著作中，体现出汉语方言现阶段最高的理论水准和最新的理论体系；数字化辞书编纂与应用平台主要体现动态的方言研究成果更新，力求达到现代与传统结合，理论与应用结合，辞书编纂与辞书应用结合，编者与读者互动。

已有的汉语方言词典基本都以传统的方式编纂，传播媒介为纸质版辞书，词典内容皆为文本，缺乏有声语档，且编撰效率普遍不高，成果受众面较窄，社会普通大众很难受益。引入数字化编纂的方式可以有效解决上述问题。因此，本文重点介绍数字化辞书编纂平台的设计及相关功能的实现。

二、数字化辞书的发展概况及平台简介

1. 数字化辞书的发展概况

数字化辞书主要有光盘版和网络版两种形式。前者是将已转换成计算机存储信号的辞书内容刻录在光盘上，使用者可利用计算机及相关设备检索读取；后者是借助互联网络，以数据库为存储空间，将辞书的内容以电子数字编码形式通过网络传输，在线实现编写、传输、汇集、审稿、出版、浏览等功能。

国外的电子辞书问世较早，发展也较快。20 世纪 80 年代初期，光盘辞书率先问世，第一种光盘辞书是美国 Grolier 公司研制的 *Academic American Encyclopedia*。多媒体光盘辞书由美国 Compton 公司研制推出，名为 *Compton's Interactive Encyclopedia*，首次把动画、影像、声音、照片和文字集合在一起。1994 年，Encyclopedia Britannica 开始出现在互联网上，标志着电子辞书的发展又进入了一个新的领域。随后 *The Encyclopedia* 和 *Academic American Encyclopedia* 等也相继入网。近年来，随着苹果公司 iPhone、iPad 产品的热销，电子图书 iBook 大行其道，相当一部分的辞书通过该平台向社会大众开放使用。从目前的使用情况来看，网络辞书已成国际潮流。

中国的电子辞书出现稍晚。1997 年 1 月由北京中国大百科全书出版社与台湾的棣南公司联合推出的中华百科全书（光盘），是中国较早的光盘辞书。随后中国大百科全书光盘版也问世。紧接着，我国的在线辞书也开始得到发展，"中国大百科全书术语数据库"是开中国在线辞书的先河力作，目前中国大百科全书已制成网络版（http：//ecph. cnki. net）供人们检索和查阅。网络辞书的出现，实质上是辞书的一次革命。无论是编纂过程，还是使用方法，都给人耳目一新的感觉。

2. 《现代汉语方言学大词典》数字化编纂平台简介

国家社科基金重大项目"汉语方言学大型辞书编纂的理论研究与数字化建设"于 2013 年底获批立项，课题组的主要目标是争取在 5 年之内编撰一套能够囊括汉语方言和方言学诸多内容的带有百科性质的大型汉语方言学大词典，对汉语方言学这个学科的相关成果作一次全面的梳理和总结。由于时间紧，任务重，参与辞书编纂的单位和人员来自全国各地，不便于集中撰稿。为提高辞书编纂的效率，方便编委和词典学术委员会统稿、编稿和审稿，课题组特意设立专门的子课题，为《现代汉语方言学大词典》开发专门的基于互联网的辞书数字化编纂平台，供课题组成员按照统一的词典格式和编撰规范在线完成《现代汉语方言学大词典》的条目撰写、修改、资料整理和体例审订等工作。目前，编纂平台已完成基本的框架建设，下面我们将具体论述平台的主要功能设计。

三、制定基本数据表和媒体类型规范

1. 制定基本数据表

在平台开发前，首要的工作是根据辞典编纂的需要制定相关的规范。纸本《现代

汉语方言学大词典》的内容主要包括汉语方言和汉语方言学两个方面。

在汉语方言的本体部分,《现代汉语方言学大词典》(下卷)将以概论和字词对照的形式来呈现。课题组确定了51个方言点为本词典方言本体部分的编纂对象,包括西安、洛阳、西宁、银川、兰州、哈尔滨、乌鲁木齐、太原、忻州、万荣、牟平、济南、徐州、扬州、南京、成都、贵阳、武汉、苏州、上海、温州、宁波、崇明、丹阳、杭州、金华、梅县、于都、南昌、萍乡、黎川、长沙、湘乡、娄底、东安、广州、香港、澳门、东莞、封开、韶关、藤县、南宁平话、福州、建瓯、厦门、台北、潮州、海口、文昌、雷州。该部分内容最终会以51个点的方言概论和51个点的方言字音及词汇对照的方式,大致反映汉语方言的整体面貌。我们将这51个方言点的地点信息加入辞书编纂平台中的互联网地图中,同时开发单机版调查软件和网络版的方言文化调查平台。各个方言点的负责人通过软件和平台中内嵌的单字调查表(含805个常用字)及词汇调查表(含707条词目)进行实地调查记录,然后在网络平台中汇总数据,以便于制作各方言点的语音和词汇综合对照表。

在汉语方言学部分,主要以条目来呈现。条目总共分为特大条、大条、中条、小条四种类型,各类条目的内容和属性如表1所示。

表1 《现代汉语方言学大词典》(上卷)条目表

类别	内容	规模
特大条	选取汉语方言、汉语方言研究、汉语方言史及研究史、20世纪汉语方言研究、方言学与音韵学、汉语方言与中国文化6个条目	每条字数可达2万以上
大条	选取官话、吴语、赣语、湘语、闽语、粤语、客家话、晋语、徽语、平话土话,汉语方言调查方法,汉语方言的分区,汉语方言与民族共同语,汉语方言与少数民族语言,汉语方言与语言学研究,汉语方言语音研究,汉语方言词汇研究,汉语方言语法研究,方言信息处理,赵元任、王力、罗常培、丁声树、李荣、袁家骅、董同龢、高本汉、扬雄《方言》及其研究,《现代汉语方言大词典》,《汉语方言大词典》,《中国语言地图集》,现代吴语的研究,全国汉语方言学会,《方言》季刊等,约30个条目	每条字数可有1万左右
中条	选取200~300个条目作为中条,包括著名方言学者、方言丛书类及百万字以上的方言著作	每条字数在1 000~2 000
小条	选取5 000个条目作为小条,包括一些重要论著的作者、方言学术语、重要专著和论文简介等	每条不超过500字

根据课题组的整体设计,我们首先要建立基本的数据表。基本数据表分为地点表、概论表、字音表、词汇表、条目表5大类,每类数据表的基本情况如表2所示。

表 2　基本数据表的名称及说明

数据表类型	数据表名	数据表说明
地点表	didian	包含地点编码、地点概况等字段信息
概论表	gailun	包含各项体例等字段信息
字音表	zibiao	包含条目、音标、编码、英文、拼音、音频播放、音频下载等字段信息
词汇表	cibiao	包含条目、音标、编码、英文、拼音、音频播放、音频下载等字段信息
条目表	tiaomu	包含类别、内容、字数限制等字段信息

2. 建立媒体类型规范

传统的方言词典仅限于文本信息的录入，本项目一方面需要以文本为载体的传统大词典的相关信息，另一方面还要适应互联网时代社会大众对于有声电子词典的需求。因此，系统所涉及的各种内容应全面兼容音频、视频、文本、图像等多媒体资源。表 3 是本编纂平台对各种媒体资源的具体技术指标。

表 3　媒体类型及技术指标

媒体类型	技术指标
音频	wav 格式，44. 1kHz 采样率，16Bit 精度 mp3 格式，44. 1kHz 采样率，16Bit 精度
视频	wmv 格式，480P 以上 mp4 格式，480P 以上
文本	doc 格式或 pdf 格式
图像	jpg 格式或 bmp 格式，不低于 800 万像素

四、编纂平台的角色管理和工作流程

1. 角色分配与权限

本项目研究对象为与方言学科相关的百科知识，研究队伍来自全国不同地区和不同高校的方言学研究者，编写内容和参与人数众多，分工复杂。因此，在用户管理方面，平台采用较为成熟的"基于角色"的权限管理机制进行用户授权管理。角色是系统权限管理的核心，管理员可以灵活地将受控用户（组）加入合适的角色中，这样一来用户就处于系统的监控之下，任何的越权操作都将作为非法操作信息记录于系统日志中并予以限制。

用户角色共分为管理员、学术委员会专家、编务组成员、子课题负责人、方言点召集人、条目编纂人、出版商7种，每种类型的用户可由管理员赋予相应的权限。为保障数据安全，同时做到责任分明，各种角色的具体权限如表4所示。

表4　角色权限分配表

角色	权限
管理员	数据管理、安全管理、日志管理、系统的更新维护
学术委员会专家	制定相关规范、分配子课题负责人的工作、负责所有材料的最后把关
编务组成员	管理平台的日常事务、管理用户、联系不同类型的用户
子课题负责人	划分方言点、审核本子课题中的所有材料
方言点召集人	安排本方言点内的条目编纂人、审核本方言点的所有材料
条目编纂人	撰写条目
出版商	条目编审和辞书出版发行

2. 工作流程

编纂平台搭建完成之后，具体的工作流程是这样的：首先由管理员按照项目主持人的要求分配参与人的角色并设置相应的权限，同时负责平台的日常运行、数据备份等工作。接下来由学术委员会专家制定相关的规范，分配并协调各子课题负责人的主要工作。接着由子课题负责人统筹各子课题所负责的方言点及相关条目，安排方言点及条目召集人。然后由方言点召集人安排熟悉该方言点的条目编纂人。接下来由条目编纂人按照学术委员会制定的规范，撰写好条目并提交给方言点召集人。这时方言点召集人需审定由条目编纂人提交的内容，如需修改，返回给条目编纂人继续修改；无须修改的，则提交给子课题负责人。紧接着子课题负责人审定由方言点召集人提交的内容，如需修改，返回给方言点召集人；无须修改的，则提交给编务组和学术委员会。学术委员会负责审定由子课题负责人提交的内容，如需修改，返回给子课题负责人；无须修改的，由编务组进行整理，提交给出版商。最后，由出版商采用网络编审和开会编审相结合的方式，对审定后的词典内容进行审核、出版、发行。我们把整个工作流程简化为下图。

管理平台日常运行、备份数据、按照主持人要求分配参与人相应的用户权限	制定相关规范，分配并协调各子课题负责人的主要工作	统筹本子课题所负责的方言点及相关条目，安排各方言点及条目召集人
管理员	学术委员会专家	子课题负责人

审定由条目编纂人提交的内容，如需修改，返回给条目编纂人。无须修改，提交给子课题召集人	按照学术委员会制定的规范，撰写条目。撰写好后，提交给方言点召集人	在本方言点内，安排熟悉本方言点的条目编纂人
方言点召集人	条目编纂人	方言点召集人

审定由方言点召集人提交的内容，如需修改，返回给方言点召集人。无须修改，则提交给编务组和学术委员会	学术委员会审定由子课题负责人提交的内容，如需修改，返回给子课题负责人。无须修改，由编务组进行整理，提交给出版商	采用网络编审和开会编审相结合的方式，对审定后的词典内容进行审核、出版、发行
子课题负责人	学术委员会、编务组	出版商

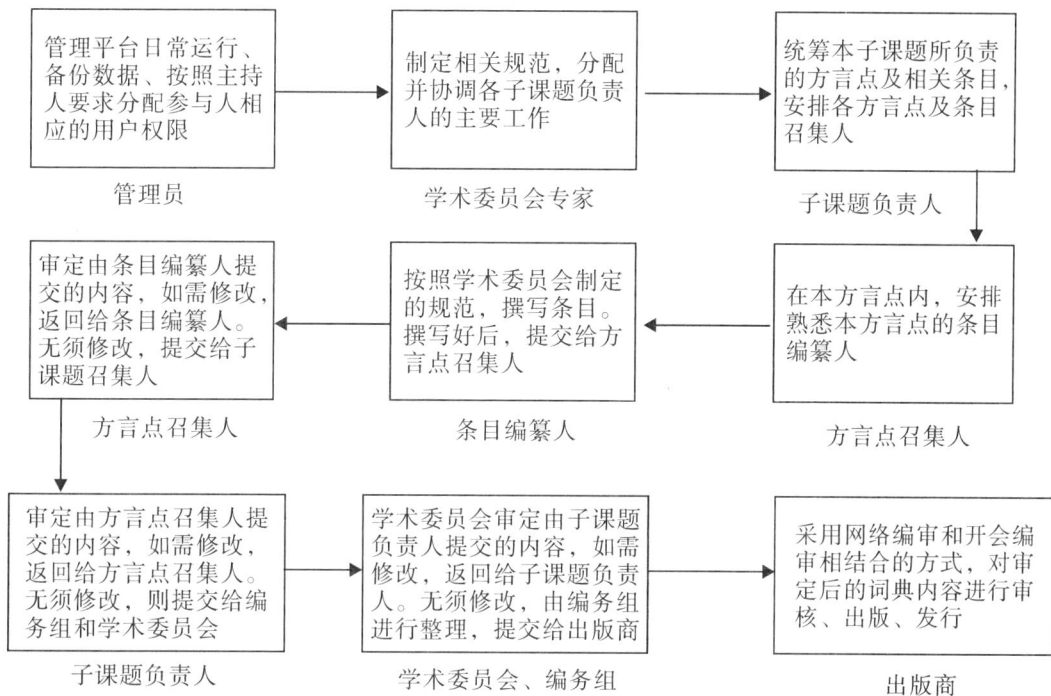

编纂平台工作流程图

五、结论

《现代汉语方言学大词典》是一部百科性质的方言学大词典，编纂这样一部大词典不仅要动员各方面的研究力量，还牵涉到纷繁复杂的各类素材。若完全使用传统的编纂方法，无疑要花费大量的时间和大量的人力、物力。有针对性地建设一个基于网络的数字化词典编纂平台，把相关的规范和要求体现在功能设计和平台运作中，并通过角色分配和权限设定来分层管理各类用户，这样不仅可以节省词条来回传送的时间，减少不必要的重复劳动，更重要的是可大大提高整部词典的编写、审定及出版的效率。由于百科性质的辞书编纂的难度远高于一般的辞书，因此本文介绍的网络编写架构足以应付一般的辞书编纂要求，本平台也可为其他网络电子辞书的编写提供有益的参考。

参考文献

[1] 李荣，等．现代汉语方言大词典［M］．南京：江苏教育出版社，1995.

[2] 商务印书馆辞书研究中心．新华方言词典［M］．北京：商务印书馆，2011.

[3] 许宝华，宫田一郎．汉语方言大词典［M］．北京：中华书局，1999.

[4] 中国大百科全书总编辑委员会．中国大百科全书［M］．北京：中国大百科全书出版社，1993.

方言词典说略

张振兴

　　呈现在读者面前的是一套《现代汉语方言大词典》41卷分卷本（以下简称"分卷本"）。分卷本由中国社会科学院语言研究所组织国内60多位专家学者分别负责各卷的编纂，由著名语言学家李荣教授担任主编，由江苏教育出版社负责投资和出版。从1991年初开始规划，至1998年底41卷分卷本全部出齐，前后历经八载。分卷本在编纂之初经过必要的规划，体例比较严谨，多少有些新鲜的内容，并且总字数多达2 200万字，堪称规模宏大。它出版以来，受到了学术界和出版界的关注，被认为是学术界和出版界良好合作的结果，填补了我国大型方言辞书编纂和出版的一个空白。1999年先后获得了第三届国家辞书奖一等奖和第四届国家图书奖的最高奖荣誉奖。说明这套分卷本方言词典达到了预期的目的，具有一定的社会意义和学术价值。这对于为了编纂这套分卷本词典而付出多年汗水和心血的60多位作者来说，也是一种莫大的光荣、莫大的安慰。

　　分卷本方言词典也是汉语方言研究长期积累的结果，如果没有汉语方言研究长期形成的深入调查、实事求是、团结合作等优良传统，没有最近百年来，特别是最近20多年来汉语方言研究所积累的丰硕成果，编纂这样大规模的分卷本方言词典是不可能的。这是水到渠成，推进汉语方言研究向纵深发展的必然结果。因此，分卷本方言词典在某种意义上，可以说是以往方言研究成果的一次检验，一次总结，应该看成是汉语方言学界的一种共同财富。笔者有幸自始至终参与了分卷本的规划和编纂工作，当中不免备尝甘苦。同时笔者往往也是这些分卷本最早的一位读者，特别是分卷本全部出齐以后，最近一年多来，有机会经常翻检是书，时有受益，或喜悦，或感慨，言之难尽。是以不揣浅陋，略记如下，聊备一说。

一、分卷本方言词典的主要特点

　　汉语是世界上使用人口最多的语言之一。汉语方言具有统一性的一面，从北边的哈尔滨到南边的昆明，从东边的南京到西边的乌鲁木齐，在数百万平方公里的范围内，十几亿人口，互相之间通话没有什么困难；汉语方言又有分歧性的一面，尤其在我国的东南地区，方言十分复杂。根据汉语方言的实际情况，《中国语言地图集》［香港朗文（远东）出版有限公司，1987，1989］把全国的汉语方言分为官话、晋语、吴语、徽语、湘语、赣语、闽语、粤语、客家话、平话10个方言大区或方言区。方言区之下还可以分为若干方言片、方言小片，最下面就是一个个具体的方言点。例如上海话是一个方言点，西安话、成都话等也是一个方言点。

根据《中国语言地图集》对汉语方言的划分，参考近年来汉语方言研究的各种实际情况，分卷本方言词典选择了41个方言点作为汉语方言的代表点。每一个地点编了一本方言词典。这41个地点是：济南、牟平、徐州、扬州、南京、武汉、哈尔滨、成都、贵阳、柳州、洛阳、西安、西宁、乌鲁木齐、银川、万荣、太原、忻州、丹阳、苏州、上海、崇明、杭州、宁波、温州、金华、南昌、萍乡、黎川、长沙、娄底、梅县、于都、广州、东莞、福州、厦门、建瓯、雷州、海口、南宁（平话）。

这41处方言的分布大致覆盖了上述说到的各个方言区或者一些方言大区的主要方言片。例如官话方言：江淮官话有南京、扬州，西南官话有武汉、贵阳、成都、柳州，中原官话有徐州、洛阳、西安、万荣，兰银官话有西宁、银川、乌鲁木齐，冀鲁官话有济南，胶辽官话有牟平，东北官话有哈尔滨；晋语有太原、忻州；吴语有丹阳、苏州、上海、崇明、杭州、宁波、金华、温州；赣语有南昌、黎川、萍乡；湘语有长沙、娄底；粤语有广州、东莞；闽语有福州、厦门、建瓯、海口、雷州；客家话有梅县、于都；平话有南宁。这个并不是说，汉语方言只有这么一些地点值得编纂方言词典，而是从方言调查的情况、工作人员的情况等方面考虑，首先编纂这些地点的方言词典比较有成功的把握。以后有条件了，其他许多地点可以接着编下去。在最早的规划中还有北京官话的北京方言，徽语的歙县方言，这两个点的方言词典后来因故都没有编成。好在北京方言近年有已经出版的很好的方言词典可以参考，例如陈刚的《北京方言词典》（商务印书馆，1985）、徐世荣的《北京土语词典》（北京出版社，1990）、贾采珠的《北京话儿化词典》（语文出版社，1990）。但徽语方面至今还没有一本可以参考的方言词典，分卷本词典付之空缺实属遗憾。

我国具有调查和研究汉语方言的悠久历史传统。汉代扬雄所著《輶轩使者绝代语释别国方言》（简称《方言》）被誉为"悬诸日月而不刊"。它也是世界上最早的一部方言语汇集。但是为某一方言编纂词典，却是最近一百多年的事情，特别是近20多年来才有显著的进步。不过，像编纂分卷本这样有计划地、大规模地编纂方言词典，在我国还是第一次，在世界上也没有先例。盛世修典，从一个侧面反映了我国日益壮大的强盛国力。

有人问，现在不是要推广普通话吗，为什么还要研究方言，还要这样大规模地编纂方言词典？这是一种误解。我们现在说的普通话，古时候叫通语。通语和方言并存，自古已然。普通话和方言不是一种矛盾的对立，而是一种共存体，没有了方言，也就无所谓普通话。普通话是以一种基础方言为主，兼收其他方言的成分而形成的。例如我们现在所说的普通话就是在官话方言（特别是北京方言）的基础上吸收了吴语、湘语、粤语等其他汉语方言的某些成分形成的。随着政治的统一、交通的发达、经济的发展，语言使用中趋同性的势头越来越强烈，普通话得到越来越广泛的认同，并迅速被推广，这是一件大好事。但是方言仍然广泛存在，即使在很多人的普通话里，也存在着大量的方言因素，普通话和方言在相当长的时期里还会维持一种共存的局面，这是一个事实。研究方言，探讨汉语发展变化的历史规律，才能促进汉语的规范化，才能有效地推广普通话。另外，方言是一定地域内历史文化的产物。研究方言，实际上是研究历史文化。不但汉语研究的各个分支学科，如汉语史、汉语音韵、汉语词汇、汉语语法等需要汉语方言研究的强有力的支持，而且其他的人文社会学科，如民族学、民俗学、人类学、社会学等，也能从方言研究的成果中吸取丰富的营养。

编纂一部好的方言词典是反映一个方言全貌的最有效途径。编纂41卷分卷本方言词典，是编纂一部综合性的《现代汉语方言大词典》的基础工作。分卷本方言词典必须具备两个基本要求：一是每个分卷本要能够较好地反映所在方言点的基本面貌；二是各个分卷本总合起来，要能够较好地反映整个汉语方言的基本面貌。因此要求编纂分卷本要有自己鲜明的特色，这就是要有"三性"：共时性、地域性、统一性。共时性就是强调每个分卷本必须真实地反映现行方言口语里通行的方言事实，强调以编纂人员实地调查记录的方言材料作为词典的基础，以保证词典内容翔实可靠，这也是保证词典达到高水准的关键。因此，分卷本词典的编纂者大部分都是以所在地方言为母语的，或者是在所在方言地点有过长期生活经历，对所在地方言有充分调查研究的专业人员。他们对这个方言都有相当丰富的感性认识和理性认识。与此同时，分卷本也要求充分利用以往的各种文献资料，努力吸收此前的所有研究成果。地域性就是强调每个分卷本必须尽可能地反映地点方言的方言特点，以及所在地域的人文特色。例如《苏州方言词典》不仅大量地反映了吴语方言"帮滂并""端透定"三分的语音特点，而且收录了很多跟评弹、饮食及早期商业活动有关的条目，反映了吴地丰富多彩的人文面貌；《哈尔滨方言词典》不但反映了哈尔滨方言 [ts tsʰ s] 与 [tʂ tʂʰ ʂ] 两组声母分合、古入声清音声母字今分派等语音事实，还收录了很多当地的特殊词语和部分俄语借词，表现了东北官话方言的特点，同时还收录了很多东北地区的古谚俗语条目，反映了东北大地豪放粗犷的人文特征；《西宁方言词典》《乌鲁木齐方言词典》《银川方言词典》收录了较多的少数民族语言借字，还有很多与回族等少数民族习俗有关的条目，反映了这些地区汉民族与当地少数民族交融的人文特色，这些都可能成为今后研究语言文化的重要材料；《成都方言词典》则通过大量的例句，反映了深邃古老的巴蜀文化特征。统一性就是要求41卷分卷本在内容和体例上服从统一的规划，做到大体一致。每个分卷本都包含三部分内容。第一部分是书前的引论，相当详细地介绍了方言所在地点的人文地理、历史沿革，以及本方言的大体情况，包括本方言的内部差别、语音结构、方言特点等。第二部分是作为词典主体的正文。各分卷本正文所收的条目多少不完全一致，《广州方言词典》和《福州方言词典》所收条目最多，约在10 000个，《西宁方言词典》《建瓯方言词典》所收条目最少，只有7 000多个。一般所收条目在8 000个左右。第一部分条目是按统一制定的方言词汇调查表要求收录的，第二部分是根据本方言的实际情况收录的。条目后面是国际音标标注的方言读音，以及义项释义和必要的例句。第三部分是作为书后的当地方言的义类索引和条目首字笔画索引，以方便使用者可以从不同角度进行检索。这种统一的规划，方便今后大规模的方言比较研究，但仍然留有相当大的余地，可以让分卷本的编纂人员根据具体的方言特点进行灵活安排。

以上"三性"，不但使41卷分卷本区别于我们常见的《现代汉语词典》等语文性词典，也不同于在此之前出版的其他一些方言词典，使分卷本既具有语文性词典的一般特征，可供查阅检索，又具有许多文化典籍所含有的性质，可供欣赏阅读。因此，分卷本陆续出版后，自然受到了各方面的关注，专门的语言学工作者固然唯恐求之而不得，一般的社会人士得之也往往爱不释手。例如哈尔滨市和黑龙江省的新闻媒体，广泛报道了《哈尔滨方言词典》出版的消息，盛赞这是哈尔滨市和黑龙江省"文化建设的一件大事"；烟台地区的有关部门大量购买《牟平方言词典》，作为珍贵礼物，赠送返乡投资或省亲的侨胞和港澳台同胞；一位台胞读了词典后兴奋不已，给《方言》杂志投寄了一篇充满亲情乡情的读后感，对词典的编纂者表达了极大的敬意。

二、分卷本方言词典是语言研究的一项基本建设

一下子给这么多的地点编纂了方言词典，这无疑是我国语言科学研究的一个重大事件，成为我国语言科学的一项基本建设。其基本意义在于：

（1）推进了汉语方言研究的深入发展。由于语言或方言本身的特点，过去汉语方言的研究在语音方面成绩显著，但对方言词汇和语法的研究相对滞后，分卷本恰好弥补了后者的不足，使得汉语方言的研究取得了综合平衡的发展。另外，每一卷分地词典都比较完整地反映了一个方言的面貌，如果把这些分卷本的方言词典的内容放在一起加以观察比较，大体上可以看到汉语方言的全貌，可以看清楚汉语方言统一性和分歧性两方面的本质特征，这将是汉语方言研究的一项重大突破。这方面可以举个语法的例子来说一说。北京话里表示给予、被动、处置和使役的句子在形式标志上可以是完全相同的，例如都用"给"。"给他一本书 | 给你十元钱"表示给予；"小孩给吓着了 | 他路上给抢了"表示被动；"信写完了，请你给打完字就寄走吧"表示处置，这里的"给"相当于"把它（信）"；"村里拨出几亩地来给他们做实验"表示使役。

通过分卷本方言词典我们知道，这种情况在汉语方言里其实很常见。例如长沙话和扬州话的"把"也身兼四职。长沙话"把他（给他）一本书 | 借把他（给他）十块钱"表示给予；"你就把他打（让他打），看他敢不敢 | 把老张害苦了（被老张害苦了）"表示被动；"把门关上 | 把衣服洗干净"表示处置；"把小王急臭达（急死了，急坏了）"表示使役。扬州话也一样，"格个办事员蛮意思格（这个办事员不易通融），不把点好处把他（给他），他不会替你办的 | 跟他说了我没铜钱借把他（借给他）"表示给予；"骑车当心点，不要再把汽车（被汽车）撞则 | 我家儿子是默贼厌（不声不响地折腾），家里的玩具买来没得几天都把（被）弄坏了"表示被动；"把衣裳洗一洗"表示处置；"下岗是大家格事，叫我开后门不把他下岗，格不是送我格命曼曼"表示使役。

北京用"给"，长沙话、扬州话用"把"，表面上看是不一样的，但它们都同样具有表达给予、被动、处置和使役的语法功能，因此在功能上是一样的。光从形式上看，这种身兼多职的现象会造成交际的困难。长沙话"把老张害苦了"很容易看成处置式。类似的情况在汉语方言里也很常见。例如江苏扬州话"他把狗咬了一口"指的是他被狗咬了一口，"我把钱把他了"指的是我把钱给他了。

杭州话用"拨"表示北京话的"把"字句和"被"字句，例如：

A 式：脚踏车拨我们阿哥骑走得　兔子拨狗咬煞得
B 式：我们阿哥拨脚踏车骑走得　狗拨兔子咬煞得

A 式相当于北京话的"被"字句，B 式相当于北京话的"把"字句。但在"小王拨小周打败得"这类孤立的句子里，看不出到底谁打败了谁，要靠上下文才能判断。

这一类语法现象（其实也包含着词汇现象）在汉语方言里是大量存在的。过去我们只能看到零星的报告，难以形成对汉语方言某些语法现象或词汇现象的整体认识。而 41 卷分卷本恰恰包含了大量的这一类信息，充分挖掘这样的信息，进行综合比较研究，我们对汉语方言的研究，对整体汉语的研究就能得到进一步的提高。

（2）语言是一面镜子。41 卷分卷本方言词典蕴含着大量民族接触、人口迁移、民风民俗、社会变化等多方面的文化、经济信息。这些信息对于相关的其他人文社会学科都是十分珍贵的，对于推进这些学科的发展也有重要的学术意义。下面也举些例子说一说。

第一，避讳。《长沙方言词典》介绍长沙方言特点时就指出，当地因避讳而产生的一些词语颇具特色，例如依当地的习惯，"龙、虎、鬼、梦"等事物都不能直呼其名，甚至跟它们同音的一些字也要回避。

"龙"讳称为"搅石子"，"玩龙灯"叫"玩搅石子"，连"蒸笼"也得跟着改叫，"借蒸笼"叫"借搅石子"。"灯笼"叫"亮壳子"，长沙的一条"登隆街"口语里叫"亮壳子街"。

"老虎"讳称为"老虫、大虫"，"老虎钳"叫"猫头钳子"。"腐乳"的"腐"与"虎"同音，因而讳称为"猫乳"。"斧头"讳称为"开山子"，旧时衙门的"知府"叫"爬山子"，长沙的"府正街"口语里也变成了"猫正街"。

"鬼"讳称为"浸老官"，又叫"田几么、田老官、矮路子"等。

"梦"讳称为"南柯子"，"做梦"被说成"走浏阳、走混路子"。跟"梦"同音的"孟"字也要回避，姓"孟"说成姓"喜"。

第二，风俗。武汉方言的"笑狗天阴"的说法，源于旧时的一种风俗。当地旧时迷信认为，人冲着狗笑天便要下雨。因此天旱了要求雨，便把狗捆起来抬着，让人们对着狗泼水，使狗叫唤挣扎，逗人笑乐，以此求雨。（《武汉方言词典》：206）

盖头，通常理解为旧式婚礼上新娘蒙在头上遮住脸的红绸布。但银川地区的盖头是回族妇女的头衣和头巾，用棉布、丝绸或棉纱缝制，遮蔽头发或脖颈。这是成年回族妇女服饰上的一个重要标志。（《银川方言词典》：153）

成都方言有"霸床"和"铺床"的说法，也是一种风俗，专指结婚时的一种仪式。结婚当天晚上，要请双福双寿、子孙满堂的老年妇女为新人铺床，认为这样就能将铺床者的红运带给新婚夫妇。铺床的人手里拿什么，便说什么，大都是说些祝贺新婚夫妇的吉利话，如"霸床，霸床，对倒中梁，先引（生）儿子，后引姑娘"等。铺床时，新婚夫妇必须在场，亲朋好友也在一旁观看、说笑，铺床人往床上丢一样东西

（如枕头、被子之类），新郎便要给她一个红包。（《成都方言词典》：77）

第三，语源。"跑单帮"现在大概可以算作普通话的词语了，它来源于苏州方言。这个词产生于抗日战争时期，当时轻工业产品价格城乡差别很大，于是就从上海贩卖货物到乡下，要来回"跑"，又单独经营，故称跑单帮。（《苏州方言词典》：45）

（3）最重要的是，分卷本为整个汉语的研究，以至于普通语言学的理论研究提供了大量的新鲜事实。分卷本提供了30多万条语词，除去一部分方言共同使用的语词以外，还有数万条语词，以及大量的例句语料。这些语词和语料都是方言口语里常用的，一般字书、辞书多不收录。这些新鲜事实将有可能大幅度地提高汉语研究各个领域的研究水平。下面试举以"尘"字、"酸"字为首字的条目，把分卷本和《现代汉语词典》的收词情况略作比较。

"尘"字在普通话和方言里一般不单用，能单用的场合很少。《现代汉语词典》以"尘"字为首字的条目有"尘埃、尘暴、尘毒、尘肺、尘封、尘垢、尘寰、尘芥、尘虑、尘世、尘事、尘俗、尘土、尘雾、尘嚣、尘烟、尘缘"17条，其中只有"尘埃、尘垢、尘土、尘雾、尘烟"等条目是口语常用的或比较常用的，其他条目多见于学术论著或文言性论述。41卷分卷本方言词典以"尘"字作首字的条目很少，却补充了许多口语里常用的新条目，列举如下。条目字加北京话拼音方案标音用鱼尾方括弧括起，然后依次是条目出现地点、国际音标标音、注文和例句。下文"酸"字的体例大致与此相同。

尘 chén

【尘 chén】银川 tʂʰ ɤŋ˥ 特指屋内的尘埃：快过年了，该扫～了。

【尘打子 chén dǎ·zǐ】忻州 tʂʰ ɤŋ˩ taʌ˩ ·tə 拍打灰尘的一种用具，将许多布条扎在小细棍上做成 ‖ 南京叫"尘掸"。

【尘掸 chén dǎn】南京 tʂʰ əŋ˩ taŋ˩ 见"尘打子"。

【尘拂 chén fú】广州 tsʰ ɐ˩ fɐt˩ 马尾做的拂尘。

【尘亘连天 chén gèn lián tiān】忻州 tsʰ ɤŋ˩ kəŋ˥ liɜ˩ tʼiɛ˩ 形容尘土弥漫：他行～哩正拆房哩。

【尘灰 chén huī】梅县 tsʰ nɤ˩ foi˩，银川 tʂʰ ɤ˩ ·xuei，建瓯 teiŋ˩ ɣox˥ 错灰尘：扫地不洒水，丁屋的乱土见｜汽车一过，啥灰生落在物体上｜人一身的～（银川）｜三工扫三天没打扫，满厝都是～满屋子布满灰尘（建瓯）‖ 洛阳、忻州、西宁、哈尔滨叫【尘土】。

【尘堻堻 chén péng péng】广州 tsʰ ɐŋ˩ pʰɔŋ˩ pʰɔŋ˥ ①尘土飞扬貌。②尘土封住 ‖ 堻，《集韵》东韵蒲蒙切［尘也］。

【尘土 chén tǔ】洛阳 tʂ ɤn˩ tʰuʌ，忻州 tʂʰ ɤŋ˩ tʰuʌ˩，西宁 tʂ ẽ˥ tʰuʌ˩，哈尔滨 tʂʰ ne˩ tʰuʌ˩ 见【尘灰】。

【尘豸 chén zhì】厦门 tʰun˩ tʰua˩ 塔灰，室内房顶上或墙上的尘土，多指从房顶上垂下来的成串的尘土，像一长串的虫豸那样。

　　"酸"字在普通话和方言里很多场合都可以单用。《现代汉语词典》有"酸1""酸2（痠）"，两字的单字义项是 5 项，以"酸"为首字的条目有"酸败、酸不溜丢、酸菜、酸楚、酸酐、酸根、酸碱度、酸懒、酸溜溜、酸梅汤、酸牛奶、酸软、酸甜苦辣、酸痛、酸心、酸辛、酸雨、酸枣"18 条，其中只有"酸不溜丢、酸菜、酸懒、酸溜溜、酸梅汤、酸牛奶、酸软、酸甜苦辣、酸痛、酸枣"等条目是口语常用的，其他的也见于学术性或文言性论著。41 卷分卷本"酸"字的单字义项多达 11 项，以"酸"为首字的条目有 120 多条，以下选录若干条，个别条目的注文这里略有改动，与有关分卷本该条目的注文文字不完全相同。

酸 suān

【酸 suān】①（41 卷分卷本都收录，方言标音省略）像醋的味道。②〔银川、西宁、成都、贵阳、扬州、西安、苏州、崇明、宁波、上海、武汉、厦门、建瓯、南昌、济南、牟平、黎川、雷州〕因疲劳或疾病而引起的微痛而无力的感觉：腰～｜腿站～了｜手腕子写～了（银川）‖腰杆好～噢（贵阳）‖骨头～｜腰～｜骹骨脚～（厦门）‖走路走长了腰～｜脚腿都走～了（南昌）。③〔西宁、成都、贵阳、厦门、乌鲁木齐、梅县、太原、哈尔滨、杭州、福州、娄底、于都、牟平〕悲痛；伤心：心头～得很（贵阳）。④〔西宁、乌鲁木齐、丹阳、成都、贵阳、梅县、济南、太原、哈尔滨、杭州、宁波、于都〕旧时讽刺文人迂腐。⑤〔银川〕使变酸：～点菜。⑥〔建瓯〕（饭菜）馊了：隔暝的菜～掉了昨天的菜馊了。⑦〔雷州〕泛指有酸味的食物：嫜媳妇嗜～喜欢酸的食物，有侬怀孕啦。⑧〔柳州〕专指制的酸菜，名词：她最中意吃～。⑨〔扬州〕胆怯：他看到老王就～了，没得这门神了。⑩〔西安〕比喻说的话下流：咦说下流话咧～得很。⑪〔哈尔滨〕不随和；易动怒；好翻脸：他脾气贼～，动不动就急〔tçi˦〕了‖义项②也写作"痠"。

【酸饼 suān bǐng】雷州 sui˦˩ piaɴ˩˩ 柿子。

【酸菜 suān cài】①洛阳 suan˦ tsʰæ˧，银川 san˦˩ ·tʂʰɛ，西宁 suæ˧˩ tʂʰɿ˧，乌鲁木齐 suan˦ ·tsʰai，贵阳 suan˦ tsʰai˦，南宁 ɬui˦˦ tsʰia˦，西安 su˥˧ tʂʰɿ˦，太原 su˥˧ tsʰai˦，万荣 su˥˧ ·tsʰai 白菜等用开水烫过后，经发酵变酸了的菜。②广州 syn˦ tsʰɔi˦ = 〔咸（酸）菜 xián（suān）cài〕ham˩（syn）˦ tsʰɔi˦ 专指大芥菜腌成的酸菜。③温州 sø˥˩ tsʰei˦˩ 马齿苋，一年生草本植物。可作野菜及饲料。全草入药。④娄底 suɛ˧ tsʰe˧ 泡菜‖义项④又说"浸菜 tsin˦ tsʰe˧"。

【酸臭烂气 suān chòu làn qì】太原 su˥˧ tsʰəu˦ luɛ˦ læ˦ tçʰi˦①食物变质腐烂的气味：嚛菜～的不能吃咧。②形容迂腐文人的迂腐气：咦半瓶子醋，～的最没用。

【酸儿辣女 suān ér là nǚ】成都 suæ˦ ɚ˦ na˦ ŋy˦ 民间认为，孕妇如喜欢吃带酸味的食物将会生男孩，喜欢吃带辣味的食物则会生女孩，故称酸儿辣女。

【酸叽 suān · jī】哈尔滨 suan˦ ·tçi 形容爱发火翻脸：这人挺～，说急眼就急眼。

【酸叽尿腚 suān · jī niào dìng】哈尔滨 suan˦ ·tçi niau˦ tiŋ˦ = 〔酸叽尿色 suān · jī niào sǎi〕suan˦ ·tçi niau˦ sai˦ 形容态度不和蔼，说话难听：这人～的，说话贼不

着听。

【酸叽溜 suān·jī liū】哈尔滨 suan˧·tɕi liou˩ ①酸溜溜：炒菜忌讳醋搁多了，～的｜他有风湿，一到阴天下雨，全身的关节儿就～的难受｜他说话净努转［tʂuai˧］，～得像掉到酸菜缸里似的。②脾气不好；说话难听：他这人～的，动不动就撅小脸子给人看｜他说话～的，净带刺儿。

【酸姜 suān jiāng】①柳州 suā˥kiaŋ˧用子姜制成的酸菜。②广州 syn˥kœŋ˥醋泡姜，是五柳料之一，做五柳鱼的配料。

【酸浆味 suān jiàng wèi】扬州 suõ˨·tɕiaŋ ui˩ 像久置的发潮的芡粉、菱粉、豆粉等发出的味道。

【酸浆气 suān jiàng qì】宁波 sʮ˥˩tɕiã˥˩tɕʰi˨食物有点发酸的气味：浆板～。

【酸藠头 suān jiào tóu】南宁 ɬuɲ˥kiu˩ɬuet˩，武汉 san˥tɕiau˩·tʰou 盐醃制的藠头，味酸。

【酸净 suān·jing】万荣 suæ˩·tɕʰi ɛ ①指人的皮肤白皙，漂亮：这媳妇长得白水～的，真喜人漂亮｜咦女子打扮得真～。②（衣物）颜色鲜艳：这一样布～，兀样布太老气。③干净：我娃脸洗得真～｜衫子没有洗～，领子上还黑着哩。

【酸酒 suān jiǔ】于都 sõ˩·tsiu ＝〚醋 sù〛tsʰu˦ 见"酸醋"。

【酸口 suān kǒu】宁波 sʮ˥˩kʰəu˩ ①口味上感觉酸：下饭有眼～嘞，吢数可能坏掉的嘞。②形容令人生厌：该人～个，好胥眯渠。

【酸困 suān kùn】太原 suæ˨ kʰuŋ˧ 身体某部位因劳累而感到困乏：老一个姿势坐着，把腰脊骨坐得～～的｜端兀来大的炒瓢炒咾几个菜，累得手腕子～～的。

【酸懒 suān lǎn】哈尔滨 suan˧lan˧˩ 身体发酸而疲倦：他站着干了一天活儿，浑身～，回到家都不想动弹了。

【酸脸 suān liǎn】哈尔滨 suan˧ lian˩ 发火翻脸：他好～，人缘儿不咋地。

【酸溜溜 suān liū liū】①苏州 søl˩lʮ˩lʮ˩，贵阳 suan˩liou˩liou˩形容轻微嫉妒或心里难过的感觉：搞得他心头～的｜做些～的诗（贵阳）。②南宁 ʔui˩liu˥liu˩ ＝〚酸□□〛ɬuɲ˥lal˥lal˥ 使人肉麻难受的感觉：渠以为有啲文化，讲话～嘅，正恶听真难听‖济南说"酸溜溜的 suæ˩ liou˩·ti"。义项①扬州说"酸唧唧"。

【酸梅 suān méi】①太原 suæ˨mei˩，洛阳 suan˩niem˩，柳州 suã˥mei˩，福州 souŋ˥muoi˥乌梅。经过熏制的梅子，外面黑褐色，有解热、驱虫等作用。②广州 syn˥ mui˥醋泡青梅，用作菜肴的调味品。

【酸檬 suān méng】雷州 sui˦mɔŋ˩ 指柠檬树的果实，果皮黄色，果肉味极酸，可制饮料。

【酸乓气 suān pāng qì】杭州 sʮõ˩ pʰaŋ˦tɕʰi˥ 一种难闻的异味，如食物变质、人出汗后不及时洗澡，都会发出这种气味‖广州说"酸宿"。

【酸泡烂气 suān pào làn qì】太原 suæ˨ pʰau˩ læ̃˥ tɕʰi˥ 没发酵好而酸味过重的气味：馍馍碱小咧，～的不好吃｜酸菜炒动咾～的，吃动咾还行。

【酸胖 suān pàng】洛阳 suaŋ˥ pʰaŋ˩ 虚胖：你看他那～脸，难看死了。

【酸皮拉臭 suān · pi lā chòu】哈尔滨 suan · pʰi la˥ tʂʰou˥˩ 形容好翻脸，人缘儿不好：他这人～的，没人希的愿意搭理他。

【酸人 suān rén】萍乡 sõ˦ ȵiŋ˩˦ 让人感到酸：柑子～，不想吃。

【酸肉 suān ròu】柳州 suã˥ yu˨˩ 苗族和侗族的风味食品。用新鲜猪肉加盐和大米腌制而成的带有酸味的肉。

【酸软 suān ruǎn】①厦门 sŋ˥˨ nŋ˥˧（肢体等）软弱无力：行一日，一只骹真～。②厦门，广州 syn˥˧ yn˦ 因触碰到神经等筋络系统而产生一种酸痛的感觉：喙齿牙齿蚝，拄碰着烧冷会～痛。③广州 syn˥˧ yn˦ 被人胳肢的感觉：我好怕～‖也写作"痠软"。

【酸水 suān shuǐ】①贵阳 suan˥ suei˥˧ 存放一定时间，变酸了的淘米水叫酸水。可用来腌制酸菜，也用作猪饲料。②洛阳 suan˧ ʂuei˥˧ 胃酸多，反胃吐出来的有酸味的液体。

【酸痟 suān shěng】厦门 sŋ˥˨ san˨˩ 身体微痛而疲倦：做一日工，人真～‖也写作"痠痟"。洛阳说"酸疼"。

【酸涩塍 suān sè chéng】雷州 sui˧˥ siap˥ tsʰaŋ˩ 酸性土壤的农田。

【酸糖 suān táng】黎川 son˨˩ hɔŋ˥ 马齿苋，一年生草本植物，茎叶可以吃，也可入药，治痢疾、小儿丹毒等。

【酸坛 suān tán】柳州 suã˥ tʰã˨˩ 专门用于腌制酸菜的陶土坛子，沿肩有水槽，盖子盖在水槽中，灌水淹没盖口，可以隔绝空气。

【酸头 suān tóu】太原 suæ̃˩ tʰəu˩ 略带酸味：啐红枣可能是大枣和酸枣嫁接的，吃起来带～‖哈尔滨说"酸头儿"，雷州说"酸尾"。

【酸尾 suān wěi】雷州 sui˧˥ buɛ˦ 见"酸头"。

【酸性 suān · xing】哈尔滨 suan˥ · ɕiŋ 不随和；易动怒；好翻脸：这人挺～，不好处相处。

【酸嘢 suān yè】南宁 ɬun˥˧ ŋɛ˦ 街上小摊卖的一种酸味小吃，一般用木瓜、萝卜、白菜等切成薄片或细丝腌制而成。

【酸鱼 suān yú】柳州 suã˥ y˨˩ 苗族和侗族的风味食品。把鲜鱼处理干净，加盐和大米（有的用江米酒的酒糟和糯米饭）腌制而成的酸味鱼。

【酸支 suān zhī】温州 sø˧˨ tsei˧ 略有酸味：该两个杨梅有厘儿～个。

【酸枝 suān zhī】①广州 syn˥˧ tsi˥，东莞 søn˨˩˦ tsi˨˩˦ 红木，一种硬木。②东莞 søn˨˩˦ tsi˨˩˦荔枝的品种之一，核大、肉薄，味酸涩。

当然以上的比照有着某种偶然性和片面性。因为"尘"字、"酸"字是任意选择的，不见得每一个首字条目的情况都是如此。另外，各分卷本收取条目的范围和数量也不一样，所以自然会出现很多参差不齐的情况，甲地收录的条目，乙地没有收录，不见得乙地就没有这种说法，而是由于某种原因有意不收，或无意失收、漏收了。这是很难避免的。但是，从中可以看到，分卷本提供了大量新鲜的语言事实，说明了汉语方言的资源丰富这一点，却是毋庸置疑的。值得特别指出的是，语言学的研究其中心是语言的研究，语料永远是不可动摇的基础。跟语言学有着极其密切关系的一些新兴学科的兴起，如语言信息库、语料库等的建设，仍然有赖于大量的、新鲜的语言事实。可以预言，由于分卷本以及最近二十几年来相继出版的其他许多方言调查研究成果所提供的大量新鲜的、权威的语言事实，对于近年来在我国正在兴起的语料库建设，可能引起一次实质性的变革。任何一种汉语语料库，如果缺少了汉语方言所提供的大量语料，它都可能是不完整的。同时我们也不难想象，如果对这么大量的语言事实加以技术性处理，也很有可能推进语言识别、语言信息处理工程等方面的技术进步。

三、分卷本方言词典与方言比较研究

分卷本方言词典的出版是汉语方言研究发展到一个新阶段的重要标志之一。在继续加强方言语音研究的同时，把汉语方言的研究推进到深入开展方言词汇语法研究的新阶段，推进到大规模的汉语方言比较研究的新阶段。

这里着重讨论汉语方言的比较研究。这个方面近年来已经引起方言学家广泛的重视，并且颇有成绩，研究成果迭出。山西、山东已经有计划地成套地出版了一批方言志，湖南十五种方言研究丛书在 1999 年年底也已出齐。这些都是为一个省范围内的方言比较研究作准备的。广东相继对珠江三角洲的方言，粤北、粤西两个地区的粤方言进行调查研究，其已经公布的研究成果，实际上也是一个地域性的比较研究报告，对我们在更大范围内了解粤语方言是非常有帮助的。显然，这些地方的方言比较研究已经有了相当好的基础。由陈章太、李行健主编的《普通话基础方言基本词汇集》（语文出版社，1996）对官话方言的语音、词汇进行了广泛的比较，选点多，条目多，内容非常丰富，是汉语方言比较研究方面最重要的一部皇皇巨著。现在有了分卷本方言词典，其方言点分布广泛，几乎覆盖了汉语方言的主要分布区域，各点所反映的方言事实又非常丰富，在此基础上，完全有条件进行更大范围、更大规模的方言比较研究。下面从 41 卷分卷本中，举"夫、妻、厨房、灰尘、脖子、蚯蚓、休息、肮脏"八个条目，说明一下方言的词汇比较研究。

从这个比较中，我们可以知道：

（1）"夫"的说法有 10 种：男人、男的、汉子、先生、丈夫、老公、老汉、男客、男子、翁。其中"老公"和"男人"的说法通行范围最广、最普遍。

（2）妻 的说法有 14 种：老婆、媳妇、堂客、女的、女人、老马（老妈）、娘子、女客、家婆、老安、婆娘、妇娘、某、婆。其中"老婆"和"女人"的说法最普遍。请注意，丹阳的"老马"和建瓯、福州的"老妈"来历显然相同，是同一个词。

（3）"厨房"的说法有 27 种：厨房、饭屋、灶库、锅屋、锅上、锅间、灶屋、灶房、灶火、厨屋、饭厦、伙房、灶下、灶披、灶披间、灶头间、灶跟、镬灶间、镬头、茶廊房、厨下、灶前、□［tsak˩］下、灶边、下间、鼎间、灶。其中"厨房"的说法最普遍。

（4）"灰尘"的说法有 15 种：灰、土、土娄、灰尘、灰土、灰灰、土、尘（蓬尘、墙尘）、尘土、坌土、尘、尘灰、涂粉、涂沙粉、涂灰。其中"灰"和"灰尘"的说法最普遍。柳州的"墙尘"和崇明的"蓬尘"、上海的"墙尘"来历也是相同的。

	夫	妻	厨房	灰尘
哈尔滨	男人 nan˥ ·zən	老婆 lau˩ ·pʰɣ	厨房 tʂʰuˊ faŋ˥	灰 xuei˥
济南	男人 nã˥ zʅ˩	老婆 lɔ˩ʅ ·pʰə	饭屋 fã˥ ·u	垺土 pu˥ ·tʰu
牟平	汉子 xan˧ ·tə	老婆 lɔ˩ ·pʰo	灶库 tsɔ˩ ·kʰu	灰 xuei˩
徐州	男人 nɛ̃˧ ·zẽ	媳妇 ɕi˩ʅ ·fur	锅屋 kuə˧ʅ u˩	土娄 tʰu˩ ·lou
扬州	男的 liɛ̃˥ ·ti	堂客 tʰaŋ˥ kʰə˧˥	锅上 ko˩ ·saŋ	灰 ˥xuɪ
南京	男的 laŋ˥ʅ ·ti?	女的 ly˥ ·ti?	锅间 ko˥ʅ tɕʰiəŋ˥	灰尘 xuɛ˩ tʂʰeŋ˥ʅ
武汉	先生 ɕiɛŋ˥ ·sən	堂客 tʰaŋ˧ ·kʰə	灶屋 tsau˥ ·u	灰土 xuei˥ ·tou
成都	丈夫 tsaŋ˩ fu˥	老婆 nau˩ pʰo˩	灶房 tsau˩ faŋ˥	灰 xuei˥
贵阳	男人 lan˩ zən˩	女的 li˥ le˥	厨房 tsʰu˩ faŋ˥	灰灰 xuei˥ xuei˩
柳州	老公 la˥ koŋ˥	老婆 la˥ pʰo˩	厨房 tɕʰy˩ faŋ˥	蓬灰 pʰoŋ˩ tsʰa˩
洛阳	男人 nan˩ zən˩	女人 ny˥ zən˩	灶火 tsɔ˧ ·xuɐ	灰尘 xuei˥ tʂʰəŋ˩
西安	老汉 lau˥ ·xæ	老婆 la˩ pʰo˩	厨房 pfʰu˥ faŋ˥	土 ·tʰu˥
西宁	男人 nã˥ tsẽ˩	女人 mi˥ ·zɛ̃	厨房 tʂʰuˊ fɔ̃˧	尘土 tʂʰõ˥ tʰu˩
银川	男人 nan˥ ·zəŋ	女人 ny˥ ·zəŋ	厨屋 tsʰu˩ vu	灰 xuei˩
乌鲁木齐	男人 nan˥ ·zei	女人 ȵy˥ ·zəŋ	厨房 tʂʰu˥ faŋ˩	灰 xuei˩
万荣	男人 nɛ̃˧ zei˧	媳妇 ɕi˧ fu˩	饭厦 fɛ̃˥ ʂa	土 ˧tʰu
太原	男人 nɛ̃˩ zəŋ˩	老婆 lau˩ pʰɣ˩	厨房 tsʰu˩ fɔ̃˩	土 ˧tʰu
忻州	老汉 lɔ˩ xã˩	老婆 lɔ˧ pʰɛ˩	伙房 xue˩ fɛ˩	尘土 tʂʰəŋ˩ tʰu˩
丹阳	老公 lo˧ koŋ˧	老马 lo˩ ma˩	厨房 tsu˧ faŋ˩	灰尘 xuæ˩ tʂəŋ˥
崇明	男客 fiɲiɛ˩ kʰa?	娘子 ɲiɲ˥ tsʅ˧	灶下 tɕə˩ o˧	蓬尘 boŋ˥ zən˩
上海	男人 ne˩ ȵiŋ˩	老婆 lɔ˩ bu˩	灶披 tsɔ˧ pʰi˩	蓬尘 boŋ˥ zəŋ˩
苏州	男人 nø˩ ȵin˩	家婆 ka˥ bu˩	灶披间 tsæ˧ pʰi˩ kɛ˥	蓬尘 boŋ˥ zən˩
杭州	老公 lo˥ koŋ˥	老婆 lo˥ bo˩	灶头间 tso˧ ·dei tɕiɛ̃˥	灰尘 hui˥ dzen˩
宁波	男人 nɐi˥ ȵiŋ˥	女人 ȵy˩ ȵiŋ˩	灶跟 tso˥ kəŋ˥	蓬尘 boŋ˥ dziŋ˥
温州	老公 lə˥ koŋ˥	老安 le˥ ɣ˥	镬灶间 fio˩ tsə˥ ka˩	坌尘 baŋ˥ dzaŋ˩
金华	老公 lau˧ koŋ˧	老婆 lau˧ bɣ˧	镬头 o?o˥ diu˩	墙 oŋ˥
长沙	男人 lan˩ zən˩	堂客 tan˩ kʰə˩	灶屋 tsau˧ u˥	灰 fei˥
娄底	男人 nã˩ nin˧	堂客 doŋ˩ kʰe˧	茶廊坊 dzɔ˩ nɔŋ˧ ɣɔŋ˧	灰 xue˩
南昌	男客 lan˥ kʰa?˥	女客 ȵy˥ kʰa?˥	灶屋 tsau˥ ·uat	灰 fi˥
萍乡	男子 lã˥ tsʅ˥	婆娘 pʰo˩ ȵiõ˩	灶下 tsau˥ ha˩	灰 fi˥
黎川	老公 lou˩ ·kuŋ	老婆 lou˩ ·pʰo	厨下 tɕʰy˩ ha˩	灰 foi˩
于都	老公 lɔ˩ kəŋ˩	妇娘 fu˩ ȵiɔ˩	灶前 tsɔ˧ tsʰʅ˩	灰 hua˩
梅县	老公 lau˩ kuŋ˩	老婆 lau˩ pʰo˩	□下 tsak˩ ha˩	尘灰 tsʰən˩ foi˩
南宁平话	老公 lau˩ køŋ˥	老婆 lau˩ pu˩	灶边 tsau˩ pin˥	坌尘 pʰən˥ tsən˩
广州	老公 lou˩ koŋ˥	老婆 lou˩ pʰɔ˩	下间 ha˩ kan˥	烟尘 in˥ tsʰən˩
东莞	老公 ŋou˩ koŋ˧	老婆 ŋou˩ pʰɔ˩	下间 ha˩ kɐŋ˧	灰尘 fi˧ tsʰən˩
建瓯	老公 sei˩ œyŋ˥	老妈 sei˩ ma˩	鼎间 tiaŋ˥ kaiŋ˥	尘灰 teiŋ˥ xox˥
福州	老公 la˥ʅ uŋ˩(k−)	老妈 lau˥ʅ ma˩	灶前 tsau˥ʅ leiŋ˥(s−)	涂粉 tʰu˥ʅ uŋ˩(h−)
厦门	翁 aŋ˥	某 bɔ˥	灶骹 tsau˥ʅ kʰa˥	涂粉 tʰɔ˥ʅ huŋ˥

雷州	翁 aŋ˦	婆 pɔ˨	灶前 tsiu˩ tsai˨	涂沙粉 tʰu˨ sua˩ huŋ˧
海口	老公 lau˦ koŋ˦	老婆 lau˦ fo˨	灶前 tau˦ tai˨	涂灰 hou˨ hu˦

	脖子	蚯蚓	休息	肮脏
哈尔滨	脖子 pɤ˧·ʂ	曲蛇 tɕʰy˧ʅ ʂʅ˧	歇 ɕiɤ˧	埋汰 mai˨·tʰai
济南	脖子 pə˧·ʂ	曲蟮 tɕʰy˥ʅ·ʂ̩	歇歇 ɕiɤ˧·ɕiə	邋遢 la˥ʅ·ta
牟平	脖颈子 po˥ˈ kəŋ˥ʅ·tə	曲蛇 tɕʰy˥ʅ ɕiɤ˧	歇憩 siə˥·tɕʰi	派赖 pʰai˥·lai
徐州	脖子 puə˨·ts	地蛐 ti˦ tɕʰy˦	歇歇 ɕiə˨ʅ·ɕiə	腌渍 ɑ˦ʅ·tsa
扬州	颈亢 tɕiŋ˩ kʰaŋ˦	曲蟮 tɕʰi˥ʅ ɕiə̃˥	歇 ɕie˧	脏 tsaŋ˦
南京	颈子 tɕin˩·tsʅ	曲蟮 tɕʰy˨ʅ tsaŋ˨	歇 ɕie˨ʅ	脏 tsaŋ˦
武汉	颈子 tɕin˥ʅ·tsʅ	曲蟮 tɕʰiu˥ʅ ŋaŋ˨	消停 ɕiau˥·tʰin	拉瓜 na˨·kua
成都	颈项 tɕin˥ xaŋ˨ʅ	曲蟮儿 tɕʰy˥ʅ ɕeə˨	歇气 ɕie˨ʅ tɕʰi˨ʅ	脏 t ʂaŋ˦
贵阳	脖颈 po˨ʅ tɕiaŋ˩	曲蟮 tɕʰui˨ʅ nei˨	歇下 ɕie˨ʅ xa˦	□胡 la˥ fu˨
柳州	颈脖 kiən˥ po˩	鸭虫 ia˩ tsʰoŋ˨	敲困 tʰy˦ʅ kʰun˨	污糟 fu˨ tsa˧
洛阳	脖子 pə˨ʅ·tsə	曲蟮 tɕʰy˥ʅ tɕʰyan˧	歇歇 ɕiɤ˧·ɕie	肮脏 aŋ˧·tsaŋ
西安	脖项 po˨ʅ·xaŋ	蛐蜒 iou˥ʅ·iæ̃	歇 ɕiɤ˨	脏 tsaŋ˦
西宁	板颈 pã˥ʅ·tɕiɔ̃	(泥) 曲蟮(mi)tɕʰy˥ʅ·ʂ̩	缓儿个 xuɤ˦˧·ko	黴黬 lɤ˧ tɕi
银川	脖子 pə˨ʅ·tsʅ	土虫 tʰu˩ʅ tsʰuəŋ˨	歇缓 ɕie˨ʅ·xuan	脏 tsaŋ˦
乌鲁木齐	脖子 pɤ˦ʅ·tsʅ	蚯蚓 tɕʰiyu˦ iŋ˩	缓 xuan˨	脏 tsɑŋ˦
万荣	脖项 pʰɤ˨ xʌŋ˨	蛐蟮 tɕʰy˨ʅ·sæ̃	歇 ɕiɛ˨˥	肮脏 ŋʌŋ˨˥·tsʌŋ
太原	脖子 paʔ˨˥·tsə	曲蟮 tɕʰyə˨ʔ sæ̃˧	圪歇 kə˨ʔ˥ ɕiə˨ʔ	日脏 zə˨ʅ˥ zɔ̃˩
忻州	脖子 pʰuɔ˦˩·tə	蛐蟮 tɕʰyə˥ʔ ʂ̩˥	歇 ɕiɔ˧ʔ	日脏 zə˨ʅ˥ tsɤ˨˥
丹阳	颈梗 tɕʰiŋ˩ keŋ˦	曲蟮 tɕʰci˩ʔ ci˩	歇派 ɕi˨ʔ˥ pʰæ˨	脏 tsaŋ˦
崇明	颈骨 tɕiŋ˦˥ kuə˨ʔ	触蟮 tsʰo˩ʔ zø˦	爽 sã˥	恶足 ʔo˨ʔ tso˩ʔ
上海	头颈 dɣ˦ʅ tɕin˦	曲蟮 tɕʰyo˥ʔ zø˨	歇 ɕie˨ʔ	醒醒 o˨ʔ˥ tsʰɔ˨˥
苏州	头颈 dɣ˦ʅ tɕin˥ʅ	曲蟮 tɕʰio˥ʔ zø˨	歇歇 ɕiɤ˥ʔ ɕiɤ˥ʔ	醒醒 o˥ʔ tsʰo˥ʔ
杭州	胫颈 dei˦ tɕin˩ʅ	蛐蟮 tɕʰio˥ʔ zʮo˦	歇歇 ɕiɤ˨ʔ ɕiɤ˨ʔ	峰 foŋ˧
宁波	头颈 dœɣ˦ʅ tɕiŋ˩ʅ	促移 tsʰo˩ʔ fii˨	歇 ɕii˥ʔ	腻腥 ɲiɕi˦ʅ ɕiŋ˩ʅ
温州	头颈 dyu˩ʅ tɕiaŋ˩ʅ	康蛇 kʰuɔ˩ʅ ɕu˩	歇 ɕi˨ʅ	鏖糟 ɔ˦ʅ tsə˦
金华		水鮶 ɕuɣ˥ʅ mio˩	歇 ɕio˩	遮捏 tɕiɤ˩ ɲiɤ˩
		蟮鮶 ɕyɣ˥˥ mie˩		
长沙	脖根 tɕin˩ kən˦	曲蟮子 tɕʰue˩ ʂ̩ʅ son˩·tsʅ	歇(气) ɕie˩ (tɕʰi˩)	邋遢 la˩ tʰa˩
娄底	颈颔 tɕiɔ˩˥ kʰo˩˥	蛐蟮子 tɕʰioi˩ ɣ˩ʅ·ʂ̩	歇 ɕie˩	□赖 pʰa˩ la˩ʅ
南昌	颈 tɕiaŋ˩	寒蟮 hon˦·tɕin·tsʅ	消停 ɕieu˩ʅ·tʰin	腌渍 ŋav˩·tsa
萍乡	颈牯 tɕiã˩ ku˩ʅ	回蛇 fi˩ ɕiẽ˩	歇 ɕiɤ˩	雷堆 li˩ ti˩ʅ
黎川	颈 kiaŋ˧	塘蚁 hɔŋ˩·ɲi	莱歇 hiɛ˥ʔ	□□ lai˦·tai
于都	颈 tɕiã˦	蛸 ɕʅ˩	放肩 hɔ˩˦ tɕʅ˦	屙糟 ɣ˩ tsɣ˩
梅县	颈筋 kiaŋ˦ kin˦	蛸公 hian˥ kuŋ˦	休息 hiu˦ʅ sit˨	抠纽 eu˦ neu˥
南宁平话	颈 keŋ˦	土睨 tʰu˩ ɲyn˦	敲 tʰua˩	醒醒 ok˥ tsʰok˥
广州	颈 keŋ˧	黄蛸 uɔŋ˦ hyn˧	敲 tʰua˧	污糟 u˦ tsou˧

107

东莞	颈 køŋ˧		敨 tʰau˧	赖湿 ŋai˩ sɔk˩
建瓯	仲仲 tœyŋ˧ tœyŋ˧	加溜蜿 ka˧ liu˩ xyi˩	歇闲 xyɛ˧ xaiŋ˧	邋刮 la˩ kua˧
福州	项 houŋ˧	□蚓 ka˥˩˥ uŋ˥	歇 hyo˧	醒龊 ou˧˥tsuo (ɔu?)tsʰuo˩
厦门	领管 am˧˥˩ kunˢ˩	涂蚓 tɔ˥ ˧˥unˢ˩	歇（睏）hioʔ˥˩˧˥(kʰunˢ˩)	流疡 lau˩˧ siɔŋ˧
雷州	头蒂 tʰau˩ ti˥	涂蚓蚰 tʰu˩˧˩ un˥˩˩ zi˩	歇乏 hia˥ hak˩	邋滞 lap˩ tsei˥
海口	胫蒂 ʔdau˥ ʔdi˥	涂蚓 hou˥˥ huŋ˥˩	歇 he˥	屍脏 ka˧ to˧

（5）"脖子"的说法有 23 种：脖子、脖颈子、颈亢、颈子、颈项、脖颈、颈脖、脖项、板颈、颈梗、颈骨、头颈、胫颈、颈根、颈领、颈、颈牯、颈筋、仲仲、项、领管、头蒂、胫蒂。其中"脖子"和"颈"的说法最普遍。

（6）"蚯蚓"的说法有 24 种：曲蛇、曲蟮（蛐蟮）、地蚰、鸭虫、曲蜷、蚰蜒、土虫、蚯蚓、触蟮、促移、康蟮、水麵、蟮麵、寒蟥子、回蚓、塘蚁、蚓、蚓公、土聎、黄蚓、加溜蜿、□［ka˥˩˥］蚓、涂蚓、涂蚓蚰。其中"曲蟮"的说法最普遍。"曲蟮"的"曲"有的方言写作"蛐"。

（7）"休息"的说法有 18 种：歇、歇歇、消停、歇气、歇下、敨困、缓儿个、歇缓、缓、圪歇、歇派、爽、休息、敨、歇闲、放肩、歇（睏）、歇乏。其中"歇"和"歇歇"的说法最普遍。

（8）"肮脏"的说法有 25 种：埋汰、邋遢、派赖、腌渍、脏、拉瓜、□［la˥］胡、污糟、黩黕、日脏、醒龊（恶足）、坌、腻腥、鏖糟、遮捏、□［pʰa˧］赖、雷堆、□□［lai˩·tai］、屙糟、怄纽、赖湿、邋刮、流疡、邋滞、屍脏。其中"脏"和"醒龊"的说法最普遍。

这里排列的材料远不是周全的。限于篇幅，每个条目在方言里只列出一种说法，而实际上每个条目在词典里可能记录了多种说法。有的看不出其间的差异。如"灰尘"，《温州方言词典》第 309 页除了说"坌尘"外，还说"坌塕"［baŋ˧˥˩ yoŋ˥］、"蓬尘"［boŋ˥˩ dzaŋ˥˩］；又如"妻"，《崇明方言词典》除了第 202 页"娘子"［ɦŋiã˩ tsʅ˥˩］外，第 15 页还有"女客"［ɦŋi˥˩˥ kʰaʔ˥］、"女个"［ɦŋi˥˩˥·go］、"女人"［ɦŋi˥˩˥ ȵin˥˩］，但从注文和例句上也看不出用法上有什么差别。估计在口语里"女客"用得多，"娘子"现在可能用得很少。有的有多种说法但可以看出其间的差异。《南京方言词典》第 47 页"女的"，又"女人"［ly˩ zən˧］，都有一个义项指"妻"，但说明"女的"较通行，没有明显色彩，"女人"则"语气较俗"；第 54 页又收"马马"［mɑ˩·mɑ］，注为"妻之俗称"。如果把以上这两类广义的同义词算在内，那么每个条目在方言里的说法就会大量增加，例如"妻"的说法就不是 14 种，按照分卷本的记录还要增加"正娘、路头妻、屋底人儿、婆佬、厝里、家主婆、家里、屋里人、婆婆、老半口子、老娘们儿、女过、婆婆子、牵手、婆姨、央格子、家下、家来、奶老、老爱" 20 种说法，它们在不同的方言里，在不同的场合下，具有不同的色彩，都可以指"妻"。如果我们比较的不是 41 种方言，而是 50 种、60 种或更多一些，那么将会有更多、更精彩的发现。

这个比较很有意思。我们是无意间选择这八个条目来作比较的。把这个比较结果拿《现代汉语词典》（商务印书馆，1978）检验一下，说明《现代汉语词典》的编者高明。《现代汉语词典》不但收"老公、老婆",也收录了"男人、女人",义项都是夫或妻的意思,还收录"老汉"条,如果加上第三个义项,说明方言也指"丈夫",也许使释义更全面。同时《现代汉语词典》收录"灰、灰尘,颈、颈项,曲蟮(蛐蟮),歇、歇闲,脏、腌臜"等,都跟我们比较以后得出通行范围的结果十分相合。可见这部词典收录条目、注文释义,学术性含量很高。如果以分卷本方言词典为主体,再加上已经出版的其他方言材料,拿出几百个或上千个条目进行这样的对比,它将显示出汉语方言极其丰富的资源。我们还可以把比较的结果,逐条绘制成汉语方言语词分布图,从中可以看到汉语方言统一性和分歧性的实际情况,看到汉语的整体面貌。这个不仅对汉语方言学本身,而且对词汇学、词典学、语言规范等语言学的其他分支学科,都会提供非常有益的帮助。

四、分卷本方言词典编纂说明

上文说过,像编纂分卷本这样有计划、大规模地编纂方言词典,在我国还是第一次。但是分散编纂的地点方言词典,近年来出版过很多,并且各有特色,都编得不错。鉴于汉语方言的复杂程度以及其他各种需要,无论是分卷本方言词典,还是其他的地点方言词典,都是远远不够的。因此,今后还会继续编纂各种各样的方言词典。在这方面,分卷本应该能够提供某些借鉴。下面就分卷本方言词典的引论、正文和索引等几个部分的内容作些说明。

首先说引论。引论在分卷本词典中所占的篇幅不多,但其重要性不可忽视。一般分为八节。第六节是凡例,第七节是常用字注释,第八节是音节表。这三节是帮助读者使用分卷本的一种技术性处理,包括提供检索上的方便。

最重要的是前面的五节。第一节是方言地点的历史地理简介,包括介绍现在的行政区划和民族人口情况。第二节讨论方言的内部差别,通常包括地理差别和年龄差别。年龄差别往往和新老派差别有关系。描写这种差别对认识该方言有重要价值。例如成都市及其郊区的方言虽然都是西南官话,但市区方言与部分郊区和邻近的县的方言差别较大,市区内部的方言也有小的差别。同时,60 岁以上的人与 40 岁以下的人相比较,方言也略有差别。这往往反映为新派与老派的差别。重要的是,新派与老派的语音差别,实际上是成都话的城乡差别,"城区内 30 岁以下的青年人多数说新派话,城区老年人和郊区农村多数人说老派话"。长沙方言内部也同时具有地域上和年龄上的差别,而且两者是互相交叉的。"就目前情况看,新派居于多数,老派居于少数,在郊区及农村仍为老派。城郊的差异其实也是新派与老派的差异。"《长沙方言词典》编纂之初,曾设想过以记录城区多数人的新派语音为主,但几经斟酌,最后还是以城区少数人的老派语音为主。因为长沙老派人数虽少,但能区分 [ts tsʰ s] 和 [tʂ tʂʰ ʂ] 这两套塞擦音和擦音声母,而新派人数虽众,但不能区分这两套声母,而合为 [ts tsʰ s]。记录方言收音类多的为宜,在说明上也有方便之处。许多方言点都有类似成都或长沙的情况。在这种情况下,分卷本通常以记录城区老派音为主,同时适当兼顾郊区及新派的说法。这是为词典内容取舍所规定的一个标准。引论第三节是方言的声韵调，第四节是方言的单字音表。这是介绍方言的语音系统的。通过这两节，读者可以了解地点方言的主要语音特点，以及语音结构和语音演变的规律，这对于深入研究该地点方言是极其必要的。近年出版的许多地点方言词典缺少单字音表的内容，可能是个缺点。分卷本加了这个内容，使表现方言的语音系统完整化了，应该看作是个优点。但是这个单字音表怎么做？颇有讲究。有两点应该特别注意：一是应该包含该方言的所有音节；二是特别要注意包含本词典条目中所隐含的本方言的音节。在这一点上有些分卷本做的单字音表还有可改正之处。第五节是介绍方言的最主要特点，这一节是所有分卷本引论的最主要的部分。有些分卷本这一节的内容非常精彩。例如《广州方言词典》对广州话变音的描写，《福州方言词典》对松紧音的描写，《长沙方言词典》对忌讳词的介绍等，比起以往的同类论述，更显得言简意赅，给人留下非常深刻的印象。实际上，人们认识一种方言，往往是从认识这种方言的最主要特点入手的。因此，引论中的这一部分，在分卷本方言词典中往往有画龙点睛的作用。

下面讨论词典的正文，这是各分卷本的主体。其中有两个问题应该着重谈一谈。

（一）收录的条目

41 卷分卷本方言词典是为编纂综合本的《现代汉语方言大词典》作语言事实上的准备的，因此，在编纂之初，就重视各分卷本材料内容上的可比性。为此，编委会制定了《汉语方言词汇调查表》，作为分卷本词典的必收条目，有 2 000 个条目左右。这些条目里大致包含了一般汉语方言里可供比较的常用词语，同时包含了已知的某些方言里有特殊用法的词语。

有读者问，方言词典只要收录与普通话不同的条目，跟普通话只有读音差异的条目是否可以不收？这个话也对但不完全合理。由于篇幅的限制，方言词典首先应该收录与普通话意思不同的或有差异的条目，这是主要的。但每种方言的词汇也有其自身很强的系统，一是分类上的完整性，例如身体各主要的部位的名称，从头到脚不能缺收，哪怕是跟普通话意思完全相同的，否则在身体类的词汇系统里，就缺乏了自身的完整性。某方言词典如果收录了"头、手、脚、胸、腰、臀"等各部位的方言名称，就必须收录"脸、脖子、脊背"等身体部位的条目。二是词语本身的对称性，某方言词典如果收录了"日、天、上、高；兄、姐、夫、公"等条目，那么就必须收录跟以上这些条目相对称的"月、地、下、低；弟、妹、妻、婆"这一类的条目，即使是这些条目和普通话的意思完全相同。如果漏收了"脖子"等条目的名称，读者就会提出这个方言的"脖子"等东西该叫什么？像"脖子"这样的条目没有被收录，读者凭借什么去判断是否跟普通话的说法相同？另外，有些表面上和普通话相同的条目，在有些方言里可能具有某种特殊的作用。例如 1～10 这 10 个数字，在厦门、雷州、海口等处的方言里可以反映出文白异读的两套读音系统；又如"排球"这个东西，在笔者的漳平（永福）方言口语里叫"网球"，普通话的网球，在那里就不会说。如果方言词典里排除了这些看似与普通话相同的条目，那么就有可能忽略掉某些方言的一些重要特点。所以，在条目的选择上不能完全绝对化，特别考虑到分卷本方言词典是一种规划性很强的系列词典，这一点显得特别重要。应该指出的是，恰恰在这个方面，有少数的分卷本因为大意，造成了一些不该出现的错漏，这是值得注意的。

（二）条目的注释

方言词典的注释不同于一般性语词词典的注释。一部高质量的语词词典如《现代汉语词典》，讲究学术性、定义性，追求周全、严密。因此，即使是对一般人来说理解完全没有困难的词语，也要力求详细、完备。特别是面对诸如动植物、天文地理、科学技术等词语时，尤其如此。例如《现代汉语词典》第 779 页"老虎"条注为"虎的通称"，第 549 页对"虎"的注释首先是严格的动物学定义："哺乳动物，头大而圆，毛黄色，有黑色斑纹。听觉和嗅觉都很敏锐，性凶猛，力气大，善游泳，不善爬树，夜里出来捕食鸟兽，通称老虎。"对于方言词典来说，注释的关键是准确说明条目所指的是什么，可详可简，详简得宜，估计一般读者都懂了就行。为了达到这个目的，采取什么样的注释行文都可以。长沙把"老虎"称为"老虫"或"大虫"，就《长沙方言词典》来说，对这个条目的注释可以有以下几种选择：①老虎；②老虎，一种猛兽；③照引上述《现代汉语词典》的注文。前两种注释估计一般读者明白老虎指的是什么，无须多费笔墨；后一种注释照引《现代汉语词典》原文，虽然烦琐，但并没有错。哪一种最好呢？要看条目的具体情况而定，很难事先预定条条框框。

分卷本方言词典的注释很难整齐划一，现在看来可以改正的地方还很多。但总体上还说得过去。不过在编纂的过程当中，笔者曾发现一些词典的某些条目的注释有失水准，这里分类列举数条，以为今后编纂方言词典的借鉴。这些条目原来的注释文字在正式出版的分卷本中，都已经改正，无须指出曾见于何种分卷本。

1. 以学术名称或定义性名词注方言

这种注释多见于动植物之类的条目，表面上看似简单，实际上给使用者造成麻烦，必须再去查检其他辞书或专业书籍才能看明白这里的注文。

【老虎卵】lou˧fu˧lon˧ 云实，一种草药 ‖ "云实"见《辞海》1085 页。

按，应改为：一种植物，学名云实。根可入药，治腰痛、毒蛇咬伤；根的汁液治骨哽及喉痛；种子可用于治痢疾及肠寄生虫病。

【对头儿鱼】tuei˥ tʰour˧ ˥˥鳊的别称。

按，应改为：鳊鱼，身体侧扁，头小而尖，鳞较细，生活在淡水中。

【颈病】køŋ˧ ŋɛk˥ 瘰病。

按，应改为：病。多发生在颈部，有时也发生在腋窝部，是由于结核杆菌侵入颈部或腋窝部的淋巴结而引起的，症状是局部发生硬块，溃烂后经常流脓，不易愈合。

【小舌头儿】çiɑo˥˥ çiə˥·tʰour 小舌；悬雍垂。

按，应改为：软腭后部中央向下垂的肌肉小突起，略呈圆锥形。咽东西时随软腭上升，有闭塞通路的作用。

【靸拉】saʔ·la 靸（多含贬义）：看你像个啥样子，~个鞋就跑伢屋里去咧。

按，注文部分应改为：穿鞋时把鞋后帮踩在脚后跟下（多含贬义）。

【核桃疙瘩（子）】xɯ˧·tʰau kɯ˥·ta（·tsɿ） 踝子骨。

按，应进一步注释为：踝子骨，小腿和脚之间，内外两侧的突起部分，内侧的突起部分叫内踝，外侧的突起部分叫外踝，核桃疙瘩（子）是内踝和外踝的总称。

2．以方言注方言

多见于用北方方言的某些词语来注释南方某些方言的条目。这也常常会给使用者造成困难。

【两手儿】liaŋ˧˩ souɭ˧˩　两下手；两把刷子：今天我来露~，给你们炒两个拿手菜｜他治这种病真有~。

按，应改为：指做事有办法，手艺或技术上有一套本事。

【鼻屎】pʰiˊ siˋ　鼻牛儿。

按，应改为：鼻腔里干结的鼻涕，有的地方叫"鼻牛儿"。

【蘱餐】tsʰiˋ tsʰɛŋˋ　蹭饭：今餐没饭食，走嚟你屋企~。

按，应改为：趁机会吃不花钱的饭，北京话叫"蹭饭"。

【猪镰铁】tsy˧˩ ŋin˧˩ tʰit˧˩　猪的沙肝儿。

按，应改为：指作为食品的猪的脾脏。

【哈什蚂子】xaˊ ·ʐ ·maˊ ·tsɿ　哈什蚂‖满语音译加"子"。

按，应改为：满语借词，指一种蛙，为我国特产之一，主要产于东北各省。身体灰褐色，生活在阴湿的地方。雌性的腹内有脂肪状的物质，叫哈什蚂油，中医用作强壮剂。

3．循环性的注释方言条目

这是用包含条目字的句子来注释条目，实际上条目本身并未得到解释。

【头风】tʰau˧ foŋ˧˩　民间认为头风是引起头疼、头晕等头部症状的原因：△川芎、白芷煲鱼头去~。

按，首先要注出什么是"头风"，注文应改为：头部由于受风寒等而引起头疼、头晕等的症状。

【吊杀鬼】tiɔ˧˥ saˊ˧˥ tɕy˧˥　迷信认为吊死的人变成吊杀鬼。

按，应改为：迷信的说法，称上吊而死的人变成的鬼叫吊杀鬼。

【三轮车】sɛ˧ lɵŋ˧˥ tsʰoˊ˧˥　一种载客的三轮车。

按，应改为：一种载客的有三个轮子的交通工具。

4．举例性的注释

这种注释等于没有注释。

【筛米】soiˋ mɔiˊ　用筛子筛米。

按，应改为：用筛子把米里的糠皮、杂物等弃掉。

5．其他一些不妥的注释

【沙土地】saˋ ·tu ti˧　由80%以上的沙和20%以下的黏土混合而成的土壤。

按，原注文是一条土壤学上的定义，用于方言词典，失之太过精密。应改为：泛指含沙很多的土。

【捡牛屎】kɛn˧˩ ŋuˊ siaˋ　拾牛屎。

按，原注文等于没注。应改为：旧时农村有人沿路拾取牛粪，积攒作为肥料，叫捡牛屎。

【平头百姓】pʰəŋˋ tʰauˋ pɛˋ saŋˋ 布衣。

按，以文言注方言有时是可以的，但此处不妥，注了反而让一般人不知所云。应改为：普通老百姓；没有任何官职的人。

【胭脂】zinˋ ziˋ 一种红色涂脸的装饰品。

按，原注不确切，不落实。应改为：一种红色的，用于唇上或脸上的化妆品。

【汏脑子】dɑˋ noˋ tsɿˊ 把某种思想灌输给人，相当于杨绛说的"洗澡"。

按，原注前一句话是对的，后一句话完全多余，不能设想方言词典的读者都看过杨绛的作品。

以上例子说明了注文中的失当之处，还有其他一些缺点，不能一一列举。总之，编纂方言词典跟编纂其他语词性词典一样，给条目下一个好的注文，是最费斟酌的地方。这里顺便说一下跟注文有关的例句问题。词典中的例句往往可以补充有些注文的欠缺，起到帮助使用者正确理解注文的作用。因此，选择适当的口语例句对分卷本方言词典来说也是极其重要的。有些条目，一看就明白，一注就清楚，如"桌子、椅子、锅、碗、瓢、盆"这样的具体事物名词条目，加了例句反而有画蛇添足之嫌，但语法性很强的条目，如某些动词、形容词和一些抽象名词的条目，一般都应该加上一个甚至若干个例句。例句必须是完整的一句话，切忌说半句话。

现在再讨论词典的书后部分。分卷本词典的书后部分是两个索引，一个是条目的义类索引，另一个是条目的首字笔画索引。这两个索引都是为了给使用者提供检索方便而设置的。实际上分卷本词典还有另一个检索系统，那就是书前引论部分的最后一节"××方言音节表"。音节表是从语音的角度提供的检索系统。书后部分的两个索引是从非语音因素的角度提供的检索系统。性质不同，目的都是一样的，都是为了方便使用者的查检。已知某种方言条目读音的人可以使用音节表查找；已知某种方言条目字形的人可以通过首字笔画索引查找；希望专找某一类别条目的人可以通过义类索引进入词典正文。

条目首字笔画索引比较简单，很多辞书都有这一类索引，一般也大同小异。设定条目的义类索引是分卷本方言词典的突出特点之一，一般辞书鲜见。关于方言条目的义类划分，大致上都依据分卷本编纂之初编委会所拟定的《方言词汇调查表》，分为29大类：

1. 天文	9. 称谓	17. 讼事	25. 形容词
2. 地理	10. 亲属	18. 交际	26. 副词、介词等
3. 时令、时间	11. 身体	19. 商业、交通	27. 量词
4. 农事	12. 疾病、医疗	20. 文化教育	28. 附加成分
5. 植物	13. 衣服穿戴	21. 文体活动	29. 数字等
6. 动物	14. 饮食	22. 动作	
7. 房舍	15. 红白大事	23. 位置	
8. 器具用品	16. 日常生活	24. 代词等	

以上 29 大类中，有的类包含的内容多，所收的条目也多，下面再分为若干小类。有的分卷本认为统一划分的大类和小类，还不够容纳该词典的所有条目，于是另外增加了大类或小类。所以有的分卷本有 30 大类，甚至有 31 大类，小类的划分差别就更大。在这方面编委会只要求大体相同，并不要求绝对一致。

词典条目的义类划分，是把意思上相同、相近或相关的条目放在一起。这样做对方言词典的编纂者来说有利于按意义上的联想收录同类的相关条目，进行相关注释，相对来说系统性较强；而对使用者来说，可以先找类别再查条目，然后根据条目页码去找正文，相对说来检索起来可能容易一些。但是义类索引也有缺点。一是大类的划分不能贯彻始终，天文地理、动物植物、饮食用具、人品称谓等可以按意义划分，碰到"而且、但是、就、也"之类的语法性条目就得改按语法功能划分，所以大类里头就出现了形容词、副词、量词等类别，跟其他的意义类别显然是不一致的。二是分卷本方言词典的条目所指比较宽泛，所谓条目可能是单音词，也可能是多音词，甚至可能是短语（包括成语），有时还可能是句子（很多熟语都是成句的），因此很多条目类别归属往往难以确定。三是词类有跨类问题，条目的义类分类也有跨类的问题。一大批的抽象词语甚至面临无类可分的处境，特殊的地名、姓氏、武器等条目该归哪一类，也莫衷一是。

我们很早就意识到义类索引所面临的这几个方面的困境，相应地采取了一些措施。上文说到的建立三套检索系统，使之互相补充功用范围；放宽大类小类的类别限制，并不要求绝对一致，就是其中的措施。另外还明确作出了有些条目可以在不同大小类里重复出现的规定，以解决跨类问题。但是，应该看到，分卷本方言词典里的义类索引缺点毛病还是很多，除了以上说到的原因之外，义类索引在制作程度上不够成熟，各分卷本编纂者在某些条目的理解上有差异，也是一个重要的原因。尽管如此，分卷本方言词典首次大规模地建立了义类索引的检索系统，不啻是一个大胆的尝试，以后在实践的过程中可以逐步改善，其成功的因素也许会更多一些。

以上是笔者在《现代汉语方言大词典》分卷本行世一年多来，对词典一些问题的思考。编纂这样规模浩大的方言词典，过去没有做过，所以没有现成的经验。因此，从总结经验教训的角度，对分卷本方言词典进行客观的评论是必要的。这也是写作本文的目的。唯有如此，我们才能编纂好综合本的《现代汉语方言大词典》，才能把今后的方言词典编得更好。笔者还经常想，分卷本的方言词典确实是一笔巨大的财富，读者要善于利用这笔财富，从中发掘更多的资源，扩展方言研究和语言研究的空间。请诸位同道，加倍努力，作更多的贡献。

（本文原载于《方言》2000 年第 2 期）

评介《广州话方言词典》

詹伯慧

一

汉语方言的调查研究越来越受到国内外学者的重视，近几年来发表在各种学术刊物上的方言研究成果越来越多。就连长期以来处于薄弱环节的方言词典工作，也开始出现了喜人的景象。由饶秉才、欧阳觉亚、周无忌编著的《广州话方言词典》已于1981年12月由商务印书馆香港分馆正式出版了。这是一部收录广州地区方言词（语）四千多条、字数五十多万的方言词典。

二

我国历来的语文学家，素有搜集各地俚俗土语、探索方言词汇异同的传统。扬雄（公元前53年—公元18年）的名著《方言》，就是世界上第一部系统的方言比较词汇集。后世人们编修各地方志，往往也以一定的篇幅列举若干本地独特的词语，加以必要的解释，也就算是地方志中的"语言篇"了。然而，要真正做到把各地方言在词汇上的差异进行一番全面而系统的分析研究，须借助于在广收某地方言词语的基础上编纂的科学的方言词典。近几十年随着国外语言学理论、方法的输入，从20世纪20年代起我国兴起了调查研究汉语方言之风，五十年来出版了一些颇有分量的方言调查专著，然而，方言词典的编纂却几乎可以说是阙如。早期传教士为了传教而编写的一些方音字典，一般来说，质量上是很难令人满意的。在汉语方言中占有重要地位，在海外侨胞和华裔中影响极大的粤方言，尽管近几十年来在海外出版过各种粤语词典，有的篇幅颇大，有的在实用上有一定价值，但是，编这类词典的目的大都偏重于帮助海外人士学习常用粤语，学术价值并不高。《广州话方言词典》的三位作者，一方面充分利用前人的研究成果，另一方面融进自己多年研究和实践的心得，使得这部方言词典能在一定程度上反映出现代粤方言词汇研究的水平。

三

这部《广州话方言词典》，至少在以下几个方面值得我们重视：

1. 编写的目的比较明确

一部完备的方言词典可以同时发挥多方面的作用。具体来说，首要的一点是，要能如实地反映方言词汇与普通话词汇的差别，在词汇对比的基础上对方言区人民掌握共同语、学习普通话有所帮助。方言词典中所收录的许多生动词语，自然也为汉语规范化工作提供了大量可供选择的素材，以及确定词汇规范的重要依据。同时，方言词典对于进一步研究方言，对于论证汉语发展史中的某些问题，对于帮助人们研究地方戏曲和方言文学等，也能起到应有的作用。《广州话方言词典》的作者不仅在该书"前言"中明确了这一目的，而且在内容的安排上也确实努力贯彻了这一精神。作者除了在释义上力求以准确的普通话口语来对译每一个方言词外，还详细列出了《广州话普通话字音对照表》，把《新华字典》中每一个字的读音都包括进去。这个对照表对于粤方言区的人掌握现代汉民族共同语标准音，无疑会有很大的帮助。

2. 收词范围比较得当

方言作为一个语言整体来看，出现在这个方言中的所有语词，自然也就是这个方言的词汇（如"广州方言词汇""上海方言词汇"等）。这个"方言词汇"自然也就不限于那些只属于本方言特有的语词，连同那些本方言和民族共同语，以及其他方言共同流行的语词，也包括在里面了，实际上就是所谓广义的方言词。对于方言词语的另一种理解，是把方言词限制在某一个方言总词库中那些与众不同、唯我独有的部分，也就是一般所说的"特殊词语"，这样的理解就是对方言词语的狭义的理解。一般语言学著作中提及的"方言词"，往往是就这种"狭义"的方言词而言的。两千多年前扬雄编纂的《方言》，也正是着眼于这类所谓"殊方异语"的特殊方言词。从《广州话方言词典》的四千多条词目中，我们可以看出，那些一般现代汉语规范化词典（如《新华字典》《现代汉语词典》）共同收录的语词基本上没有收，作者显然是把收词的范围限制在具有广州话特色的、能体现广州方言色彩的语词方面。这是和编写这本词典的宗旨相吻合的。该词典尽量做到了凡属广州话特有的方言词就有闻必录。除了普通话中压根儿听不见、看不到的广州话语词外，一些词形与普通话部分相似，但用法与普通话有所不同的词，如"耳仔"（耳朵）、"鼻哥"（鼻子）等；一些在普通话中已不通用而仍然活在广州话中的古代语词，如"企""睇""卒之""皆因"等；以及一些严格地说不一定是词，但在广州话中用得很多，既富方言色彩又生动活泼的习惯用语，如"卖大包"（廉价拍卖）、"捞世界"（混日子、谋生、闯江湖）、"临天光赖尿"（功亏一篑）等，也都在这部词典收录之列。这样一来，就使得这部原则上只收录方言特有语词的方言词典，内容还是相当充实，可以说大致上做到了该收的不漏，不该收的不留。

3. 体例比较完善

《广州话方言词典》的编写者，在体例的设计上是下了一番功夫的，因而他们设计出来的编写体例也是比较完善的。前面我们谈到收词的范围，这就是体例中必须考虑的一个内容。其余如注音、用字、释义方式、条目排列等，大体来说也都是处理得不错的。一方面考虑到词典本身体系的科学性，另一方面也考虑到读者使用上的方便。

拿注音来说，"凡例"中列出关于注音的五条原则（见该词典第3页），是很切合实际的。例如对变调问题的处理，既注出变调后的实际调值，也注明变调前的原来调值；又如对外来借词的注音，不完全拘泥于借过来后所使用汉字的读音，而适当考虑到原来的读音，像"派司"（pass）就注 $pa^1 xi^6$ 而不注 $pai^3 xi^1$。再拿词条的排列次序来看，原则上按音序排列，但对于音同义异的条目，则仿效《现代汉语词典》的处理办法，作不同的词条看待，如广州话中的"飞"就在词典中分列了飞[1]（票）、飞[2]（厉害、了不起）、飞[3]（香港指阿飞穿着新潮）三条词目（见第55页），作为不同义的同形词处理。这本词典除了正文用音序排列外，还在卷首附有按部首笔画排列的词条索引，使词典在检索方面更臻完善。

4. 释义比较准确

除了个别词条外，绝大部分词条的释义都比较准确易懂，令读者一目了然。特别值得一提的是，作者在释义时并不满足于交代清楚一般的词义，往往还注意到某些方言词出现的场合、频率等，有时还从语法特点、修辞手段方面作必要的说明。例如：

亚哥 $a^3 go^1$ 哥哥（少用。一般对称叫"×哥"或"哥"，引称叫"大佬"）。
亚妈 $a^3 ma^1$ 妈妈；母亲（一般对称叫"妈"，引称多叫"老母"）。
亚嬷 $a^3 ma^4$（嬷，麻）奶奶；祖母。
亚妹 $a^3 mui^{6-2}$ 妹妹。
亚婆 $a^3 po^4$ ①姥姥：外祖母（有的地方指祖母）。②对一般老年妇女的称呼。

同是以"亚"为词头的亲属称呼，释义的详略不一，"亚哥"条特别从频率上指明"少用"，再从使用场合的不同指明"对称"或"引称"的不同叫法；"亚妹"条则无须多加说明。又例如：

刮龙 $guad^3 lung^{4-2}$
贪污：旧时嗰啲官吏～刮得好犀利（以前那些官吏贪污得很厉害）。

"刮龙"不能带宾语，"贪污"可以带宾语，带宾语时，广州话只用"刮"。这不但准确地说明"刮龙"的词义，而且进一步通过和"贪污"一词进行比较来指明"刮龙"一词不能带宾语的特点，这就便于读者更进一步掌握这个方言词的用法了。再如：

飞起 $féi^1 héi^2$
非常；厉害；要命（一般只作补语，有贬义）：热到～｜瘦到～。

解释虽然用笔不多，但除了以"非常、厉害、要命"等语词来对译外，还加上"只作补语"和"有贬义"，点出了它的语法功能和运用时所常有的修辞色彩。

笔者案头摆着几册近年来新出版的有关广州话的著作，不妨顺手举一个在广州话中很常用的性状词"矛"（有的写作"茅"），与该词典对比，看看各书的释义情况：

（1）ma：u˩［茅］鲁莽，狂。（高华年．广州方言研究．商务印书馆香港分馆，1980：299）

（2）茅 mau⁴滑 huá；毛 máu。（曾子凡．广州话普通话口语词对译手册．三联书店香港分店，1982：182）

（3）矛 mao⁴野蛮；赖皮（多指儿童）：你唔得咁～㗎（你不能那么野蛮）。（饶秉才等．广州话方言词典．商务印书馆香港分馆，1981：146）

从上述三部著作的解释来看，广州话"矛"（或作"茅"）解作"鲁莽"或"野蛮"是切合实际的。高著和饶（等）著对这个词的基本词义有相似的见解。可是，饶（等）著却增添了一个"赖皮"的义项，而且多指儿童，就这一点来说，对它的用法似乎就有更进一步的认识了。

四

下面，谨向作者提出几点不成熟的意见，供进一步修订时参考：

1．对内容安排的意见

这是一部兼具实用性和学术性的方言词典，但实用性毕竟是它主要的特点。在安排内容时，首先要考虑到哪些内容对读者的作用较大，哪些内容对读者的作用较小，从而斟酌取舍。这部380页的方言词典，正文是266页，另以113页（将近全书的三分之一）的篇幅安排了一些正文以外的内容，包括"广州话音系说明"（占37页）、"广州话方言词汇特点"（占24页）、"广州话普通话字音对照表"（占48页）、"广州话特殊字表"（占4页）等。这些内容对于了解广州话无疑都是有用的，可是，在一部分量不大的方言词典中，这种安排在比例上是值得商榷的。作者在"前言"中开宗明义地宣称这是一本为汉语规范化服务的方言词典，因此，正文以外的部分，宜于着重安排有助于读者更有效地学习普通话的内容。如"广州话普通话字音对照表"这部分，尽管分量较大，我看还是很有用的。至于"广州音系说明"，可以只是简单地把广州话的声、韵、调系统，以及声、韵、调的配合关系摆一摆，至于变调、音变之类，可以稍提一下主要的规律，略举几个例子，不必把类似学术论文的长篇大论全部放到词典中来。"广州话方言词汇特点"看来更像是一篇完整的学术论文，这也显得跟词典的性质不很协调。

广州话和普通话字音的对照集中列表固然是个办法。除此以外，在正文中每个方言音节的后面，可以用括号注上普通话的读音，读者看到一个方言音节马上就知道这个音节在普通话中有哪些读音与之对应。如果是一对一的对应关系，根本用不着到后面去查总的对照表，一下子就掌握住普通话的读音了。这样可能更方便一些。

"广州话特殊字表"对于认识广州话的特殊词汇有一定作用。但如果将在正文中出现的特殊用字标个记号，而特殊字表上的每个字，也注明见于正文哪一页，这对读者而言就更方便了。附带提一下正文词目编号的问题。现代不少词典，包括一些巨型的词典（如日本的《大汉和》、台湾地区的《中文大辞典》）都乐于把每个词条按顺序编一个号，从第一个词一直到最后一个词，十分便于读者查检。这部只有四千多词条的方言词典，何不也编个序号。这样做，后面的特殊字表要跟正文呼应，就只需标上该字的号码，人们便可立即查到了。

2. 对注音符号的意见

方言词典要能准确地注出方言的实际读音，采用哪一套注音符号是值得认真考虑的。广州话音系比较复杂，采用以 26 个拉丁字母设计的"广州话拼音方案"注音，是否尽善尽美，笔者认为还可以商榷。这套"广州话拼音方案"还没有普及，学起来也并不那么容易。如果采用国际音标来注音，不仅注音准确，而且通行范围广。世界上许多语言的词典都采用国际音标注音，我们拿来标注广州话，一般接触过外语词典的读者很容易看懂，只需在词典中附上一个国际音标表就行了。

既然在释义部分需注出普通话读音时用"汉语拼音方案"注音，正文后面所附"广州话普通话字音对照表"中也用"汉语拼音方案"注出普通话读音，如果附一个"汉语拼音方案"表，这对于那些还不熟悉汉语拼音的粤方言区读者，特别是港澳地区和海外地区的读者，是不无裨益的。

这部方言词典中有的字是用同音汉字来表示的。对这类同音代替的方言词，有必要加上一定的标志，让读者一看便知是用的同音字，才不至于望形生义，闹出笑话来。如 mao^4 有"野蛮""鲁莽"义，取"矛"字是用"矛"的音，就有必要在"矛"字上做个记号，让人们易于识别。又如广州话中"而家"是"现在""眼下"的意思，"而"和"家"都只取其音，加上一个标志，可以免得望文生训。

3. 对印刷字体的意见

这本词典在香港排印发行，为适应当地的印刷条件和读者需要，用繁体字印刷是可以的。可是，作为一部帮助广大粤方言区人民群众学习普通话，以推动汉语规范化和汉字改革为宗旨的词典，至少应该附上一个比较详细的繁、简体字对照表，供读者熟悉繁、简体字的差异。这本词典的读者自然不限于港澳同胞和海外华侨、华裔，也包括国内的读者，特别是粤方言区的读者，他们中大多数人对于简体字并不生疏。就是还没掌握简体字的港澳同胞和海外侨胞，他们也希望能掌握简体字，以便看懂用简体字排印的书刊。众所周知，新加坡这样一个华裔人口占 80% 的国家，就把我们的简体字作为正式通用的书写文字之一。

4. 对释义、用例的意见

编著者在"凡例"中表示释义和用例力求做到"思想性、科学性和通俗性相结合"。对于某些反映旧社会事物的方言词，往往加上"旧时指"之类的字眼，如"挨世界"一词，释义为"旧时指到社会上熬日子"；"大天二"一词释义为"旧日珠江三角洲一带的土匪恶霸头子"。这些是适宜的。但我们觉得冠以"旧时""旧日"字眼的释义似乎范围宽了一些，某些词的释义未免过分强调思想性而忽略了继承性和稳定性。例如某些代代相传的地方风物，属于传统的文化，就不宜以"旧时""旧日"等字眼来作限定语了。拿"八音"一词来说，释为"旧时指民间乐队及其所演奏的音乐"，这里的"旧时"就大可不必。现在广东民间用"八音"来指称某些民间音乐的现象还相当普遍。如"海南八音""潮州八音"等音乐术语就常常在报刊上出现。这个"八音"的释义,不妨将"旧时"改为"传统上"或"习惯上"更为贴切。

此外,个别词目的释义也还可以进一步斟酌,使之更加妥帖。例如"发达"一词,只简单解释为"发财"恐怕不够全面。在"呢牌生意好发达"(他这一向生意很兴隆)中,"发达"就有"兴隆""兴旺"的意思。

关于释义的方式,要不要都用例句,这也要请作者考虑定个准则。目前反映在这部词典中似乎没个准儿。作者在"凡例"中的释义部分说:"一个词有几个义项的,分别用①②③④表示,各个义项一般均举例说明。"可是,大量单义项的词条,有的有例句,有的没有,释义的方式详略不一。是不是也可以考虑给每个单义项的词各举一个例句?如果觉得不一定都要有例句,还是不拘一格的好,那么,也该对在什么情况下举例句,什么情况下不举例句画个明确的界线。依笔者浅见,凡是那些方言色彩较浓,从字面上难以理解词义的词条,除了以词释词外,最好都能举上一个例句,这才便于读者掌握这个词的词义及用法。如果这个原则合适的话,就可以考虑在"凡例"中写进去。

(本文原载于《中国语文》1983 年第 11 期)

雕龙塑凤　材料为本

——谈《柳州方言词典》的词汇调查

刘村汉

《现代汉语方言大词典》是我国语言科学的一项宏伟工程，笔者有幸承担其中一部分任务。在历次会议上，主编李荣先生反复告诫我们：方言研究，要用事实说话，"方言词典以方言调查为本"。回顾《柳州方言词典》的整个编撰过程，对此感受良深。柳州人讨厌"谋米粥"无米之粥，空话。无本之木，成活难期。文擅雕龙，必附其质。因此，笔者在四年的时间里，到柳州十余次，把百分之六七十的精力倾注于调查之中。调查就是解决问题，而且，在调查中还会得到多方面的收获，不断修正自己的观念。

（1）词典以词语及其注释为主要内容，词汇调查是整个工作的基础部分和核心环节。词典的质量在很大程度上取决于调查工作。调查得充分，不仅可以保证一个方言面貌的完整性和清晰性，而且为案头工作铺平道路，扫清障碍。然而，词汇调查的难度远甚于语音和语法。在语言的三要素中，词汇不仅数量最大，而且其发展变化的速度最快，动因最为复杂，往往还牵涉当地的人文背景和变动不安的心态。它不像语音，可以一次完成框架，找出规律；不像语法，复现率高，短期可以抓出主要条例。把词汇调查称为收集方言材料的重头戏，并非夸张。

按照常规，对着方言调查词表逐条调查就可以了，但是，现在普通话在城镇已基本普及，并涉及乡村，特别是在年轻人当中，常用词语十之六七跟普通话相同，真正属于方言的往往沉得很深，半百、花甲之人已经感到瞵阔，中青年甚至未尝闻之。在交际中受到排挤渐次退出流通领域的词语，恰恰是方言特点突出的极有研究价值的材料。柳州的"𰭌"（嘟噜，本字为朋）让我们惊叹《诗经》语言"锡我百朋"的悠久生命。看柜台的"掌柜"与北方掌柜的职掌不同显示出约定俗成的力量。"讲话没臭米气"的"臭"，分明是个动词，闪现着"嗅"的影子。表示塌陷的"陷"，提示了沦陷的"沦"的语义来由和本字。篾做的桶箍称为"桶篾"，揭示了"箍"由动词而名词的引申道理。"龙骨"等于"脊梁骨"，点出了大船底梁那个龙骨的得名之由。鱼鳍叫做"鱼翅"，让我们知道海味"鱼翅"鲨鱼鳍的真实身份。"主三"是好朋友的代名词，表现了修辞的造词功能。当"名堂"讲的"行情"，"使用'行市'意义属于文辞"，向我们展示出词义雅俗换位和市场经济沉沦的历史痕迹。"想"的"快要"义，联系"要"的"希望"义，为同义词的平行引申提供了例证。姓"石"的"石"念"硬"，补充了避讳的方式。农历五六月间青黄不接之时的"五黄六月"，流行地域相当广泛，使人感到《现代汉语词典》中的"五黄六月"及其解释颇有商榷之必要。

然而，使人困惑的是，这类词在方言词汇调查表上大多没有相应的条目，或者往往被跟普通话相同的说法所掩盖，你不知道它是什么，更不知道藏在何方。这是认识上的一个巨大黑洞。

调查方言好比采矿，下到矿井，四面都是看不透的墙，不知道哪里有哪里无，哪里多哪里少。但是矿工总会有办法找到矿窝，关键在于找准矿脉，不断扩大"掌子面儿"。《柳州方言词典》的前期调查，正是用了矿工的办法。"从职业看，有工人、农民、商贩、教师、学术警察、司机、编辑、记者、作家、医生、工程师、干部、演员、歌手，还有蹲过栊子的；从年龄层次看，从十岁到九十岁的都有，而以四十多岁到六十多岁的为主。"（《柳州方言词典·后记》）方方面面的向导，帮助笔者向黑洞探取，因而能够收集到词语 1 万多条，熟语和歇后语 500 余条，隐语 300 条，民歌上千首，还整理出词语 9 000 条，出条 8 000 条，其他材料，少数进入词条，大多作为语例，分散在注释当中。材料的内容包括了天文地理、地方风物、人情习俗、姓氏称谓、逸闻掌故、医卜星相、儿戏调侃、廋语口头禅等，这些与民众日常生活密切相关的材料，形成了《柳州方言词典》鲜明的地方特色。

（2）柳州缺乏记录方言的文字材料，除了名额，也没有方言文学。我们认定了方言存在于使用者的口中，关键的问题是物色合作人。有人言语长，有人言语短，各有各的好处。言语短的人，没有多少话说，但是，他们的语言稳固性强，是调查语音的理想人选，同时，鉴别词语的籍贯和迁入历史，也往往能够做到八九不离十。长于辞令的人，对语言的感受力强，词汇丰富，句式多样，反应灵活，用语贴切，能够提供许多难以言传的语用信息。

言辞的长短还不是主要的，底层语言跟文化程度和社会层次有关。柳州人的方言生活，亦俗亦雅，文野杂陈，在调查初期，似乎觉得文化程度和社会地位在柳州不起作用，大有隔墙听语、士庶难辨之感。后来请一位弄文学的老同学讲民间故事，才发现这是一个假象，笔者仍浮在表面。笔者要求故事尽量口语化，多用民间俗语，结果，笔者知道有些该用俗语的地方，他都用了普通话。此事彻底改变了笔者的观念。

语言存在于生活之中，要找民间词语，非深入社会底层不可。在底层，也要找语言使用的活跃分子，特别是故事行家、民间歌手、销售人员、擎炮聊天、吹牛专家、吵架强人、各方面的活跃人物乃至社会"油子"。跟这些人打交道，得放下架子，虚心求教。笔者把它作为一条经验：请教一切人等，结交三教九流。为了这部词典，先后接触了上百人，访问了好几十人，说得上姓名的就有五六十。他们是我的老师，给了我许多宝贵的材料。

就作用而言，调查对象可分三类。一类是核心层，三五人，他们主要是文史界的朋友，文化层次高，世居柳州，熟悉地方语言和掌故，靠他们把关和辨析决疑，校对稿也请他们审订。二是联系层，同学和朋友，可以不拘礼节，来去自由，遇饭就吃，坐久一点儿或者住下来都无妨的。他们的联系面广，胜友如云，经常高朋满座，谈古论今，或调解纠纷，或送礼求情，有时甚至推杯换盏，猜枚行令。同他们保持接触，是获得材料的主要途径。尤其是稀有词和罕见义，以及大量活生生的典型例句，都是从这里采集到的。三是专业层，各个行业的高手，专业知识和专业词汇丰富。但是他们很忙，遇到某些涉及专业的问题才去请教，一般问题就不去打扰了。

一切语言，从本质上说都是有声语言，最有价值的是现场语言，体验最深的是亲身参加的对话语言。因此，随喜热闹场合，营造谈话氛围就成了笔者的一个法宝。民间热闹场合，诸如寿丧嫁娶、起屋开张、圩场集市买卖、朋友据烹聚餐、骂大街、讲诉口打官司、调解纠纷等，都是语言使用频度极高的时候，往往可以得到罕见的好材料。"巴望"多用于诅咒。"下夹"指收拾对方，让人吃苦头。"搞跌"则是把对方整垮，使之倒霉。"东西"差点儿没变成"那话儿"的专称。"吃过早"把动宾词组"过早"裹挟称为名词。"捶姜"是"拍马"的代称，又衍化出新义。告别语"你们坐先"的"先"，在语气上拒绝实词资格。"做"虚化成附加成分，仅仅是动词的一个标志。这些都是从谈话现场的氛围中感受到的。

有的词语需要情景、气氛和相应的对话人，否则一辈子出不来。有时谈话的情绪不高，老是冷场，因此需要营造谈话氛围，激活话锋。"唱歌莫给歌声断，喝酒莫给酒杯干"（柳州民歌），这是民间的经验。

（3）单靠自然谈话来收集材料，效率不高，且难以控制。要想主动控制掘进的方向，必须发挥专业特长，把握语言的系统。

语义有三个层面，即言—意—物。客观事物反映到大脑，形成概念，是为意。用一定的语音形式表达出来，这就是言。从语言方面看，言是表层的，意与物是里层的。这三个层面又各有各的系统。根据系统设计提纲，就容易控制调查的方向，虽然有时免不了劳而无功，但很多时候是会有收获的。

物的系统指有联系的事物，包括物与事，一般是义类相随，连类而及。就物而言，从整体到部分，由此物及彼物，以及它们的质地、形态、功用、来由、关系等。就事而言，例如造房子的整个过程，种水稻的完整周期，从提亲到带孩子的各个环节，以及条件、工具、方式、原因、结果、影响等。

按照意的系统，可以找出词义来由。青年人找对象称为"杀蚜"男找女、"杀蛇"女找男，追寻这个"杀"的语义，一直追到赌场，原来就是赢牌赢钱的"赢"。街的上段称为"上街"，其中有个基准问题，在柳州人的观念中，"一是北为上，南为下；二是以官衙或城中心为基点，近为上，远为下"。

根据语言的系统，可以挖掘用相同的语素和方式构成的词语系列及同源词组。普通话中的"娘儿俩"柳州说成"两娘仔"和"两娘女"，按同样的方式可以构成"两亲家""两师徒"等，还可以构成"三子娘""几婶母""几男女"等，顺藤摸瓜，找出了几十个，词典没有全收。口语中有个 [pia⁴⁴]，指飞跑和跑得快，追问下去，带出了好几个，构成一组同源词。跑得快是"趘"，走得快是"穱"，水进射是"瀿"，火飞进是"熛"，歌声激扬、飞扬是"嘌"，其中都有快速运动的意思。

这样的系统调查口语可以抓出许多成系列的词语。"社"的系列有"社""社王公""社庙""社学""社田""社树""社仓""社牛""社猪""社肉""社酒""社粥"，还有地名"颜家社"。"打桥"系列有"打桥戏""搭桥戏""打桥""打桥师父""戏桥""桥路""桥本""半桥半本"。闲谈系列有"聒聊天""聒憨""聒水话""聒得来""扯大炮""倾偈""斟""讲嘴""发海水""过口瘾""擘炮""好聒得""牛皮滔滔"。

系列词语有时对理解某些看似孤立无解的词语很有用处。张罗、介绍说成"打色"_{掷骰子}，厉害手段、高明办法叫做"飞片"_{大字牌中的王牌}，遭人暗算说成"捱起注"_{赌注被赢家拿走}，虚张声势而没有实力的人称为"二仔底"_{扑克中作底牌的小二}，都是在百思不得其解之后，从博彩系列的词语中找到答案的。有些难解的词语是由江湖隐语转化过来的，《柳州方言词典》把隐语系列专门立了一个大的义类。

合作人对语言的感受是值得重视的，但他们往往从俗辞源出发，须得进行科学的分析。表示指挥、拍板意义的"喊三"，好几个人都说是来自"三子棋"，做成了棋局时高喊一声"三"，如同象棋将军时喊"将"。后经分析，笔者采取了另一种说法，为整齐动作喊口令"一——二——三"得到大家公认。"敢"的"竟然"义，在初稿中曾遭到一位老先生的批评。反复分析语例，我感到理由是充足的，后来进一步广收例句，并找到了"硬敢"的说法，越发坚定了信心。遍访硕彦，终于得到一致赞同。

（4）一个好的方言工作者，需要具备语言学的全面素养，以及相关的社会文化知识，才能提高语言的敏感性和理解力，随时联系比较，触类旁通，由此及彼，由表及里，提高调查的质量。雷达接收信息靠的是天线，方言工作者也应该设置天线，姑且称为"语栅"。语栅是专业素养和分析判断能力的综合体现，它不仅是调查时的感应器和接收器，也是处理方言材料的参照系统。

语栅由几层网构成。第一层是普通话网，凡有语言信号，经过这个网，马上可以判断出是不是方言，以及跟普通话的相关程度。第二层是古语网，经过这个网，立即反映出与古语的联系。第三层是其他方言的网，经过这个网，可以借助其他方言的材料和研究成果，解决本方言的问题。后面两张网主要是解决词形（用字）和语义问题。如果没有这几重网组成的语栅，就缺乏敏感性，即使是"露矿"也抓不住，任其流失，至为可惜。例如"丝瓜"，在普通话的网上显示出名同实异，只有找出"水瓜"才能跟普通话的"丝瓜"对应起来。"准"经过古语网，就会联系到梁·任昉《奏弹刘整》的"取车帷准米"，元杂剧也很常见，"折钱、抵价"的意思就自动浮现出来。表示饭煮得又干又硬的"馂"，经过方言网，知道在粤语中读后鼻音，这才在曾摄找到它的本字。"潨"是从偶然闯进耳朵的"桡潨"_{黏液}得到的线索，语栅感觉到它的重要性，估计可能还有"涎沫"义。几经辗转，从郊区找到了"口潨"_{口水、涎沫}，城里人证实有过这个词，已经消失几十年了。"潨"在"涎沫、黏液"的意义上有七个音切，折合成今音有诗、痴、迟、厘、残五个音。当代字书如《辞源》《辞海》《汉语大字典》《汉语大词典》《现代汉语词典》《新华字典》只收迟、厘两个音（或其中一个音），不收残的音，一般就用细音的"涎"字或咸摄的"馋"字来代替。这个山摄洪音字分布地域很广，江苏、江西、湖北、湖南、广西（官话和粤语）都有，作为方言读音也应该收进大中型字书。

此外还有一张文化背景的网，它可以感受到词语包含的文化意蕴。对于大的水道，北方习惯说"河"，南方习惯说"江"，"柳江河"有"江"又加上"河"，"江"属专名的一部分，"河"作通名，这显然是北方的习惯。社神是"土地爷"_{土地庙}的前身，柳州普遍供奉社王公，土地爷则非常可怜。经过考察，才知道它是"新来的鸡"_{捱欺}。客家人把它当家神，供在神台下面，一般人根本没有这个观念，庙堂里才有一个孤老头（没有土地婆婆），放在大门里面的角落里，只相当于尘世间的老传达。至于众多少数民族的土地神，与中原土地爷的地位并不相同，不过是原始拜物教的初步人格化而已，抽象的程度还不高。这些材料对于研究民族文化是很有用的。社会文化知识不仅用于感受分析，在开拓调查路子和案头整理编写方面都是需要的。所谓"世事洞明皆学问，人情练达即文章"，在这里发挥了非常实际的作用。

方言词汇调查之难，同行共知。《柳州方言词典·后记》说，"在漫长的调查过程中，有过一些平时体验不到的经历，吃过闭门羹，看过冷面孔，为记乘客的谈话而坐过了站，向摆摊老人调查而被扒窃，天未亮去找人而受盘问"，艰苦备尝，诚不为诬。其实，任何一种工作，要想作出成绩，不搞假冒伪劣，都要付出艰辛的劳动，不断克服重重困难，这里面绝对需要一种孜孜不倦的执着精神。方言调查的最高目标是期于穷尽，虽然明知没有办法穷尽，但仍要奋力朝最高目标迈进，坚信多走一步就贴近一步，没有精神的支柱是不成的。孔子说："知之者不如好之者，好之者不如乐之者。"由知而好而乐，是一个精神升华的过程，也是一个痛苦磨炼的过程。科学的入口就是地狱的大门，不入地狱，焉得超生！

（本文原载于《辞书研究》1997 年第 2 期）

明清民国方言辞书及其所录方言词研究刍议[*]

曾昭聪

"方言"主要指汉语的地方变体。但古代的方言材料，也包括其他民族语言和外语。汉代扬雄的《方言》是中国最早的方言辞书，影响很大，至明清时期，尤其是清代，相关调查撰著之风极盛。清代的校勘、注疏之作较多，同时调查考证之作更多。

校勘著作主要有戴震的《方言注校本》，卢文弨、丁杰的《重校方言》及《补遗》，王念孙的《方言校本》，刘台拱的《方言补校》，郭庆藩的《方言校证合刊》，顾震福的《方言校补》等。注疏著作主要有戴震的《方言疏证》、王念孙的《方言疏证补》、钱侗的《方言义证》、钱绎的《方言笺疏》等。这些著作主要是围绕扬雄的《方言》而进行校勘或注疏工作的，一般不增加新的方言词（词目）。关于这些校勘注疏著作，学界已有不少研究成果，并且相关研究工作仍在继续进行：华学诚教授目前正主持2014年国家社科基金重点项目"七种明清《方言》校注本整理集成"研究工作。因此，我们研究的重点不放在《方言》校勘注疏著作方面。

我们拟作重点探讨的是明清民国方言辞书，即明清及民国时期学者撰述的方言辞书。

一、明清民国方言辞书的分类与界定

明清民国方言辞书可以分为两大类：

第一类，以某个地点方言或区域方言的方言俗语作为调查考证对象的著作。这类著作模仿扬雄《方言》，对某个地点方言或区域方言进行调查考证，其中虽也有引古书以证方言俗语渊源，但主要成绩在于记录了不少当时当地的活的语言。这类著作，书名即标明了该书所调查考证的方言的地点或区域名称。

这一类方言辞书界定必须要与俗语辞书区分开来。许宝华、詹伯慧两位先生在《中国大百科全书·语言文字卷》的"汉语方言"条中谈及关于"古代方言的研究"时，对清代学者的方言研究成果作了分类：

清代是中国传统语言学的鼎盛时期。汉语方言的研究这时也得到了比较全面的开展，取得了较大的学术成就：①撰写了许多调查、辑录和考证方言俗语的著作。其中有的以比较通行的一般性的方言俗语作为调查、辑录和考证对象，如钱大昕的《恒言

---

* 本文是国家社科基金项目"明清民国方言辞书及其所录方言词研究"（项目号：15BYY105）的研究成果。

录》、陈鳣的《恒言广证》、孙锦标的《通俗常言疏证》、钱坫的《异语》、翟灏的《通俗编》、梁同书的《直语补证》、张慎仪的《方言别录》、钱大昭的《迩言》、平步青的《释谚》、胡式钰的《语窦》、郑志鸿的《常语寻源》、易本烺的《常语搜》、顾张思的《土风录》、梁章钜的《称谓录》、罗振玉的《俗说》等；有以某个地点方言或区域方言的方言俗语作为调查考证对象的，如孙锦标的《南通方言疏证》、李实的《蜀语》、张慎仪的《蜀方言》、胡韫玉的《泾县方言》、胡文英的《吴下方言考》、范寅的《越谚》、毛奇龄的《越语肯綮录》、茹敦和的《越言释》、刘家谋的《操风琐录》、詹宪慈的《广州语本字》、杨恭恒的《客话本字》等。①

由此论述出发，我们可以认为，古人"调查、辑录和考证方言俗语的著作"中"以比较通行的一般性的方言俗语作为调查、辑录和考证对象"，即是俗语辞书，而"以某个地点方言或区域方言的方言俗语作为调查考证对象"的，即是方言辞书。简单一点儿说，俗语辞书指的是记录并诠释较通行的一般性的汉语方言俗语的辞书，② 而方言辞书是指记录并诠释某个地点方言或区域方言的方言俗语的辞书。当然，虽然从总体来说，方言辞书与俗语辞书是可以区分的，但是，俗语辞书中有的也暗含了"以某个地点方言或区域方言的方言俗语作为调查考证对象"的成分，而方言辞书中有的也暗含了"比较通行的一般性的方言俗语"。③

这一类以某个地点方言或区域方言的方言俗语作为调查考证对象的方言辞书，除了《中国大百科全书·语言文字卷》的"汉语方言"条所列出的孙锦标的《南通方言疏证》等十一种之外，还有不少较为重要的著作，例如：史梦兰的《燕说》、许叔庄的《黔雅》、张澍的《蜀典》、钱侗的《吴语诠》、孔仲南的《广东俗语考》、翁辉东的《潮汕方言》、章炳麟的《岭外三州语》、罗翔云的《客方言》等。

第二类，征引并考证古代文献中多地的方言材料的著作。这类方言辞书广引经史子集中的相关材料，包括字书韵书、笔记杂著、类书、注释、音义等各种不同文献，凡原书上标明某地方言的材料（也包括一些其他民族语言的材料）则摘而录之，汇编成书。因是集合多地方言材料，故书名上不标地名，而往往冠以"续""补""广""新"等字样。这一类方言辞书，既非前面所引《中国大百科全书·语言文字卷》的"汉语方言"条中"以比较通行的一般性的方言俗语作为调查、辑录和考证对象"，也非"以某个地点方言或区域方言的方言俗语作为调查考证对象"，而是从古书中钩稽零散方言材料，集合多个地点方言或区域方言材料并作考证的著作。从这个角度来说，《中国大百科全书·语言文字卷》的"汉语方言"条中关于清代方言俗语著作的论述

---

① 见中国大百科全书出版社编辑部. 中国大百科全书·语言文字卷 ［M］. 北京：中国大百科全书出版社，1988.

② 《中国大百科全书·语言文字卷》的"汉语方言"条中的论述并未有"俗语辞书"和"方言辞书"的术语，但其分类却正好可以用作区分"俗语辞书"和"方言辞书"第一类的标准。日本著名汉学家长泽规矩也辑集的《明清俗语辞书集成》所收录的俗语辞书，也正与《中国大百科全书·语言文字卷》中的论述一致。

③ 例如陈钟《旧籍中关于方言之著作》中收录"方言"著作四十种，然其中亦包含我们认为是俗语辞书的清代著作五种，即梁同书《直语补证》、钱大昕《恒语录》、翟灏《通俗编》、孙锦标《通俗常言疏证》、唐训方《里语征实》。陈钟. 旧籍中关于方言之著作［J］."国立"中山大学语言历史学研究所周刊·方言专号（第八集第八十五、八十六、八十七期合刊），1929. 该目录后面另有其他方言论著目录二种，该期杂志目录合称"方言书目"。

尚不完备。

这一类方言辞书中较为重要的如：明朱谋㙔的《方国殊语》、魏濬的《方言据》、方以智的《谚原》，清杭世骏的《续方言》、戴震的《续方言（手稿）》、程际盛的《续方言补正》、赵齐婴的《广方言》、张慎仪的《续方言新校补》及《方言别录》、徐乃昌的《续方言又补》、程先甲的《广续方言》及《拾遗》、李调元的《方言藻》、龚自珍的《今方言》、章炳麟的《新方言》等。

将第一类与第二类合起来，我们所说的明清民国方言辞书就是指：明清及民国时期撰述的以某个地点方言或区域方言的方言俗语作为调查考证对象的著作和征引并考证古代文献中多地方言材料的著作。①

关于"辞书"，也须作一说明。古人的辞书不完全能用我们今天的"辞书"去界定。正规的语文辞书须具备词目、释义、书证，但根据我们的研究，明清民国方言辞书中虽然也有一部分符合我们今天的"辞书"标准，但有的没有明确的词目，而只是征引古书相关材料，一一罗列（如杭世骏《续方言》）；有的没有释义（如《越谚》中部分内容）。这类著作我们过去习惯称为笔记，从辞书学的角度来说，称为"笔记体辞书"更为恰当。事实上，不少辞书我们不好判定究竟是"辞书"还是"笔记体辞书"。这种情况跟明清俗语辞书是一样的。长泽规矩也在《明清俗语辞书集成·序》中说："尽管题为'辞书'，但也包括了从书籍体制而言应当称之为随笔的著作。"② 上海古籍出版社的"出版说明"也说："《集成》中所辑的有些著作，按类别不属于字书（引者按，当称'辞书'），但它们也提供了不少民俗谣谚、成语典故、风俗习尚、名物制度等的释义和源流，有些不仅是阅读文史的参考书，而且是研究汉唐以来语言、民俗、名物制度发展的难得资料。"③ 因此，尊重古人的著书传统和学界已有的习惯，并为行文简便，我们径称"方言辞书"。

二、明清民国方言辞书的研究现状之一：文献学方面

关于明清民国方言辞书的已有研究，文献学研究方面包括目录、整理本、语料库建设、相关研究论文。

1. 目录

最早以明清民国方言辞书为主要对象的有两种目录：

陈钝《旧籍中关于方言之著作》④，该目录收录"方言"著作四十种，每种著作注明书名、卷数、作者姓名与版本。这四十种著作分别是：郭璞《方言注》、卢文弨《重

---

① 此外，还有一些散见的方言材料，如明沈榜《宛署杂记》卷十七"民风·方言"、徐昌祚《燕山丛录》卷二十二"长安俚语"，清蒲松龄《日用杂字》、桂馥《札朴》卷九至卷十"乡言正字"、屈大均《广东新语》卷十一"文语·土言"。参见蒋绍愚. 近代汉语研究概要 [M]. 北京：北京大学出版社，2005.
② 长泽规矩也. 明清俗语辞书集成·序. 明清俗语辞书集成 [M]. 上海：上海古籍出版社，1989.
③ 长泽规矩也. 明清俗语辞书集成·出版说明. 明清俗语辞书集成 [M]. 上海：上海古籍出版社，1989.
④ 陈钝. 旧籍中关于方言之著作 [J]. "国立"中山大学语言历史学研究所周刊·方言专号（第八集第八十五、八十六、八十七期合刊），1929.

校方言》、刘台拱《方言补校》、戴震《方言疏证》、郭庆藩《方言校注》、王国维《书郭注方言后》、王念孙《方言义证》、钱绎《方言［笺］疏》、顾震福《方言补校》、杭世骏《续方言》、程际盛《续方言补正》、徐乃昌《续方言又补》、张慎仪《续方言新校补》、沈龄《续方言疏证》、程先甲《广续方言》、张慎仪《方言别录》、淳于鸿恩《公羊方言笺疏》、李翘《屈宋方言考》、胡文英《吴下方言考》、孙锦标《南通方言疏证》、李实《蜀语》、张慎仪《蜀方言》、梁同书《直语补证》、王树枏《畿辅方言》、刘家谋《操风锁（琐）录》、胡韫玉《泾县方言》、章太炎《新方言》、岳元声《方言据》、杨慎《俗言》、钱大昕《恒言录》、钱坫《异语》、翟灏《通俗编》、孙锦标《通俗常言疏证》、唐训方《里语征实》、谢璿《方言字考》、毛奇龄《越语肯綮录》、茹敦和《越言释》、范寅《越谚》、罗翔云《客方言》、詹宪慈《广州语本字》。该目录较为简略，除了《方言》校注类及相关著作九种、清代俗语辞书五种，余皆为方言辞书。

丁介民《方言考》[①]，该书包括"方言版本考"和"方言书考"两部分，并附"民国以来重要方言论文目录"。其中"方言书考"部分，分"校勘之属""辑佚之属""注疏之属""芟广之属""通考之属""专考之属""分地之属""杂著之属"八个大类，下面分别介绍诸书之作者、内容、版本。从"芟广之属"开始，介绍了方言著作一百〇一种[②]，其中绝大部分是明清时期的著作，也有少数是方言志。其不足之处是因少数著作未见（包括无传本和未见传本）而转引其他文献，也有少数地方考证不确的。为便宜后续相关研究工作，兹列出《方言考》之"方言书考"从"芟广之属"开始的所有书目：

芟广之属：杭世骏《续方言》、戴震《续方言手稿》、程际盛《续方言补正》、钱坫《异语》、赵齐婴《广方言》、张慎仪《续方言新校补》、张慎仪《方言别录》、徐乃昌《续方言又补》、程先甲《广续方言》、程先甲《广续方言拾遗》、陶宪曾《广方言》、袁鹏图《续方言》。

通考之属：刘昞《方言》、王浩《方言》、朱谋㙔《方国殊语》、岳元声《方言据》、魏濬《方言据》、方以智《谚原》、李调元《方言藻》、龚自珍《今方言》、于鬯《新方言眉语》、程先甲《今方言溯源》、章炳麟《新方言》、孙少侯《新方言》、陈启彤《广新方言》、沈翠《广新方言》、徐嘉瑞《金元戏曲方言考》、朱居易《元剧俗语方言例释》。

专考之属：程际盛《说文古语考》、傅云龙《说文古语考补正》、淳于鸿恩《公羊方言笺疏》、王仁俊《论语多齐鲁方言考》（含《附考》）、李翘《屈宋方言考》、马宗霍《说文解字引方言考》。

分地之属：河北：李芳莎《永年方言考》、崔述《大名县方言志》、史梦兰《燕说》、傅云龙《顺天府方言志》、王树枏《畿辅方言志》；河南：王长孙《河洛语音》；山东：牟庭《方雅》、周幹庭《安丘土语志》、张群雁《胶州方言》；陕西：张澍《秦

---

① 丁介民. 方言考［M］. 台北：台湾中华书局，1969.
② "芟广之属"中的《方言据》虽列为二书，但实际上只有魏濬有此书（但本文在提及相关著作时，仍按原论著中的提法）。《方言据》的作者是魏濬。范寅《越谚·媵语》实为二书。合而观之，总数不变。

音》、薛思达《西京俗语杂字类注》、黎锦熙《同官方言谣言志》、黎锦熙《洛川方言谣言志》；安徽：不著撰人《古歙乡音集证》、胡韫玉《泾县方言考证》；贵州：许叔庄《黔雅》；四川：李商隐《蜀尔雅》、李实《蜀语》、张澍《蜀方言》、张慎仪《蜀方言》；江苏：孙楼、陆镒《吴音奇字》，李实《吴语》，胡文英《吴下方言考》，谢某《扬州方言正讹》，钱侗《吴语诠》，张汝南《乡音正讹》，孙锦标《南通方言疏证》；浙江：毛奇龄《越语肯綮录》（綮，原书全部误排为縻）、茹敦和《越言释》、范寅《越谚·滕语》、梁同书《直语补证》、汪曰桢《湖雅》、田易《乡谈》、李芳春《乡语考略》、叶梦麟《松阳方言考》；广东（客家语附）：詹宪慈《广州语本字》，孔仲南《广东俗语考》，蒋儒林、叶文华《潮州语十五音》，翁辉东《潮汕方言》，黄钊《石窟一徵》，温仲和《嘉应方言志》，杨恭桓《客话本字》，章炳麟《岭外三州语》，罗翙云《客方言》；福建（台湾语附）：梁运昌《方语摭遗》、黄宗彝《榕城方言古音考》、刘家谋《操风锁（琐）录》、谢章铤《说文闽音通》（含附录）、庄俊元《里言徵》、陈衍《福建方言志》、叶俊生《闽方言考》、连横《台湾语典》、连横《雅言》、孙洵侯《台湾话考证》；不详：翁斋老人《乡言解颐》①。

杂著之属：吴良辅《方言释音》、陈与郊《方言类聚》、张萱《汇雅前编》、洪亮吉《方言转注录》、王念孙《雅诂表》、左瀓《方音辨误》、张庸坊《方言续解》、程先甲《续方言类聚》、程先甲《续方言小记》、诸家乐《方言韵编》、夏鸾翔《南北方音》、赵熙文《方言原》。

该书后面所附的《民国以来重要方言论文目录》，其中有相当一部分论文是记录或考证方言词汇的，如刘赜《楚语拾遗》，颇资参证。从体例上来说，附录所列目录中相当一部分论文跟前面"方言书考"中所列著作的性质是完全一样的，但《方言考》从时代区分，故将民国以来论文置于附录。该目录的不足之处，一是少数著作未见（包括无传本和作者未见）而转引其他文献。二是有少数地方考证不确，例如《方言据》的作者是魏濬，岳元声并无此作；《乡言解颐》的作者是李光庭，该书当列为天津方言；梁同书《直语补证》作为浙江方言著作有所不妥，此书是为补《通俗编》而作，不限于浙江方言，当为俗语辞书。

2. 整理本

对于明清民国方言辞书，《四库全书》与《续修四库全书》收录了其中一小部分著作。《丛书集成初编》第 1 182 册收录了李实《蜀语》与李调元《方言藻》。到目前为止，相关整理本不多。笔者经目者，似乎只有下面少数几种：

李光庭《乡言解颐》、王有光《吴下谚联》［石继昌点校，中华书局 1982 年初版，2006 年重版（历代史料笔记丛刊）］。

张慎仪《续方言新校补》《方言别录》《蜀方言》（张永言点校，四川人民出版社，1987）。

李实《蜀语校注》（黄仁寿、刘家和等校注，巴蜀书社，1990）

---

① 《乡言解颐》作者，据周作人考证为天津人李光庭，作者自识："追忆七十年间故乡之谣谚歌诵，耳熟能详者。"则此书当以天津方言为主。

杨恭桓《客话本字》（谭赤子点校，台湾爱华出版社，1997）。

章太炎《新方言》《岭外三州语》（附《吴语》）（蒋礼鸿点校，上海人民出版社，1999）。

罗翙云《客方言》（陈修点校，华南理工大学出版社，2009）。

范寅《越谚点注》（侯友兰等点注，人民出版社，2006）。

胡文英《吴下方言考校议》（徐复校议，凤凰出版社，2012）。

以上几种是排印本。特别需要提到的是，近期乔全生教授主持的 2010 年国家社科基金重大项目"近代汉语方言文献集成"完成并出版之后，包括明清民国方言辞书在内的近代汉语方言文献将有一个全面的展示，这将极大地促进相关研究的深入进行，我们期待这一工作早日完成。

3. 语料库建设

语料库是通过计算机储存和处理的语言材料的汇集，具有明确的语言研究的目的。从文献学角度来看，语料库是文献的汇集，具有文献的基本特征，是一种文献资源。因此我们将其置于文献学角度论述。

学界已有多种古汉语语料库，但从明清民国方言辞书研究的角度来说，则情况不容乐观。"国学宝典"、北京大学"CCL"古代汉语部分、中国国家图书馆"中国古代典籍"、香港"汉达古籍资料库检索系统"、台湾"汉籍电子文献瀚典全文检索系统"之"古汉语语料库"均未收明清方言辞书。"汉籍全文检索系统"只有《乡言解颐》等可划归方言辞书。"瀚堂典藏"之"经部·小学类·训诂"下面收《通俗编》、"方言类"、毛奇龄《越语肯綮录》，"方言类"下面收钱绎《方言笺疏》、钱大昕《恒言录》、扬雄《方言》、戴震《方言疏证》、李调元《方言藻》、杭世骏《续方言》、翟灏《通俗文》、丁惟汾《俚语证古》、章炳麟《新方言》、魏濬《方言据》、李实《蜀语》、唐训方《里语征实》、胡文英《吴下方言考》、范寅《越谚》。且不论其分类与排序方面之不妥，就收书而言，方言辞书收录十一种，除去扬雄《方言》及钱绎、戴震疏证之作（二书是为疏证《方言》而作，并非为记录清代方言而作），则明清民国方言辞书为八种。"中国基本古籍库"中的"艺文 \ 语文 \ 训诂文法"类下面，收录的方言辞书有明魏濬《方言据》，清程际盛《续方言补正》、程先甲《广续方言》与《广续方言拾遗》、杭世骏《续方言》、胡文英《吴下方言考》、毛奇龄《越语肯綮录》、沈龄《续方言疏证》、徐乃昌《续方言又补》、章炳麟《新方言》，明清民国方言辞书共十种。可见除后两种语料库外，其他语料库是完全不收或基本不收明清民国方言俗语辞书的。相关工作还有曲彦斌主持的"汉语俗语词辞书史及其语料库研究"（2008 年国家社科项目），其工作主要是"语料库研究"而非"语料库建设"；温端政主持的"汉语俗语语料数据库"（2002 年国家社科项目）以收录俗语为主，收录对象是"语"而非明清方言俗语辞书所收词目的主体"词"（方言词、俗语词）；中国社科院语言所方言研究室"中国方志方言资料总集（清、民国部分）"收录方志方言词汇。总之，学界尚无一个全面收录明清汉语方言俗语辞书的语料库。

4. 相关研究论文

文献学方面的相关论文不多，而且多与辞书学研究相结合，放在下面的"辞书学方面"一起讨论。

三、明清民国方言辞书的研究现状之二：辞书学方面

明清民国方言辞书本身最基本的属性就是辞书，因此从辞书学角度对其进行研究是非常必要的基础性工作。

辞书学方面最早的成果应该是罗常培的《戴东原续方言稿序》①。该序文颇长，对戴震的《续方言》与杭世骏的《续方言》进行了比较，并对戴震的《续方言》与《方言疏证》进行了比较，进而以章太炎先生之语为据，论及戴震的《续方言》等明清方言著作的成绩与不足。罗常培先生之文，以书中所收条目为讨论、比较的内容，因而主要是一篇辞书学研究方面的论文。

罗先生的研究起点甚高，后来的辞书学方面的研究不多，但还是可以看出这些成果体现出两个明显特点，一是相对集中于《蜀语》与《越谚》；二是以介绍与考证性质的论文为最多，所介绍与考证的内容，主要包括辞书的作者、成书年代、体例、内容等方面。例如黎新第《〈蜀语〉——"断域为书"的方言词典》（《辞书研究》1987年第5期），傅定淼《〈蜀语〉成书年代考》（《辞书研究》1987年第5期），蒋均涛《李实〈蜀语〉评述》（《川北教育学院学报》1991年第2期），已方《范寅和他的〈越谚〉》（《辞书研究》1990年第2期），侯友兰、徐阳春《〈越谚〉词语的结构、注音与释义》（《绍兴文理学院学报》2007年第5期），杜史华、陈静《〈蜀语〉——中国现存第一部断域方言词典》（《文史杂志》2002年第5期），王敏红《〈越谚〉与范寅的方言学思想》（《江西社会科学》2005年第11期），褚红《王树枏与他的〈畿辅方言〉》（《语文学刊》2009年第23期），褚红《论〈畿辅方言〉的编排体例及疏证特色》（《黄河科技大学学报》2010年第2期），邵则遂《〈方言据〉的作者是魏濬》（《辞书研究》2010年第1期）等。

四、明清民国方言辞书的研究现状之三：语言学方面

明清民国方言辞书是语文辞书。语文辞书与语言研究关系密切：语文辞书既是语言研究过程的体现，也是语言研究结果的体现。从语言学研究来看，明清民国方言辞书的相关研究主要表现在词汇训诂研究方面与方言学研究方面。

1. 词汇训诂研究

相关论文、语言学史著作及近代汉语研究著作中对明清民国方言辞书有一定的介绍，但一般只是征引其中部分书名，或列举部分内容。何九盈《中国古代语言学史》论述了明杨慎《俗言解字》、岳元声《方言据》、李实《蜀语》，（清）胡文英《吴下方言考》、杭世骏《续方言》、程际盛《续方言补正》、程先甲《广续方言》等几部方言

---

① 罗常培. 戴东原续方言稿序［J］."国立"中央研究院历史语言研究所集刊，1932.

辞书。① 赵振铎《中国语言学史》对方音研究有较详细的介绍，然未及方言辞书，其他语言学史著作亦极少注意。蒋绍愚《近代汉语研究概要》在谈及"有关方言词语的著作"时，列举了明李实《蜀语》，清张慎仪《蜀方言》、胡文英《吴下方言考》、毛奇龄《越语肯綮录》、茹敦和《越言释》、范寅《越谚》等书。②

相对而言，论文中的研究更深入一些。语言研究的论文同样集中于《蜀语》《越谚》等少数几部方言辞书。已有的主要成果例如：甄尚灵、张一舟《〈蜀语〉词语的记录方式》（《方言》1992 年第 1 期），蒋宗福《〈蜀语〉校续札记》（《汉语史研究集刊》，2010），蒋宗福《〈蜀语〉名物续考》（《汉语史研究集刊》，2011），张美兰《〈蜀语校注〉补证》（《古籍整理研究学刊》1997 年第 2 期），寿纪芳《〈越谚〉的注释特色》（《辞书研究》1990 年第 2 期），周志锋《〈越谚〉方俗字词考释》（《语言研究》2011 年第 3 期），周志锋《〈越谚〉方俗字词选释》（《中国语文》2011 年第 5 期），周志锋《〈《越谚》点注〉商榷》（《宁波大学学报》2012 年第 1 期）等。

除了《蜀语》《越谚》的相关研究成果之外，关于其他明清民国方言辞书的研究成果主要有谭赤子《罗翙云〈客方言〉的训诂研究及其意义》（《中山大学学报》2010 年第 4 期）、褚红《论〈畿辅方言〉的"因声求义"》（《保定学院学报》2010 年第 4 期）等。

2. 方言学研究

方言学研究方面的成果可以分为三类，一是方言辞书在方言学研究方面的价值，二是方言学史研究，三是方言词汇语义研究。

关于方言辞书在方言学研究方面的价值，民国以来的训诂学史、方言学史著作多是略有提及，当代何耿镛《汉语方言研究小史》的讨论亦不甚深入。这一方面的研究较有代表性的是张永言点校《〈续方言新校补〉〈方言别录〉〈蜀方言〉》的"点校前言"："这三种书所收集的材料对于今天研究汉语方言和语言历史都能有所裨益"，归纳为四个方面："有助于考求方言本字""有助于探讨古今方言词语""有助于研究语音演变""有助于考证古代民族语言"，每个方面均举了例证，可以视为一篇以方言学研究为主的论文。③ 徐复、唐文《〈吴下方言考〉引言》（《江苏师范学院学报》1980 年第 2 期）作为《吴下方言考校议》的代前言，归纳《吴下方言考》研究吴方言词汇的三个特点：探源、辨形、审音，并明其不足。④ 刘君惠等《扬雄方言研究》中说到，明清方言辞书中，"以李实《蜀语》最值得称道"，"李实之所记为明代四川方言的实录，其材料的可信程度非从史传、诸子、杂纂、类书及古佚残篇中抄撮而成的《续方言》等著作可比。在某种意义上说，《蜀语》较《通俗编》《恒言录》《吴下方言考》等偏重常言俗语出处和'本字'的考证的著作也更具有真正的方言学价值"。⑤ 这里强调的是分地方言辞书的价值。

① 何九盈. 中国古代语言学史［M］. 新增订本. 北京：北京大学出版社，2006.
② 蒋绍愚. 近代汉语研究概要［M］. 北京：北京大学出版社，2005.
③ 张永言点校. 《续方言新校补》《方言别录》《蜀方言》［M］. 成都：四川人民出版社，1987.
④ 徐复，唐文. 吴下方言考·引言［M］. 南京：凤凰出版社，2012.
⑤ 刘君惠，李恕豪，杨钢，华学诚. 扬雄方言研究［M］. 成都：巴蜀书社，1992.

关于方言学史的研究，华学诚《汉语方言学史及其研究论略》第三部分"古代的方言研究"指出：

宋元之间汉语经历了剧烈变化……这一时期研究某一地区方言的有李实的《蜀语》，考证方言词的历史来源的有岳元声的《方言据》，其他如张存绅的《雅俗稽言》、杨慎的《俗言》、李翊的《俗呼小录》、方以智的《通雅·谚原》、陈士元的《俚言解》、陆噓云的《世事通考》、周梦旸的《常谈考误》、赵南星的《目前录》、张位的《问奇集》等，以及魏良辅的《南词引正》、卢以纬的《语助》等著作，都有一些方言研究的成果在内。这一时期在方言学史上具有特殊的地位，它是方言研究走出低谷而承前启后的时期。

清代是我国古代语言研究全面发展的时代，汉语方言的研究也受到了一定的重视，其余波延及民初。这一时期我国学者的方言研究成果大致分为如下几类：一是整理研究扬雄《方言》的，如戴震的《方言疏证》、卢文弨的《重校方言》、刘台拱的《方言补校》、王念孙的《方言疏证补》、钱绎的《方言笺疏》等；二是续补扬雄《方言》的，如杭世骏的《续方言》、戴震的《续方言》、程际盛的《续方言补正》、张慎仪的《续方言新校补》等；三是研究某一方言的，如胡文英的《吴下方言考》、张慎仪的《蜀方言》、范寅的《越谚》、孙锦标的《南通方言疏证》、胡韫玉的《泾县方言》等，以及各省地方志和诸家笔记中的有关内容；四是研究考释方言俗语的，如李调元的《方言藻》、翟灏的《通俗编》、钱大昕的《恒言录》、钱大昭的《迩言》、梁同书的《直语补正》、郝懿行的《证俗文》、平步青的《释谚》、胡式钰的《语窦》、郑志鸿的《常语寻源》；五是讨论方音的，如樊腾凤的《五方元音》、潘耒的《类音》、黄谦的《汇音妙语》、谢秀岚的《雅俗通十五音》、李汝珍的《李氏音鉴》、胡垣的《方音分类谱略例》、劳乃宣的《等韵一得》、袁子让的《字学元元》、陈澧的《广州音说》等；六是章炳麟的《新方言》，章氏的《新方言》是这一时期方言研究的最高成就。由于这个时期学术界复古主义的风气很浓，影响所及，人们对方言的兴趣多在于考证本字和词源，企图从方言俚语中搜集发掘古语的遗留，以说明"今之殊语，不违姬汉"，章炳麟所以能超轶于同时代人之上，主要是因为他在方法上能够注意到严格按照古今语音变化的条例来考释词源，同时注意到语音和语义的联系。①

该文对明代方言研究成果的列举包括"都有一些方言研究的成果在内"的，因而俗语辞书实际上也包含其中。对清代学者的方言研究成果所作的分类很有意义。属于方言辞书的，文中第二类是我们所说的"征引并考证古代文献中多地的方言材料的著作"，第三类即是我们所说的"以某个地点方言或区域方言的方言俗语作为调查考证对象的著作"。另外第四类实为俗语辞书。此外，该文将章氏的《新方言》单独列出，评价很高，这是非常准确的。

游汝杰《汉语方言学的传统、现代化和发展趋势》在论及"汉语方言学的传统"

---

① 华学诚. 汉语方言学史及其研究论略［J］. 扬州大学学报，2002（1）.

时说道："在明代近三百年间，值得一提的方言学专著只有李实的《蜀语》"，清代则为"鼎盛期"。他将清代方言专著分为六类，一是"疏证校勘扬雄《方言》的著作"，二是"沿袭《方言》体例，比较研究方言词汇的著作"，三是"分地研究方言词语的著作"，四是"地方韵书"，五是"分类考词派著作"，六是"分类考字派著作"，"《新方言》代表传统方言学成就的高峰"。该文分类中的第二类即"征引并考证古代文献中多地的方言材料的著作"，第三类即"以某个地点方言或区域方言的方言俗语作为调查考证对象的著作"。① 分类与华学诚类似，但关于明代方言研究的论断欠严谨，且清代考词与考字著作并不能截然分开。

关于方言词汇语义研究，这是最近二十年来新兴的研究趋向，它将方言学、语义学结合起来，在传统的词汇学、辞书学研究的基础上有新的发展。相关专著主要有董绍克《汉语方言词汇差异比较研究》（民族出版社，2002），李如龙《汉语方言特征词研究》（厦门大学出版社，2002），涂良军《云南方言词汇比较研究》（云南大学出版社，2001），赵红梅《汉语方言词汇语义比较研究》（中国广播电视出版社，2011），董绍克、李焱、赵红梅《汉语方言词汇比较研究》（商务印书馆，2013）等。但是，这些研究成果基本上都没有注意利用明清民国方言辞书作为研究语料。其他的方言研究论著，包括数量颇多的明清山东方言词汇研究论著，一般都不牵涉到明清民国方言辞书，说明这些材料还未引起人们的重视。到目前为止，似乎只有查学军《〈方言〉〈续方言新校补〉〈方言别录〉方言词分布及词义研究》专门以明清辞书为研究对象。该文统计分析了《方言》《续方言新校补》《方言别录》中方言词的分布及其变化情况，采用历时的、纵向的和比较分析的研究方法，探讨了书中江淮词词义的变化，进而总结出一些汉语方言词义变化的规律。② 这是以明清方言辞书为研究对象进行方言词汇语义研究的一个有益且比较成功的尝试。

3．综合研究

将词汇训诂研究与方言词汇语义研究结合起来的代表性著作是孙毕《章太炎〈新方言〉研究》。该书以章太炎《新方言》为研究对象，考察其在汉语言文字学方面的成就与局限，并由此思考现代语言文字学的相关问题。该书将《新方言》和以《汉语方言大词典》《现代汉语方言大词典》为主的各种方言文献对比，分为绪论、《新方言》词汇研究、语音研究、同词异字研究、本字研究五章，第六章则论述了《新方言》在汉语方言学史上的地位，研究精深，是一部综合研究《新方言》的代表作。③ 此外，相关论文还有蒋宗福《李实〈蜀语〉学术价值的再认识》（《汉语史研究集刊》，2014），该文从方言词汇史和语音史、辞书编纂修订、民俗文化研究等几个方面讨论了《蜀语》的学术价值。

① 游汝杰. 汉语方言学的传统、现代化和发展趋势［J］. 中文自学指导，2007（1）.
② 查学军.《方言》《续方言新校补》《方言别录》方言词分布及词义研究［D］. 华中科技大学硕士学位论文，2007.
③ 孙毕. 章太炎《新方言》研究［M］. 上海：华东师范大学出版社，2006.

五、明清民国方言辞书研究的不足与其所录方言词的研究意义

1. 明清民国方言辞书研究的不足

从以上简单介绍可以看出，关于明清民国方言辞书的研究，在文献学、辞书学、语言学研究上，都已经有了一定的成果，但是其不足也很明显：

其一，跟明清民国时期丰富的方言辞书的数量相比，相关研究成果还太少。

其二，学界的研究主要集中于《蜀语》与《越谚》二书，其他明清民国方言辞书中，只有《畿辅方言》《新方言》等少数几种得到研究。

其三，研究角度上以辞书的体例、文字音韵训诂方言等方面的研究为主，但在辞书的比较研究与方言词汇的比较研究方面，则只有极个别的研究成果有所涉及。

其四，已有的研究以专书研究为主，从宏观上对明清民国方言辞书进行全面、综合、系统研究的成果迄今未见。

2. 明清民国方言辞书所录方言词的研究意义

关于明清民国方言辞书的研究，可以从各个不同的角度进行。如果专门对其所录方言词进行研究，在方言学、汉语史与辞书学、词汇学、语义学方面都有重要意义。这里所说的明清民国方言辞书中所录方言词，仍然是指"征引并考证古代文献中多地的方言材料的著作"和"以某个地点方言或区域方言的方言俗语作为调查考证对象的著作"中的方言词。对其进行研究主要有以下三个方面的意义：

其一，明清民国方言辞书收录了大量的方言词，包括古书中所记录的方言词与明清民国时期方言辞书的作者所记录的当时的活的方言词，因而我们可以说，明清民国方言辞书是全面系统的汉语方言词汇研究的重要组成部分，对其进行研究可以丰富方言学的研究。

其二，从汉语史的角度来说，明清民国方言辞书收录的方言词是汉语史研究的重要语料，可以促进汉语方言词汇的历史研究。

其三，从辞书学研究角度来说，明清民国方言辞书本身的体例、词目、释义与书证值得研究，其中所录方言词（即辞书编纂中的词目）及相关解释与书证不但可作为辞书发展史的研究对象（包括明清民国方言辞书的互相比较、与明清俗语辞书的比较），而且也可供当代辞书编纂者参考。对明清民国方言辞书所录方言词的研究可以促进辞书学的研究。

其四，明清民国方言辞书所记录的方言词及其释义，可以促进汉语方言词汇语义的对比研究（包括方言词汇历时比较研究与方言词汇共时比较研究），方言词汇用字研究，方言异形词、方言同源词研究等，可以丰富汉语词汇学和语义学的研究。

（原文载于《南方语言学》第六辑，暨南大学出版社，2014，现稍作修改）

参考文献

［1］陈钝. 旧籍中关于方言之著作［J］."国立"中山大学语言历史学研究所周刊·方言专号（第八集第八十五、八十六、八十七期合刊），1929.

［2］长泽规矩也. 明清俗语辞书集成［M］. 上海：上海古籍出版社，1989.

［3］丁介民. 方言考［M］. 台北：台湾中华书局，1969.

［4］何九盈. 中国古代语言学史［M］. 新增订本. 北京：北京大学出版社，2006.

［5］华学诚. 汉语方言学史及其研究论略［J］. 扬州大学学报，2002（1）.

［6］蒋绍愚. 近代汉语研究概要［M］. 北京：北京大学出版社，2005.

［7］罗常培. 戴东原续方言稿序［J］."国立"中央研究院历史语言研究所集刊（第二本第四部分），1932.

［8］孙毕. 章太炎《新方言》研究［J］. 上海：华东师范大学出版社，2006.

［9］许宝华，詹伯慧. 汉语方言. 中国大百科全书（语言文字卷）［M］. 北京：中国大百科全书出版社，1988.

［10］游汝杰. 汉语方言学的传统、现代化和发展趋势［J］. 中文自学指导，2007（1）.

［11］查学军.《方言》《续方言新校补》《方言别录》方言词分布及词义研究［D］. 华中科技大学硕士学位论文，2007.

［12］张永言点校.《续方言新校补》《方言别录》《蜀方言》［M］. 成都：四川人民出版社，1987.

评《闽南方言大词典》

张振兴

笔者的案头上最近一直摆放着由周长楫教授主编、福建人民出版社出版的《闽南方言大词典》（以下简称《词典》），以备不时查询之需。《词典》大32开本，1 344页，总字数为220多万字。正文有两部分，一是"闽南方言特有词"，二是"普通话闽南方言对音词"。正文之前有"引论"，详细地介绍了闽南地区的历史和文化，以及厦门、泉州、漳州三地的闽南方言形成、发展和传播的概况。还有"台湾闽南方言概述"，详细地讨论了台湾闽南方言形成、发展的历史，以及与大陆闽南方言之间的亲缘关系。对于该《词典》的使用者来说，这两部分都非常重要，是不能不看的。正文之后除了一般词典里常见的检字表之外，是几个也很重要的"附录"，包括"厦门、泉州、漳州三市所辖各县市闽南方言特点简介"，以及几个特殊名称（如百家姓、干支名称等）的闽南话读音表。从这里就可以看出，这部词典内容是非常丰富的，也是非常实用的。

一

闽南方言是最重要的汉语方言之一，它广泛分布于福建、台湾、广东、海南、广西等省区，以及新加坡、马来西亚、印度尼西亚等东南亚国家和世界其他地区，国内外使用闽南话的人口估计有6 000多万。闽南话早期的发源地是海上丝绸之路的起点站泉州，后来重点转移至漳州，1840年以后落定于厦门。因此厦门、漳州、泉州这个金三角被公认为闽南话的核心地带，闽南话的早期韵书，如1800年泉州黄谦编纂的《汇音妙悟》、1818年漳州谢秀岚编纂的《雅俗通十五音》，以及其后无名氏编纂的《渡江书》等都是反映这个核心地带的闽南话的。泉州的南音、漳州的芗剧、厦门的高甲戏，以及在闽南地区广泛流传的歌仔戏、布袋戏等，堪称我国民族文化的经典，都是使用厦漳泉的闽南话的。分布于台湾以及其他省区的闽南话，流播于海外各国的闽南话，要认祖认根，都得认同厦漳泉的闽南话。这一点甚至在早期的西方传教士那里都得到了认可。在20世纪初年由甘为霖（Campell）编纂的《厦门音新字典》里，已经把这个事实体现得非常周到。该《词典》的主要功绩之一，就是中国大陆学者第一次以大型词典的方式，最详尽地展示了厦漳泉核心地带闽南话的语言事实。《词典》收录了16 000多条厦漳泉闽南话的特有词，20 000多条与普通话的对音词，以及大量的其他读音材料，洋洋洒洒，包容了大量的语言文化信息。它无论是内容上，或是形式上，都远远地超过了在此之前出版的闽南话其他同类的或类似的字典、词典，是最近几十年来出版的最好的方言词典之一。这部词典的出版，对于汉语方言学、汉语词汇学、汉语词典学、汉语史的研究，以及其他相关学科的研究，都具有非常重要的学术价值。

本《词典》还具有重要的现实意义。众所周知，台湾地区最主要通行闽南话，有时候在一些文献里看到的所谓"台湾话""台语"，实际指的就是闽南话，它们均源于厦漳泉的闽南话。所以国内外学术界才公认台湾闽南话内部有泉州腔、漳州腔，或亦漳亦泉的分别。这也是一个不容否定的历史和现实状况，这一点在诸如台湾著名的历史学家连横（连语堂）的《台湾语典》（中华丛书编审委员会，1957）、《台湾通史》（商务印书馆，1983）等很多重要历史、语言文献里已经说得再清楚不过了。可是，近年来我们确实看到有一些公开发表的文章著作，有意无意地掩盖台湾闽南话与福建闽南话的同一性，片面地夸大两者的某些差异，企图抹杀台湾闽南话与福建闽南话的历史渊源关系，以及现实的紧密联系。而《词典》以大量的事实，再次证实了台湾闽南话与厦漳泉闽南话同根同源、血脉相连的关系。从厦漳泉三地闽南话来说，其与台湾闽南话的语音系统几乎没有任何差别，其词汇90%以上是相同的，只有很少的词语有差异。这少数有差异的词语，有一部分可能跟厦漳泉的说法不同，究其根源实际上跟福建其他地区的闽南话还是相同的。例如《词典》第29～34页"台湾特有闽南方言词语举例"所举的例子里，台湾闽南话把"黑板"称为"乌枋"，把"木屐的鞋跟"称为"木屐踏"，把"随便（说）、胡乱（说）"称为"乌白（讲）"，把"头等的、最好的"称为"一等个"，把"最、极端"称为"上盖"，把"跌价"称为"败价"，把"后面"称为"后兜"等，据笔者所知，这些叫名或说法，都见于跟厦漳泉相邻的闽西南地区闽南话。还有一部分是真正有差异的词语，这是台湾特殊的历史地理因素所造成的，正如厦漳泉三地的词语也有少量的差异一样。这是常识，不用多说。由此使我们想到，一部词典正确地诉说了一段历史渊源，一段手足亲情，一段骨肉联系，说明语言研究，特别是方言研究在现实生活中是有用的，是不可忽视的。

二

主编周长楫教授总结了《词典》的五个特点，简要说就是：①收集了厦门、泉州、漳州三地35 000条词语；②释义准确，例句丰富；③描述了厦漳泉三市所辖18个县市的语言特点；④对闽南方言和台湾闽南方言作了简介；⑤随带了一个语音光盘。（《中华读书报》，2007－02－14）

由于篇幅的限制，这里无法详细讨论以上五个特点的得失。只能就第一个特点扩展开来说说一些想法，因为这个特点正是《词典》最有创新亮点的地方。

为一个地点的方言编纂一部词典，对于一个经过一般训练的方言工作者来说，不应该是一件特别困难的事情。近年来出版了一批这种类型的词典，一般都说得过去，就是很好的证明。但是，要在一部词典里容纳几个地点的方言，而且这几个地点的方言有同有异，同多异少，这对于一个非常有经验的方言学者来说，都不是一件容易的事情。此《词典》就是属于后面的一类。最近100多年来，闽南方言地区出版过数十种字典、词典，基本上都是以一地方言（例如厦门或台北等）代表整个闽南方言，而忽略闽南方言内部的地域差别的。有的词典，例如早期由麦都思（W. H. Medhurst）编纂的、1831 年成书的《福建方言词典》以及后来由村上嘉英编纂的、1981 年（日本）天理大学出版部出版的《现代闽南语词典》等虽然注意到内部差别，也只是在可能的地方罗列一些厦漳泉的语音差别而已。而这部《词典》同时容纳了厦门、泉州、漳州这三个地点的方言，完整地展现了闽南话基础方言的整体面貌。这是这部《词典》明显优于以往所有闽南方言词典的地方，也是其重要创新之一。下面举几个例子，看看《词典》是如何兼顾的。

【倒死】 $to^{5-3} si^3$ 指事情的结果比原来更糟，更惨或更厉害、更严重：我安尼做着就已经蛮好势不行，你安尼做了～。（第 133 页）

【顾人怨】（厦漳） $ko^{5-3} laŋ^{2-6} uan^5$ （泉） $ko^{5-3} laŋ^{2-4} uan^5$ 招人讨厌或怨恨：伊爱杂念茹乱叨念个没完，真～。（第 109 页）

【暴其然】（厦） $po^{6-5} ki^{2-6} lian^2$（漳） $put^{8-5} ki^{2-6} dzian^2$ 突然：伊～走入来讲，隔壁厝邻里着火烧发生火灾略。（第 121 页）

【无带】（厦） $bo^{2-6} te^5$（泉） $bo^{2-4} tə^5$ 没地方；无从：～落手。（第 123 页）

【靠伤】（厦泉） $kho^{5-3} sioŋ^1$ 人或物品因挤压或碰触而受伤或受损：胸骨乞被～｜遮这些苹果互被车～。（第 140 页）

【罗仔布】（厦） $lo^{2-6} a^{3-1} po^5$ 旧指一种纱布，可做医用绷带等。（第 135 页）

【无闲治端】（漳） $bo^{2-6} iŋ^{2-6} ti^{6-5} tua^1$ 非常忙。（第 125 页）

以上【倒死】条不注通行地点，表示本条说法、释义和例句都通行于厦门、泉州、漳州三地；【顾人怨】条的注释，说明本条厦门和漳州读音相同，泉州读音不同（声调的变调不同），但释义和例句是通用的；【暴其然】条的注释说明本条通行于厦门、漳州，但两地读音不同；【无带】条的注释说明本条通行于厦门、泉州，两地读音也不一样；【靠伤】条通行于厦门、泉州，两地连读音都是相同的；【罗仔布】条通行于厦门，【无闲治端】条通行于漳州。《词典》用这个方式，比较好地包容了厦漳泉三地的词语系统，这是很不容易的，也是以往的方言词典里少见的。如果读者有需要，可以对《词典》的条目加以整理，就能分别得到三地的大致词语系统，以及相互之间的差异。这一点对于学术研究工作来说，尤其有重要价值。不过，我们要请读者特别注意，《词典》里说【罗仔布】条通行于厦门，并不表示这个条目只通行于厦门，而不通行于漳州和泉州。这个只是说这个条目厦门的发音人说了，漳州和泉州的发音人没有说（或不会说），但不等于漳州和泉州所有人都不说。其他有差异的条目一般也应该这么去理解。我们知道，无论多么仔细的方言调查，都是很难穷尽方言的词汇系统的，所以对方言词典条目的理解不能绝对化，要留有余地。

以上说的都是《词典》里所说的"方言特有词"。现在说说《词典》里所说的"对音词"。首先应该指出，《词典》所说的"方言特有词"也好，"对音词"也好，这只能是一个相对的概念，都是相对于普通话来说的。所谓"方言特有词"，只是指这些词语在普通话里一般是不说的，但不能指除了厦门、泉州、漳州以外的其他方言也不说这些词语。其实，真正只有厦漳泉才能说的狭义特征词是很少的，也许根本够不上去编一部大词典。所谓"对音词"是指这些词语是厦漳泉等地的闽南话和普通话共有的，很多也是其他方言共有的，相互之间一般来说只是读音上的差别。明白了其中的含义之后，我们对于这两个专用词语是否说得妥当，就不必再予计较，可以采取宽容的态度。

"对音词"也是一个方言词语的重要组成部分之一。但是，编纂方言词典的时候，对于"对音词"的处理却常常让编纂者感到为难。不收吧，词典所收录的方言词语缺乏系统性；收吧，如何选择义项，如何注释，如何用例实在棘手，很容易照搬《现代汉语词典》的内容。该《词典》收录了一大批厦漳泉等地闽南话口语里常用的"对音词"，做法是只注普通话和厦漳泉三地方言的读音，不给释义和例句。这又是《词典》的一个创新之处。下面也举几个例子。

【直肠】tʂʅ²tʂʰaŋ² ‖ tit⁸tŋ²△【大肠头】tua⁶⁻⁵tŋ²⁻⁶tʰau²（第1107页）
【背景】pei⁴tɕiŋ³ ‖（厦漳）pue⁶kiŋ³（泉）pue⁵kiŋ³（第739页）
【记取】tɕi⁴tɕʰy³ ‖（厦泉）ki⁵tsʰu³（漳）ki⁵tsʰi³（第849页）
【笑柄】ɕiau⁴piŋ³ ‖（厦）ɕiau⁵piŋ⁵，tsʰio⁵pĩ⁵（漳）ɕiau⁵piŋ⁵，tsʰio⁵pɛ̃⁵（第1049页）

"直肠"厦漳泉三地又说"大肠头"，读音相同。"背景"和"记取"三地读音不完全相同。"笑柄"没有泉州读音，厦门、漳州的读音也不同。我们看到，方言词典里用这种方式记录"对音词"，可以节省大量篇幅，如果有的读者还需要详细了解这些词语的释义，可以查询《现代汉语词典》。

三

上文只是举例讨论了《词典》一些显著的长处和优点。还有很多长处和优点，限于篇幅，不能再说了。

编纂词典尤其是编纂方言词典是一项很艰难的学术工作，任何优秀的词典都会有缺点或不足，有需要改正的地方，包括《现代汉语词典》也是如此。《词典》当然不会例外。《词典》有一些用字、标音上的错漏，但应该还是在出版物正常误差的范围之内；有一些条目的注释或例句，可能也不十分完美，需要进一步斟酌。这里不用详说，我相信《词典》编纂者或出版社编辑也会发现的。这里只简略说说两个需要讨论研究的问题。

一是"对音词"的收录和义项处理。《词典》收录了20 000多条的"对音词"，有一些词语厦漳泉当地人可以根据对音读出来，但实际口语里不见得可以说出来，例如"打架（第776页）、大小（第777页）、腹部（第808页）、大便（第776页）"等，口语里都会分别说"相拍、大细、腹肚、放屎"。类似的词语应该不少。如果规定比较严格的规则，这些词语可以删除，减少"对音词"的数量，可以达到精简《词典》的

目的。上面还说过,《词典》的"对音词"是不给释义的,可是有的词语普通话有多个义项,这些义项是否都跟厦漳泉对应呢?例如上文说到的【背景】条,《现代汉语词典》有四个义项:"①舞台上或影视剧里的布景。放在后面,衬托前景。②图画、摄影里衬托主体事物的景物。③对人物、事件起作用的历史情况或现实环境:历史~|政治~。④指背后依仗的力量:他说话的口气很硬,恐怕是有~的。"按照我的理解,厦漳泉所说的"背景"不见得都能跟这四个义项对应。

二是方言条目的普通话读音。《词典》一律用国际音标标音,这对于"方言特有词"部分是合适的,相对于以往的很多闽南方言词典用各自的拼音方案标音来说,是一种进步。可是,对于"对音词"部分就值得商榷。现在看来,"对音词"的普通话读音似乎改用汉语拼音方案更好,因为对于很多非专业的使用者来说,普通话词语用国际音标标音可能不习惯。与此相联系的还有一个问题,就是"方言特有词"部分读者能否用普通话读出来?要不要标出普通话的读音?现在不标普通话读音,很多使用者碰到这些方言条目还得再查《现代汉语词典》。例如"枵"(饿,第 308 页),这是一个非常用字,多数使用者查《现代汉语词典》才知道读 xiāo;如果标音了,多数条目没有问题,可是碰到方言用字就为难了,有些字音可以折合,有的字很难折合。例如闽南方言口语常用词"呒",叹词,表示疑问,厦门、泉州读 $[m^2]$,漳州读 $[m^5]$(第 310 页),就不知道在普通话里应该折合成什么音。同页的"伓"也是口语里常用的,厦门、漳州读 $[m^6]$,泉州读 $[m^5]$,这个字管着一大批常用词语(第 310~313页),似乎也无法折合。要是碰上合音字就更难,例如也是口语常用的"朣",厦门读 $[siaŋ^2]$,泉州读 $[saŋ^2]$,是"相同"两字的合音(第 466 页);"獪"(袂),泉州读 $[bue^4]$,漳州读 $[be^6]$(第 161 页),是"伓"和"会"的合音,也难以折合成普通话的读音。

以上两个问题都是编纂其他方言词典时经常碰到的难题,需要讨论研究,希望有高人提出良方。

最后,我们应该感谢这部词典的编纂者和出版者,由于他们的努力和奉献,我们才有这部学术精品。在现在的背景下,做学问难,做语言学研究更难,编纂词典,尤其是编纂方言词典更是难上加难。可是,周长楫教授等学者,才用三年多的时间就编纂了这么一部词典,可以想象他们做了多少努力和奉献。福建人民出版社只用了几个月的时间就高质量地出版了这部词典,可见其眼光、决心和毅力,这也不是所有出版机构都能做到的。因此,我对这部词典的编纂者和出版者,表示钦佩,表示敬意。

(本文原载于《辞书研究》2008 年第 4 期)

《广州方言词典》读后记

丘学强

中国社会科学院语言研究所《现代汉语方言大词典》各分卷陆续出版，闻者无不雀跃。其中，《广州方言词典》由白宛如先生编纂，笔者阅后不禁对先生功力之深厚更感敬佩。

只是，经与饶秉才、麦耘、张励妍诸学者所编的几本《广州话词典》细作比较后，却发现白先生之大作有许多令人迷惑不解之处。例如，广州话音系取"有介音说"是否合理？即使合理，在目前多数学者均仍然坚持"无介音说"的情况下是否应有所说明？会否因漏收了不少词条或词之义项而使该词典有涵盖面欠广之嫌？方言词典收入了较多的与普通话形同音异的词条是否又会因"滥收"而削弱了其方言特色？多录旧词、少录或不录新词的做法是否正确？舍众多的现今广为流传的"俗字"不录而多以经与古籍对照考证出来的"本字"为条目是不是现代汉语方言词典应有的正确的编纂原则？

本文将对《广州方言词典》的一些特色进行介绍，并以之为例，向大家请教在方言词典的编纂中应如何处理"本字"和"俗字"以及收词的取舍等问题。

一、《广州方言词典》收字、收词特点简介

1. 对俗字、本字的几种主要处理方法

白先生所编《广州方言词典》对俗字和本字的处理方法有许多种，主要的有以下几种：

（1）词目为"俗字"，释文中注明本字。如：

枧……俗借字，本字为"梘"。

马留……留，本字是"猱"……今从俗写作"留"。

（2）词目既是俗字，也是本字，释文中注明其"源"。如：

睇……《集韵》齐韵田黎切："迎视也。"

黐……《广韵》支韵丑知切："所以粘鸟。"集韵："博雅黏也。"

（3）词目为"本字"，释文中注明俗字。如：

獿……《广韵》侯韵奴钩切："犬怒。"俗写作"嬲"。

黷……《集韵》钟韵尼容切："黷，黑甚。"俗写作"癑"。

（4）词目为俗字，释文中没有说明本字或称本字不详。如：

蕴……俗字。

牙烟……本字不详。

（5）释文中注明词目之用字是训读字、同音字、借用字、俗借字等。如：

啄 tœŋ^{55}，……训读字。

趲……借用字。

透火……透，同音字。

（6）词目为"本字"，释文中指出俗字的不合古音古义之处。如：

辑 tsɐp^5，整理、收拾、拾掇……《集韵》缉韵即入切："敛也。"俗写作"执"，义不合。

（7）词目为俗字，释文中注明"为方便，书中其他地方一律以同音字代替之"。如：

嘢……为方便，本书其他地方一律以"野"代"嘢"。

于是，全书只在这一条目及其释义中出现过"嘢"字，其他词目则以"野"代"嘢"，如：乜野、大粒野、坏神野。

（8）词目为同音字，释文中举出例子，俗字不录也不予说明。如：

地……形容词及某些动词的后缀，表示程度减弱：红红～，肥肥～……

我地……我们 ‖ 地，同音字。

俗字"哋"在整本词典的所有相关词目中均不出现。

（9）词目为近义近音字，释文注明其来源，俗字不录。如：

謑 ha^{53}，欺负……《广韵》禡韵呼讶切："怒言。"古去声，义近，今暂借之，以备参考（表示同一意思的俗字"虾"不录，"吓"词条中也无上述义项）。

（10）词目为"本字"，释文注明该词之"源"，对流传于民间的俗字不予收录。如：

来 lɐi^{21}（或 lei）……《集韵》之韵陵之切："至也。"（整本词典没有出现过俗字"嚟"）。

歙 hɐn^{22}，很想得到，渴望……《广韵》感韵胡感切："欲得。"古感韵，今变读（整本词典没有出现过表示这一义项的俗同音字"恨"）。

2. 本字、俗字兼录，对读者大有裨益

（1）该词典考证俗字的词源并得出令人信服的结论，对读者能起到启发作用。例如：

睇……《集韵》齐韵田黎切："迎视也。"

这个字在普通话中是不用的，一般读者均认为是方言中特有的俗字。词典注明其源，给读者以"古已有之""俗字有来历"的启发。

（2）对词源作考证后注明"以备参考"或"本字不详"，是词典编者治学严谨的体现。例如：

謑 ha^{53}，欺负……《广韵》禡韵呼讶切："怒言。"古去声，义近。今暂借之，以备参考。

牙烟 ŋa^{21} in^{53}，危险，很悬……同音字，本字不详。

不管謑 ha^{53} 的考证恰当与否，编者注明仅供参考，读者在受启发之余还能体会到编者的良苦用心和谨慎、谦虚的态度。"牙烟"条注明"本字不详"也是严谨、科学的治学精神的体现，令人肃然起敬。

（3）既录俗字，又考本字，是值得推崇的方言词典编纂方法。例如：

獳 nɐu⁵³，怒，生气……《广韵》侯韵奴钩切："犬怒。"俗写作"㺱"。

梘 kan³⁵，肥皂……俗借字，本字为"减"。

两相比较，以词目列俗字、释文注本字的次序对一般读者帮助较大，因为他们对俗字较熟悉，易查，经查词典又可获意外的"一字之得"。"辑 tsɐp⁵"词条释文指出俗字"执"义不合，所起作用同此。

3. 收录与普通话"形（义）同音异"词语，有助于与其他方言的比较

如：该词典收录了"爸爸、哥哥、狮子、蝴蝶、我、你、摩托车、汽车、飞机、阴天、河、雨"等词语，人们可以据此知道上述词语和普通话词语的关系是"形（义）同音异"，便于进行方言及普通话的比较。

4. 有相当数量的方言词没有收录

该词典也许是出于某种考虑，不收或漏（缺）收了相当数量的有方言特色的词语（或义项），例如：波（女人的乳房、风球）、长龙（很长的队、轮候的队伍）、阿福（傻乎乎常被捉弄、欺负的人）、阿茂（傻子）。

二、值得商榷的收字、收词原则

（一）舍"俗"逐"本"，或有不妥

方言词典只录"本字"、不录"俗字"的编纂方法是值得商榷的。这是因为：

1. "为方便"却给读者造成了不便

例如，在正规出版物中以"野"代替"乜嘢、大粒嘢、坏神嘢、衰嘢、流嘢、粗嘢、正嘢、撳嘢"中的"嘢"，对现代印刷技术来说方便不到哪儿去，要说方便只能是方便了编者，可对读者来说却只会造成不便——平时经常看到的是"嘢"字，可查词典却只有"野"字，有点"不敢相认"。而"我哋、你哋、红红哋、肥肥哋"的"哋"则更是遍寻全本词典皆不见。

2. "本字"的考证，易使一般读者敬而远之

（1）专家对本字的考证，一般读者鲜有能够或敢于指出其不确者。但过多的"本应读×，今变读为×"的说明，虽非绝对令人难以接受，"犯疑"却在所难免。若所考不确，在学术圈子内因大家都明白是"一家之言"，大可争论一番，可对一般读者来说，国家级方言研究所的权威性足以使之无条件全盘接受，是否会造成误导？不得而知。例如：

梘 kan³⁵，n 尾字，词典称本字是"减"，可一般读者直观上却认为"减"是 m 尾字，且声母是 h；"獳"是"㺱"的本字，可这是一个生僻字，一般人按"读半边"的方法，音当为 sœy⁵³，绝不会推断是 nɐu⁵³；"奴钩切"对不懂音韵学的一般读者是无甚启发作用的，而"人怒"源自"犬怒"，也令人或有"难堪"之感。

勼 kʰɐu⁵³，混合，掺杂……《广韵》尤韵居求切："说文聚也。"古见母字本应读 k 声母，今口语因忌讳 kɐu 音而变读为 kʰ 声母。

俗有"抠"字，kʰɐu⁵³乃动词，带提手旁的字比上述七拐八弯的解释似乎要来得好接受一些。

昏昏沌沌 uɐn⁵³uɐn⁵³tɐn²²tɐn²²，头有些晕。昏，读书音 fɐn⁵³，uɐn⁵³是变读。

左看右看"昏"都是 f 声母字，变读未免变得太厉害了些。写作"瘟瘟沌沌"则较易懂。

没 mei²²，潜水……《集韵》队韵莫佩切："沉溺也。"

广州大概从未有人见到"没"字会读成 mei²²的，"没水"一定是缺水了，不可能是"潜水"。"沉溺"今人看来似是指"就（㗎）浸死（咗）"，"潜水"时人是活的，俗作"眜（炗）水"容易让人接受点。

类似的例子还有许多。

若为一般读者着想，同时也将编者的考证心得公之于众，则上述词条似应作调整。如：

□水（或"眜水、炗水"）mei²²sœy³⁵，潜水……"眜"的本字是"没"，《集韵》……

打馆 ta³⁵hin³³，《广韵》獮韵去演切："黏也。"古上声，今口语变读去声，俗写作"献"。（以"打献"为词目，释文中说明"馆"是其本字并考其源，这样处理是否好些）

现列出该词典中这一类易使读者犯疑的词条如下（考证正确与否不妄加评论）：

黲汗 tsʰa¹³，涂改，涂抹……古祃韵三等，今读如二等。

爹 tsʰa¹³，叉开，张开……古知母，今读如彻母。

舭 pɛ³⁵蹒跚而行……古浊平，今变读阳上调。

乜 mɛ³⁵，不正，斜……古次浊平声，今应读阳平，口语读高升变调。

撋 uɛ³⁵，纸韵合口见系字一般读 uɐi 韵，口语变读 uɛ 韵。

左挠 tsɔ³⁵iɐu²¹……挠，读书音 nau²¹，iɐu²¹是特殊读法。

唔移唔吊 m²¹tɛ³⁵m²¹tiu³³……古笑韵，今应读ɔ韵，口语变读ɛ韵。

唔使歆 m²¹sɐi³⁵hɐn²²……歆，古全浊上声感韵，今应读 hɐm，口语读 hɐn。

大只畲畲 tai²²tsɛk³lœy²¹lœy²¹……畲，古次浊上声本应读阳上，今口语变读阳平。

刉 kai³³锯，割……古蟹摄一等，今应读ɔi韵，今口语读韵 ai 如二等。

踩 iai³⁵，脚踏……多为俗读音。

嚔 iɐi¹³（小孩）不听语，顽皮，多嘴……古次浊去声，今应读阳去，口语变读阳上，有的人读阳平。

还有许多，恕不尽录。

以上考证笔者不敢说是错了，但这么多的"变读"似乎很难不令人感到疑惑。

（2）在该词典的"引论·柒"中，白先生提到"例句中常用的方言字（词）或借用的同音字"，但"同音字、训读字、借用字、俗字、本字"等的定义是什么？则似乎没有说清楚。例如，一般读者看到"啄 tœŋ⁵⁵……训读字"时，可能就不明白何为"训读字"。另外，《集韵》《广韵》《说文》等书也应作简介，否则该词典就无法使一般读者读懂。

（3）方言词典漏录或不录方言俗字，难以反映方言之全貌，特色减弱，难以查检，难以服众，如：

"受用、享受"，广州话口语说 tʰan³³，一般书写时用同音字"叹"来表示，笔者手头所能看到的饶秉才等学者所编的《广州话词典》所录词目也都是"叹、叹世界"等。而白先生所编词典该词目用"僤"字，一般读者乍一看是不知其读音的。依笔者看法，该词条应以俗字开头，释文中注明本字：

叹 tʰan³³，受用，享受，休息。俗字……本字为"僤"，《集韵》翰韵他案切："僤漫纵逸。"

"皱"，广州话口语为 tsʰau²¹，一般都用同音字"巢"表示。白先生考证出"瞧"是其本字，但未录俗同音字。笔者认为也应以俗字为词目，释文中注明本字：

巢 tsʰau²¹，皱，俗字（同音字）………本字为"瞧"，《广韵》宵韵昨焦切："面枯貌。"古效摄三等韵，今读如二等宵韵。

"来"，广州话读书音是 lɔi²¹，口语中以 lɐi²¹ 或 lei²¹ 表示，方言字为"嚟"。"嚟"和"来"在口语中的用法、意义均有或多或少的区别。例如"来头"就读 lɔi²¹，一般不会读作 lɐi²¹，"来路嘢"同此。而"来去"的"来"口语中一般不说 lɔi²¹。因此，即使一定要把二者归在一起，也应该是：

嚟……俗字，本字是"来"……

《广州方言词典》没有收录的俗字不算少，现举例如下（前一字为白著用字，括号内为白著未录的俗字，用字的优劣不妄加评论）：

马留（马骝）ma⁵⁵lɐu⁵⁵：猴子。

打缭绁（缭）ta³³lit³：打结。

他佻（他条）tʰa⁵³tʰiu²¹：悠然自得，轻松清闲。

瘯（瘌）na⁵⁵：疤痕；补丁。

啤牌（牌）pʰɛ⁵⁵pʰai³⁵：扑克牌。

㩧（歪）mɛ³⁵；不正，斜。

挖（搲）ua³⁵：用手（指甲）抓取。

屎朏（屎窟、屎忽）si³⁵fɐt⁵⁵：屁股。

左挠（左拆）tsɔ³⁵iɐu²¹：左撇子。

初来暴到（初嚟步到、初嚟埗到）tsʰɔ⁵³lɐi²¹pou²²tou³³：新来乍到。

鸲（乌低、僞低）u⁵⁵tɐi⁵⁵：俯下。

唔袼唔吊（唔哆唔吊）m²¹tɛ³⁵m²¹tiu³³：吊儿郎当貌。

大摵（大嘥）tai²²sai⁵³：浪费。

大只畲畲（大只骡骡）tai²²tsɛkˀ³lœy²¹lœy²¹：牛高马大、膀大腰圆的。

刟（鐯、剕）kai³³：锯、割。

哗哗聑聑（伊伊把把）i⁵⁵i⁵⁵iɐpˀ⁵iɐpˀ⁵：私语，偷偷摸摸貌。

移㤅（伊郁、咿嘟）i⁵⁵iok⁵：移动、动作、活动。

唔聏（唔制）m²¹tsɐi³³：不干。

（㪗）kɐu²²：块。

踩（踹、跐）iai³⁵：踩。

呬（曳）iɐi¹³：（小孩）顽皮，（物品）质差。

覤（励、瞩）lɐi²²：用眼角看人，瞟。

屇（屎、膝）hɐi⁵³：女阴。

基圩（基围）kei⁵³uɐi²¹：堤坝。

叽吃（叽跐）ki⁵³kɐt²：意见不合，有摩擦和争执。

菜软（菜芫、菜薳）tsʰɔi³³yn¹³：青菜中间最嫩的部分。

跬（瘸、劦）kui²²：疲倦，累。

媌（茅）mau²¹：因情绪激动而失去理智；奸诈，滑头。

焦絣絣（巢挵挵）tsʰɐu²¹mɐŋ⁵³mɐŋ⁵³：皱巴巴的。

㪗（咻）tʰɐu³⁵：歇息。

走路（走佬）tsɐu³⁵lou³⁵：逃跑。

走趱（走盏）tsɐu³⁵tsan³⁵：回旋余地。

牛脒（牛月、牛展）ŋɐu²¹tsin³⁵：牛腿部的筋腱肉。

睺（吼）hɐu⁵³：盯着，渴望弄到手。

抠（扏）iɐu⁵³：往上提（裤子）。

煎馅（煎堆）tsin⁵³tœy⁵⁵：糯米粉制的油炸食品。

毒（杜）tou²²：以药毒杀。

歡（赤）tsʰɛk³：（肚子、头等）疼。

糟罂（糟质）tsou⁵⁵tsɐt⁵：糟蹋（东西）。

水瓶（水锛）sœy³⁵pʰaŋ⁵⁵：铁桶，烧水用的金属锅。

墟黏（墟冚）hœy⁵⁵hɐm²²：人多而热闹；张扬，排场大。

恁（諗、惗）nɐm³⁵：考虑，想。

咸併□（冚唪呤、咸巴郎）hɐm²²paŋ²²laŋ²²：统统，全部。

譚打（单打）tan⁵³ta³⁵：讽刺，指桑骂槐。

眼疹疹（眼坦坦）ŋan²⁴tʰan³⁵tʰan³⁵：干瞪眼的样子。

文（蚊）mɐn⁵⁵：元（量词）。

另外还有：韵（滚）、砒（跌）、辙（线、骟）、蔫靭（烟韧）、钻（狷）、绷绷紧（揢揢紧、挵挵紧）、鐺（錚）、振眼（睜眼）、矴（掟）、搋斗（烫斗）、暧人（装人）、拥墩（拥匟）、刭马（扎马）、皮笈（皮唸）、白焯虾（白灼虾）、摩手（挹手）、笮（碏、责）、瞭（噲）、揭尾（跂尾、屹尾）、趄拖（拍拖）、惜一啖（锡一啖）、敕油（索油）、一涿（一督、一笃）、搲背脊（笃背脊）、屎底（笃底）、倚（企）、胴爆（谷爆）、肉慽（肉赤）、嫌（盏）、唅青（擒青）……恕不尽录。

（二）"同"滥"特"缺，难免遗憾

方言词典多录与普通话相同的词语、缺录方言特色词的做法也是值得商榷的。

从理论上讲，最理想的、能最全面地反映方言现貌的方言词典，当是把该方言所有能说的词都收录在内的词典。其所应包括的内容大致上可以是《现代汉语词典》所有词条加注方言读音另加该方言有别于共同语的所有特色词（语）。在篇幅等各种条件的限制下，决定取舍时"给《现代汉语词典》词条注方音"部分则只能是能省即省，而"特色词"的收录则应是多多益善。但是，白宛如先生编纂的《广州方言词典》却多有滥收广州方言与普通话形（义）同音异的词语、广州方言特色词（语）或词之义项则反而有所缺漏的现象。

（1）《广州方言词典》所录与普通话"形（义）同音异"的词语举例：

称呼：爸爸、哥哥、姊妹、姐姐、姐夫、妹妹、爷爷、舅舅、师父、师弟、徒弟、老师、岳父、岳母、会计、菩萨、土地、傻瓜；

动物：画眉、狮子、蝴蝶、鱼、狗、鹅；

代词：我、自己、你；

交通：摩托车、汽车、飞机；

天文地理：天、阴天、河、雨；

食品及植物：胡椒粉、火腿、荷包蛋、酒、糖果、海带、椰子、苦瓜、荔枝、藕、汽水、柠檬、玫瑰；

日常用品：螺丝钉、火柴、自来水、耳机、耳环、二胡、雨衣、筷子、围棋、翡翠、旗袍、布、针、枕头、眼镜、蚊帐、蚊香、玻璃、表；

与身体有关的：鱼尾纹、屁、胃、眉毛、嘴、尿；

表"量"：朵、丝、碗、局；

表"形容"：旧、高、脆、蓝、便宜、短、腥、饿、娉婷、平、静、公、穷、时髦；

表"动作"：请、下、撕、写、骑、拓、摆布、会面、敲竹杠、留步、换、物色、叩头、报仇、报销、捣蛋、闻、跳、招呼、小便、笑、停、出、分、漏、滚；

其他：会、屁事、庙、桥、家、厨房、门、情面、铁饭碗、二婚、几乎、大姨妈、例假……

此类词语既有名词，也有代词、形容词、动词、量词等，为数不少。

这些词语中有不少除了与普通话读音有异外，词形、释义（包括各义项）等均与普通话相同，例如：

爸爸 pa²¹pa⁵⁵父亲（面称、背称均可）。

二胡 i²²u³⁵胡琴的一种，有两根弦。

有不少单字词条之后列有许多首字与之相同的词条，而该词条所列义项大多与普通话的相同，只有与其他词语连起来时意义才有所变化，而这一变化了的词语却没被列为独立的词条，有的则与后列的词条重复。例如：

玻璃：① 一种硬而脆的透明物体；② 某些像玻璃的东西：～纸，～丝。

写：① 书写：～字，～信；② 画：～画，～生，～真。（"写"词条之后有"写真"词条）

上述两词条的第一个义项与普通话的相同，可不录。词条应分别单列"玻璃纸"

"玻璃丝""写画"等，不必列"玻璃""写"词条。

（2）《广州方言词典》漏（缺）收的有方言特色的词语（或义项）举例：

波（女人的乳房、风球）、长龙（很长的队、轮候的队伍）、阿福（傻乎乎常被捉弄、欺负的人）、阿茂（傻子）、阿蛇（警察、教师）、巴士（公共汽车）、吧女（在酒吧陪客喝酒、聊天甚至提供色情服务的女郎）、爹哋（爸爸）、妈咪（妈妈、女性大班）、麻雀（麻将）、麻石（花岗石）、花士令（凡士林）、花款（花色品种、款式）、化骨龙（喻须他人供养的幼儿）、打靶鬼（挨枪子的，该死的）、痄腮（腮腺炎）、卡士（演员表、阵容）、沙士（一种汽水，"非典"）、沙展（警长）、沙律（色拉）、沙茶（爹）酱（一种调味用的酱料）、纱纸（文凭）、家居（家庭、居所）、孖展、茄哩啡（跑龙套的）、蛇果（一种美国产的优质苹果）、蛇头（偷、引渡集团头目）、蛇仔（为营运小客车招揽乘客的人）、夜香（粪便）、波士（老板、上司）、波霸（大胸脯女人）、箩霸（大屁股女人）、多士（烤面包片、面包干）、傻仔水（酒）、枝竹（卷成条状的干豆腐皮）、师奶（家庭妇女）、士巴拿（扳手）、士的（手杖、拐棍）、屎坑关刀（喻一点本事也没有的人）、屎计（馊主意、不高明的计谋）、屎忽鬼（两面三刀的人）、二五仔（叛徒）、索女（有吸引力的漂亮女人）、鸡婆（对妓女、暗娼的蔑称）、老二（警察）、大手笔（阔气、肯花费）、鸭（男妓）、金牛（一千元一张的港币）、红底（一百元一张的港币）、茶居（旧式餐馆）、茶餐厅（有中西餐供应的小型餐馆）、牙齿印（仇隙、宿怨）、咸猪手（趁乱占女人便宜的手）、啫喱（果汁冻）、老翻（翻版唱碟）、北姑（从大陆到香港卖淫的妓女）、北嫂（从大陆到香港卖淫的妓女）、诈糊（麻将用语，喻虚假的胜利）、箍煲（喻采取措施挽救已出现危机的夫妻或恋爱关系）、走光（底片曝光、敏感部位因衣着不严密而裸露）、作（虚构、捏造）、阿支阿左（用言语表不满或妨碍某事的进行）、打靶（枪毙）、打包（把在餐厅里吃剩的菜肴装好带回家）、打真军（真做而非模拟或以特技等仿真）、打冷（光顾潮汕风味小食店）、食波饼（被球击中）、耍太极（喻推搪）。

由于篇幅的关系，下面我们只列该词典未收的词（语）条，不释义：

耍手、啤、啡、啡水、搣、搣数、搣飞、搣镀、锄大弟（D）、坐正、过冷河、过桥、过水、滋扰、指吓、沟女、沟仔、勾佬、剥光猪、食水、吱吱斟斟、搽脂荡粉、诈型、也文也武、扯火、畅散纸、嫌命长、借啲意、把鬼；

冚型、牙尖嘴利、知书识墨、家肥屋润、家嘈屋闭、蛇鼠一窝、巴辣、咪妈烂臭、梳芙、邪、多多声、话咁快、鵪仔筋、化、花假、啦士、孖生、话咁易；

打、咋、哖、嗱、假假哋、话斋、话口未完、话落、话晒、话时话、话名、骑牛王马、过电、过龙、至啱、志在、之唔係、迟下、似足、罢啦。

上述词语有的是该词典没有收录的，如："箍煲、走光、巴士、也文也武、邪"等。有的词语该词典虽有收录，但义项却有所缺漏，例如："鸡婆"，该词典的释义只有"老母鸡"一项，而在当今的社会生活中，"对妓女、暗娼的蔑称"才是常用的义项，但该词典并未收录。

经查阅，我们发觉该词典未予收录的有方言特色的词语远不止上列那些，若与其"多收与普通话同形同义异音词"的做法相对照，似会给人一种"该收录的不收录，不该收录的却多收录"的感觉。

三、关于方言词典收字、收词原则的思考

1. 俗字和本字

（1）"纯学术"方言词典，可用"本字"为词目，但仍须对俗字进行必要的说明。

纯学术词典是只供方言学界的专家学者进行方言研究时作参考的，专业人员可以从注音、释义中明白所指，作为"一家之言"，只列本字、不录俗字似也未尝不可，但是，若同时列出俗字并说明俗字之不科学、不准确、不合音或义等，则对词典使用者有更大的帮助。

（2）"学术、大众两用"方言词典，以"俗字作词目、释义考本字"为佳。

如果编纂方言词典的目的是既为专业学术研究者服务，又为普罗大众服务的，则先列俗字、后考本字更能为读者提供方便，因为普罗大众更为熟悉的是俗字，词典应能让他们一翻就能查到，并随之还能有"认识本字"的收获。若以多为生僻字的"本字"为词目，则一般读者会遍寻熟悉"身影"皆不见，见到"本字"却不敢相认，即使相认了也有"不踏实"或"被迫"的感觉。

（3）本字的考证应以音、义、形皆合者为准。

以音、义、形皆合者为本字是能得到广泛认同的，而只是音近或义近的或应加注"以备参考"，弃俗字而取本字时最好能指出俗字的"不合"之处，"本应读×，现变读为×"的则应以连大众都能够理解的语言说明"变"之理由。

（4）对现代汉语方言词汇进行描写，可否"以今为本"？

众所周知，《现代汉语词典》与《辞源》《字源》在编纂原则、方法、用例等方面是有很大不同的。在《现代汉语词典》中，"鼻"在现代就是"鼻子"的"鼻"的本字，"自"在现代就是"自己"的"自"的本字，只有在《字源》中才有必要说明"鼻"在古代是"自"，也就是说，"自"是"鼻"的本字。同理，作为一本面向大众的描写现代汉语方言词汇的词典是否也可"以今为本"，即以现代广为流行的通俗的方言字为"本"，然后才在释文中说明该字在中古可能是另一个字？否则，似有强迫现代人"以古为本"之嫌，"弃今复古"的词典编纂法则与词典名称上的"现代"二字格格不入（《广州方言词典》是《现代汉语方言大词典》中之一分卷）。而且，在语音方面，我们只能照录现代方音而非古代方音，对方言字又何必拘泥于并非全都有百分之百把握的古字呢？一定要如此，编一本《广州方言字源》好了。笔者甚至认为，被考证为"本字"的字，其中有许多是方言区的老百姓从古至今都没有人使用过的。例如，"嬲"表"发怒、生气"是现代广州人普遍使用的方言字，不管用得合理与否，这都是无可辩驳的铁的事实。可我们的专家一定要说"獿"才是它的本字，要怎样证明它呢？现在还活着的广州人除了白先生外可能没有多少人这样用过，也没有文献可以证明古代的广州人这样用过，而《广韵》也并非"广州人之韵"，如此，它怎能担起"本字"之重任？当然，对那些至今仍然"有音无字"的，在古书中找出音、形、义皆相合或相近的字供人们使用时参考，这倒是一件功德无量的好事，但若要说是"本

字"，则须慎之为好。

2."滥收"和"漏收"

（1）"便于比较"是该词典收录"形（义）同音异词"的重要根据，但据此无法确定取舍的原则及范围的大小。

例如，既然为了便于比较收入了"爸爸、狮子"等词，为何不把《现代汉语词典》中的所有词条都一并收入？若以"常用、常见"为条件，那么，取舍的标准和范围又如何确定？该词典并不见有所说明。

（2）编纂方言词典时对"形（义）同音异"词语可采取的几种处理方式可以是：

①不予收录。

篇幅的限制是很难避免的，既然如此，方言词典就应该将与普通话形（义）同音异的词语舍去，精选形同义异和形异且有特色的词语予以收录，而上述"形同的滥收，形异的漏收"的做法，是很难以"篇幅的限制"为借口而使人接受的。

②读音特殊的词语只注音、不释义，或注明"词义与普通话同形词相同"。

记录与普通话形、义皆同词语的方音，本应是"读音比较研究"或方言字典的任务，读音确实很特别或非录进方言词典不可的词语只注音、不释义或注明"词义与普通话同形词相同"就可以了，若一方面以篇幅限制为由替漏收异形或同形异义方言词的做法打圆场，另一方面又在同形同义词后面照抄了字数繁多而又毫无方言特色的释义，则难免有自相矛盾之嫌。

③在其他同义异形词条后注明"也称××""也说××"等字样。也即以异形词为词目，附带注明同形词。

如：阿爸（或：老豆）……也叫"爸爸"。

以此与普通话或其他方言作比较，也并不会造成什么不便。

（3）能体现方言特色的词语应尽量收录。

例如，《广州方言词典》既然已收录了"碇（掟）煲"，与之相对应的"箍煲"也不应遗漏。又如，"的士"虽然与普通话的"的士"形义皆同，但该词是先在广州话中出现、后才被普通话吸收的，因此也应予以收录。

（4）已录词条中的义项不应或缺。

例如，《广州方言词典》有"长龙"词目，释义是"旧时指贼船……"，常用的"（排）很长的队、轮候的队伍"这一义项却未予以收录，不当。又如，"波"词条收录了"球""汽车的档"两个义项，但已广泛流行的"女人的乳房"这一义项却没有收录，不全。

（5）除共同语以外的已流行或曾经流行的方言"外来词"应酌情收录。

例如，"的士、巴士、花士令（凡士林）、沙律、啫喱"等外来词有的现在仍流行，有的曾经流行，词典应酌情收录。

综上所述，笔者认为，在收字方面，白先生所编《广州方言词典》考证字（词）源所体现出来的功力之深厚是我辈所敬佩和望尘莫及的。但作为一本最具权威的现代方言词典，若多收录一些现代通行的俗字，则将使更多的人受益。而在收词方面，在篇幅有限且取舍标准和范围难定的情况下，似应少收与普通话相同的词语而尽量多收与普通话不同的特色词。至于该词典收进了较多的年轻人已经不说的老词语，而一些流行于香港或省港两地的外来词则较少录入，这关系到新老词语的取舍原则以及广州方言和香港方言的关系等问题，我们将另文予以讨论。

（本文曾分别以"舍'俗'逐'本'值得商榷""'同'滥'特'缺　难免遗憾"为题在全国汉语方言学术年会和广东省语言学术年会上宣读）